LES
CLUBS ROUGES

PENDANT

LE SIÉGE DE PARIS

OUVRAGES DU MÊME AUTEUR :

ÉTUDES ÉCONOMIQUES. L'Organisation de la liberté industrielle et l'Abolition de l'esclavage. 1 volume in-18, 1846. Paris, Guillaumin et Cie. . . . . 1^f »

LES SOIRÉES DE LA RUE SAINT-LAZARE. Entretiens sur les lois économiques et défense de la propriété. 1 vol. grand in-18, 1849. Paris, Guillaumin et Cie. . . . . 3 »

LES RÉVOLUTIONS ET LE DESPOTISME envisagés au point de vue des intérêts matériels. 1 vol. in-18, 1852. Bruxelles, Meline, Cans et Cie. 1 50

CONVERSATIONS FAMILIÈRES SUR LE COMMERCE DES GRAINS. 1 vol. grand in-18, 1855. Bruxelles, Aug. Decq. 2 50

L'ABBÉ DE SAINT-PIERRE. Sa vie et ses œuvres. 1 vol. in-18. (*Bibliothèque des sciences morales et politiques*.) Paris, Guillaumin et Cie. 3 50

DE L'ENSEIGNEMENT OBLIGATOIRE. Discussion entre M. G. de Molinari et M. Frédéric Passy. 1 vol. grand in-18, 1859. Paris, Guillaumin et Cie. . . . . . 3 »

NAPOLÉON III PUBLICISTE. 1 vol. grand in-18, 1861. Bruxelles, A. Lacroix, Verbœckhoven et Cie. . . 2 »

LETTRES SUR LA RUSSIE. 1 vol. grand in-18, 1861. Bruxelles, A. Lacroix, Verbœckhoven et Cie. . . . . . 4 »

QUESTIONS D'ÉCONOMIE POLITIQUE ET DE DROIT PUBLIC. 2 vol. in-8°, 1861. Bruxelles, A. Lacroix, Verbœckhoven et Cie. . . . . 10 »

COURS D'ÉCONOMIE POLITIQUE, fait au Musée royal de l'industrie belge, 2e édition, 2 vol. in-8°, 1863. Bruxelles, A. Lacroix, Verbœckhoven et Cie. . . 12 »

L'ÉCONOMISTE BELGE. Journal semi-mensuel, 1855-1868. Bruxelles, A. Lacroix, Verbœckhoven et Cie. La collection (quelques numéros manquent). . . . . 100 »

PARIS. — J. CLAYE, IMPRIMEUR, 7, RUE SAINT-BENOIT. — [77]

LES

CLUBS ROUGES

PENDANT

LE SIÉGE DE PARIS

PAR

M. G. DE MOLINARI

Rédacteur du *Journal des Débats*

———⋙⋘———

PARIS

GARNIER FRÈRES, LIBRAIRES-ÉDITEURS

6, RUE DES SAINTS-PÈRES, ET PALAIS-ROYAL, 215

——

1871

PRÉFACE

Paris assiégé n'avait pas seulement à se défendre contre l'armée d'investissement; il avait encore à se préserver des tentatives du parti révolutionnaire. Le gouverneur de Paris possédait, à la vérité, les pouvoirs nécessaires pour prévenir toute tentative de révolte et même pour fermer la bouche à toute opposition. Mais, sans vouloir défendre autrement M. le général Trochu, nous nous plaisons à reconnaître qu'il n'a pas abusé de l'autorité dictatoriale dont l'investissait le régime de l'état de siége. Paris assiégé a possédé la liberté illimitée de la presse et de la tribune; le gouvernement a laissé à peu près tout dire, et on pourrait ajouter aussi qu'il a laissé à peu près tout faire.

Pendant quatre mois et demi, le parti révolutionnaire n'a pas cessé un seul jour d'attaquer le gouvernement dans ses journaux et dans ses clubs. Deux fois, le 31 octobre et le 22 janvier, il a marché sur l'Hôtel de ville pour jeter le gouvernement par les fenêtres et le remplacer par la Commune. Eh bien, quel a été le résultat de ces deux tentatives de révolution, accomplies sous un régime de liberté illimitée? Le 31 octobre, il a suffi de deux ou trois bataillons de la garde nationale et de la garde mobile pour remettre les hommes et les choses à leur place dans l'Hôtel de ville, sans qu'une goutte de sang eût été versée; le 22 janvier, la révolution, qui était annoncée depuis trois mois dans les clubs rouges, se réduisait aux proportions d'une simple échauffourée. Le régime de l'état de siége, appliqué dans toute sa rigueur avec la suppression des clubs et la suspension des journaux, aurait-il été plus efficace? Le gouvernement aurait-il été plus en sûreté s'il avait fermé la bouche à ses adversaires, et le moral de la population se serait-il mieux soutenu dans ce silence de mort,

qu'auraient interrompu seulement le bruit de la
canonnade et le sifflement des obus? Il est permis
d'en douter, et cette tolérance à supporter les
attaques les plus injurieuses, dont a fait preuve
le chef du gouvernement, gouverneur militaire
de Paris assiégé, mérite bien d'être louée, car
elle n'est pas commune en France! Si la population parisienne veut faire son examen de conscience, elle conviendra que sa patience à supporter la contradiction n'a pas égalé à beaucoup
près celle du chef du gouvernement. Combien
de fois les optimistes n'ont-ils pas brûlé sur les
boulevards les journaux plus ou moins pessimistes qui se refusaient à croire aveuglément
aux pigeons de M. Gambetta! Combien plus
souvent encore le public des clubs a fermé la
bouche et « déporté » sommairement au milieu
de la rue des orateurs ou des interrupteurs qui
se permettaient de n'être point de son avis!

Les excès des journaux révolutionnaires se dé-
nonçaient d'eux-mêmes, et le public avait fini
par s'y habituer, mieux encore, par s'en lasser.
La Patrie en danger, par exemple, organe de
M. Blanqui, et la plus enfiévrée de ces feuilles,
mourait d'inanition dès le mois de novembre;
mais on pouvait craindre que les paroles enflam-

mées qui faisaient irruption dans les vingt ou
trente petits cratères des clubs rouges ne com-
missent plus de ravages. Il était donc nécessaire
de savoir ce qui se disait dans les clubs et de le
redire au grand public, dont le bon sens plus
que tout le reste maintenait l'ordre dans Paris
assiégé. Voilà ce que nous avons essayé de faire
au jour le jour. Nous avons esquissé le tableau
vivant et parlant des clubs, et le succès de cette
espèce de photographie a dépassé de beaucoup
notre attente.

Un des résultats essentiels de cette divulgation
quotidienne de mystères des clubs rouges, ç'a
été d'avertir le gouvernement des complots qui
se tramaient contre lui. Le 21 janvier au soir, par
exemple, les meneurs du parti révolutionnaire
annonçaient au public du club de la *Reine-
Blanche*, à Montmartre, qu'on irait le lendemain, à midi, installer la Commune à l'Hôtel de
ville. Le 22 janvier, les lecteurs de journaux en
étaient prévenus en prenant leur café du matin;
l'Hôtel de ville était gardé et les amis de l'ordre
se tenaient sur le qui-vive. La « surprise »
était manquée, et les partisans de la Commune,
surpris à leur tour, étaient obligés de se replier
sur leurs faubourgs. Aussi l'un d'entre eux n'hé-

sitait-il pas à attribuer aux clubs l'insuccès de la
« journée » :

> « Croyez-moi, citoyens, disait-il (séance du 22 janvier
> au club *Favié*), tout le mal vient des clubs. Comment
> voulez-vous qu'on prenne des résolutions viriles au mi-
> lieu d'un tas de femmes, d'enfants et de propres à rien
> qui viennent ici pour digérer leur dîner? (*Hilarité.*)
> D'ailleurs, quand nous prenons une résolution, quand
> nous nous donnons rendez-vous publiquement, est-ce
> que nos ennemis n'en sont pas informés tout de suite?
> Ce sont les clubs qui nous perdent. Des sociétés de
> carbonari, voilà ce qu'il nous faut. — Il a raison! plus
> de clubs! des sociétés secrètes! — Alors nous pourrons
> nous concerter, donner des mots d'ordre, et, quand le
> moment sera venu, nous ne trouverons pas des mobiles
> à l'Hôtel de ville avec des mitrailleuses. » (*Applaudisse-
> ments.*)

Quel plaidoyer plus concluant pourrait-on faire
en faveur de la liberté des clubs?

Ces comptes rendus, écrits sous l'impression
du moment et destinés à vivre un jour, perdront
sans aucun doute à être réunis, et nous aurions
fait preuve de sagesse en les laissant enfouis
dans la collection du *Journal des Débats;* mais
il est bien difficile de résister à la tentation de
faire un volume, dont on a les matériaux sous la

main, avec un éditeur disposé à s'associer à
cette aventure. D'ailleurs, la liberté de la parole
et le droit de réunion ne sont pas tellement
consolidés en France qu'il soit superflu d'en
montrer l'utilité. Or l'expérience que nous venons de faire de la liberté des clubs dans un
moment de crise n'atteste-t-elle pas, malgré tout,
que cette liberté suspecte présente plus d'avantages que d'inconvénients, à la seule condition
d'avoir pour correctif la publicité[1]?

15 mars 1871.

1. Depuis que ces lignes ont été écrites, une nouvelle
et formidable explosion révolutionnaire a eu lieu à Paris.
On ne manquera pas d'en rejeter la responsabilité sur les
clubs, et de réclamer la clôture perpétuelle de ces ateliers de révolution; à notre avis, on aura tort. Soyons
justes, même à l'égard des clubs : malgré leurs excentri-
cités et leurs folies, ils ont rendu des services qu'il ne
faut point méconnaître. Au milieu des langueurs du blocus, ils ont contribué à soutenir le moral de la population
et à rendre ainsi la défense plus persistante; peut-être
auraient-ils contribué aussi à la rendre plus efficace, si
le gouvernement avait tenu compte davantage du sentiment passionné qui s'y produisait, et s'il avait eu dans
les qualités militaires de la « landwehr » parisienne une
confiance dont elle n'a que trop montré, après le 18 mars,
qu'elle était digne. Rappelons encore qu'au début du
siége, les clubs, même les plus rouges, n'étaient point
hostiles au gouvernement. S'ils le sont devenus plus tard,

et s'ils ont demandé la Commune, c'est parce qu'ils ne le trouvaient point à la hauteur de sa tâche. Cette tâche, la Commune l'aurait-elle mieux remplie ? aurait-elle réussi à sauver Paris ? Nous ne le pensions pas, et c'est pourquoi nous avons soutenu contre les partisans de la Commune ce gouvernement dont nous reconnaissions cependant toute l'insuffisance. Avions-nous tort? avions-nous raison ? c'est une question qu'il serait oiseux de discuter en ce moment. Bornons-nous à remarquer à la décharge des clubs que, si la Commune y a été demandée, c'est dans des conciliabules fermés que l'insurrection communaliste a été organisée. Ajoutons que cette insurrection a échoué deux fois sous le régime de la liberté illimitée de la presse et des réunions, et qu'elle a réussi après que les journaux et les clubs révolutionnaires eurent été supprimés. Ajoutons enfin que le gouvernement, en abandonnant Paris à lui-même, sans tenir compte de l'état de fièvre où l'avait laissé la capitulation, aggravée du séjour des Prussiens aux Champs-Élysées, a manqué visiblement de prévoyance et de sagesse, et que l'Assemblée, à son tour, aurait pu témoigner à la population parisienne, si cruellement éprouvée par le siége, un peu moins de défiance et un peu plus de bon vouloir. La responsabilité de l'insurrection du 18 mars doit être au moins très-partagée. En tont cas, ceux-là se trompent étrangement qui croient qu'il suffira de museler la presse et de supprimer les clubs pour fermer en France « l'ère des révolutions ».

LES
CLUBS ROUGES

PENDANT

LE SIÉGE DE PARIS

INTRODUCTION.

—

LES CLUBS.

HISTOIRE, ORGANISATION, PHYSIONOMIE [1].

I.

Les clubs auront leur page dans l'histoire du siége de Paris. Ce n'est pas qu'ils aient acquis sur les esprits et sur la direction des affaires publiques une influence comparable à celle des clubs de la première Révolution. Non! s'il y a encore des jacobins qui considèrent la République comme leur

---

[1]. Cette Introduction a paru dans la *Revue des Deux Mondes* du 1er décembre 1870.

propriété et la France comme la propriété de la
République, ils n'ont pas réussi, comme ils l'eussent souhaité et comme ils l'ont tenté le 31 octobre,
à faire main basse sur la République et sur la
France. Nous n'avons donc rien qui ressemble à ce
club des jacobins de dictatoriale mémoire où les
membres du comité de salut public venaient prendre
le mot d'ordre du « peuple », où l'on proposait les
« moyens révolutionnaires », que la Convention
terrorisée s'empressait ensuite de décréter, où l'on
dressait la liste des suspects, des accapareurs et des
agents de Pitt et de Cobourg, que le tribunal révolutionnaire se chargeait de son côté d'envoyer à la
guillotine. Aucun club, pas même le club de la
salle *Favié* à Belleville ou le club de *la Patrie en
danger*, que présidait naguère M. Blanqui, n'a
obtenu la survivance du club des *Jacobins*. Cela
tient sans doute un peu aux souvenirs que le gouvernement de la démagogie a laissés à la population parisienne, cela tient probablement plus encore
à ce que le gouvernement provisoire n'est point
autant à la merci des masses populaires que l'était
la Convention dominée par la Commune.

Mais, sans insister sur les causes qui nous ont
permis de supporter les clubs dans un moment où
on pouvait craindre qu'ils ne fussent le moins sup-
portables, il est intéressant de savoir comment ils se
sont constitués et multipliés après la révolution du

4 septembre. Ils sont issus des réunions publiques autorisées par la loi de juin 1868. Les réunions publiques pouvaient discuter toute sorte de questions, à l'exception des questions politiques et religieuses; on les avait du reste étroitement réglementées et surveillées : elles étaient obligées de constituer chaque soir leur bureau, afin de ne pas enfreindre les lois encore subsistantes sur les associations, et la présence d'un commissaire de police, assisté de deux agents ou de deux secrétaires, y était indispensable. On n'y pouvait attaquer le gouvernement que par la voie indirecte de l'allusion, il était formellement défendu d'y exposer le mécanisme du gouvernement républicain et de faire entre la République et l'empire des comparaisons qui n'auraient pas été à l'avantage de l'empire. En revanche, on avait carte blanche pour démolir la société, et le commissaire de police, d'ailleurs assez embarrassé de son rôle, ne s'opposait point à ce qu'on démontrât de la manière la plus péremptoire que la prochaine révolution sociale ferait justice du régime propriétaire et malthusien pour le remplacer par le communisme ou le collectivisme. On ne pouvait toucher aux fonctionnaires et à l'administration, car c'eût été faire de la politique; mais on pouvait commenter sans trop de gêne le célèbre aphorisme de Proudhon sur la propriété, et qualifier les bourgeois d'exploiteurs et de sangsues, car

en attaquant la propriété et les bourgeois on faisait
de l'économie sociale, chose bien différente de la
politique. Les réunions publiques avaient eu d'abord
quelque peine à se créer un personnel ; depuis dix-
huit ans, les orateurs n'avaient pas eu de fréquentes
occasions de se former. Il restait bien pourtant
quelques vieilles épaves des clubs de 1848, et on
ne tarda pas à les voir reparaître : ces revenants
de la République démocratique et sociale n'avaient,
suivant la mauvaise habitude des revenants, rien
appris et rien oublié. Ils récitaient les mêmes
phrases en les accompagnant des mêmes gestes.
Les auditeurs de la génération de 1848 qui assis-
taient à la réunion publique de la *Redoute*, du
Pré aux Clercs ou des *Folies-Belleville*, pouvaient
se croire encore au club du *Conservatoire* ou au
Club des clubs. Comme la princesse enchantée des
contes de fées, ils se réveillaient au milieu de la
cour de Sa Majesté le peuple, comme le nommait
naguère M. Félix Pyat, et ils entendaient finir la
phrase commencée, il y avait tantôt vingt ans,
par les courtisans de ce monarque amoureux de
phrases. Cependant la réalité apparaissait à travers
la féerie, les courtisans avaient vieilli, et dans le
sous-sol du palais les marmitons étaient en passe à
leur tour de devenir chefs de cuisine. Les membres
du congrès de Liége, les délégués de l'*Association
internationale des travailleurs* et bien d'autres

jeunes venaient se grouper auprès des vétérans un peu caducs de 1848 pour discuter la « question sociale », et c'est ainsi que le personnel oratoire des réunions publiques allait grossissant chaque jour lorsque ces réunions furent suspendues au commencement de l'année.

Après le coup d'état populaire du 4 septembre, les entraves opposées aux réunions publiques se trouvèrent levées; on put fonder librement des clubs aussi bien que des journaux, et discuter les questions politiques et religieuses avec la même liberté illimitée que la question sociale. On n'avait plus à craindre le commissaire de police, c'était bien plutôt le commissaire de police qui avait à craindre le club. Les salles ne manquaient pas : salles de danse, salles de spectacle ou de cafés-concerts, salles d'école même, tout était vacant; on n'avait que le choix des locaux, et les propriétaires se montraient coulants sur les prix. La plupart se contentaient de faire payer l'éclairage et les autres frais, ce qui n'a pas empêché, bien entendu, ces locaux gratuits de retentir des récriminations les plus amères contre l'avidité des propriétaires. D'un autre côté, le personnel oratoire des réunions publiques venait encore de se grossir des diverses catégories de réfugiés que les événements avaient ramenés de Londres, de Genève ou de Bruxelles. On avait donc tout ce qu'il fallait pour organiser

les clubs et pour les multiplier autant que l'exige-
raient les besoins du public. Enfin, à la veille du
siége, l'ordonnance du préfet de police, M. de Kératry, prescrivant la fermeture des théâtres, accor-
dait une véritable prime d'encouragement à la formation des clubs. Nous ne voulons dire aucun mal
de cette mesure que l'opinion publique paraissait
réclamer au nom des convenances, sinon des nécessités de l'état de siége. Seulement on pourrait
se demander s'il convenait de fermer les théâtres
plutôt que les cafés et les autres lieux de réunion,
et si le meilleur moyen d'accoutumer la population à supporter les épreuves du siége et à
se résigner aux langueurs du blocus, ce n'était
point par hasard d'intervenir aussi peu que possible dans ses habitudes. La santé de l'esprit ne
dépend-elle pas en grande partie, comme celle du
corps, des aliments dont on le nourrit? Certes la
qualité de l'alimentation intellectuelle, puisque
l'expression est à la mode, que les théâtres four-
nissaient à la population parisienne avait singulièrement baissé depuis quelques années; mais à ces
mets fades et grossiers n'y avait-il pas quelque
péril à substituer d'emblée la pâture non moins
grossière et infiniment plus échauffante des clubs?
On aurait pu, à la vérité, fermer les clubs en même
temps que les théâtres, et le conseil en a été donné
au gouvernement de la défense nationale. Quel-

ques-uns allaient même jusqu'à l'engager à suspendre la publication des journaux; mais que serait donc devenue cette population nerveuse et impressionnable, pour laquelle la conversation parlée ou écrite est un article de première nécessité, si on l'avait privée à la fois des théâtres, des clubs et des journaux dans le moment même où toute communication lui était interdite avec le reste du monde? Paris n'aurait-il point *cuit dans son jus*, suivant l'expression réaliste du chancelier de la Confédération du Nord? Au surplus, était-il bien possible d'interdire les clubs? Depuis le commencement du triste drame de l'invasion, n'en avons-nous pas vu se former tous les jours et à toute heure sur les boulevards, autour des kiosques des marchands de journaux, dans les rues, partout? L'histoire de ces clubs en plein vent ne serait pas moins curieuse et moins pittoresque à coup sûr que celle des clubs domiciliés, et elle donnerait peut-être une indication plus vraie de l'état des esprits et des impressions ou des fièvres fugitives qui les ont tour à tour et à de si courts intervalles abattus et surexcités. Trop souvent ces discussions de trottoir dégénéraient en scènes de pugilat, et le public intervenait pour séparer les combattants, quand ils ne se traînaient pas mutuellement au poste en se qualifiant « d'espions prussiens »; mais parfois le débat conservait jus-

qu'au bout des allures modérées et polies, on y
prenait la parole à son tour, et le public applau-
dissait aux bons endroits. Cela tournait même à la
conférence quand l'orateur était éloquent ou simplement intéressant. Un soir, vers une heure du
matin, en face de la mairie de la rue Drouot, un
fort attroupement encombrait la rue. Les parapluies étaient ouverts, car il pleuvait à verse. On
venait, sans aucun doute, d'afficher une nouvelle
importante qui retenait le public à cette heure
maintenant indue et par ce temps détestable. Point.
Il s'agissait simplement d'une comparaison entre
les institutions de la France et celles de l'Angleterre. Un jeune orateur, revêtu de l'uniforme de la
garde mobile, expliquait le mécanisme et les procédés de la justice criminelle en Angleterre, et il
les comparait à ceux de nos cours d'assises, en
donnant la préférence aux procédés anglais. Sa parole était claire, et il paraissait bien connaître son
sujet; on l'écoutait avec une attention soutenue;
l'auditoire avait oublié l'heure, il ne semblait point
s'apercevoir qu'il avait les pieds dans la boue, et
que les parapluies formaient des gouttières. Ah!
c'est que beaucoup de ces auditeurs de hasard ne
devaient retrouver en rentrant chez eux qu'un foyer
désert; mieux valaient la pluie et la boue que cette
solitude lourde et glacée. Les exilés se groupent
volontiers, et tant d'hommes que les cruelles exi-

gences de la guerre et de l'état de siége ont séparés de leurs familles ne sont-ils pas aujourd'hui des exilés à l'intérieur? Si on avait interdit les clubs, on aurait grossi d'autant les attroupements, au grand dommage de la santé publique. La liberté des clubs se résolvait donc en définitive en une simple question d'hygiène.

II.

En général les clubs ont pris les noms des salles où ils se sont établis ; le club des *Folies-Bergère* a été ouvert, croyons-nous, le premier après les événements du 4 septembre, dans la jolie salle de spectacles-concerts de la rue Richer ; nous citerons encore le club du *Pré aux Clercs*, rue du Bac ; le club de la *Reine-Blanche* à Montmartre, le club de la salle Favié à Belleville, et bien d'autres qui se sont installés dans des salles de bal, le club du *Collége de France* et le club de *l'École de médecine*, qui ont élu domicile par voie de réquisition ou autrement dans ces doctes et illustres établissements. Quelques-uns ont pris des dénominations significatives : le club du citoyen Blanqui s'appelait le club de la *Patrie en danger*; le club modéré de la salle *Valentino*, qui a succédé au club non moins modéré de la *Porte Saint-Martin*, organisé par

1.

M. Eug. Yung, a pris le nom de club de la *Déli-*
.vrance; enfin, au boulevard Rochechouart, s'épa-
nouissait dans une salle de café-concert le club de la
Vengeance. Chaque club a son groupe d'organisateurs; mais c'est au public qu'est réservé tous les
soirs le droit de nommer ou d'acclamer les membres du bureau. Dans quelques clubs, le public a
fini par se fatiguer d'user de ce droit imprescriptible, et il se borne à ratifier en bloc le bureau
qu'on lui présente; ailleurs, et, chose assez pi-
quante, dans les clubs où domine l'élément révolutionnaire pur, le bureau se constitue d'autorité;
mais, dans ceux où des opinions opposées sont en
présence, on se dispute parfois avec un acharnement singulier ce gouvernement éphémère. Aux
Folies-Bergère, où les « rouges » avaient d'abord
la majorité, ils composaient le bureau à leur guise;
mais à mesure que « la réaction a levé la tête »,
les nominations ont été de plus en plus disputées :
les réactionnaires, de jour en jour plus nombreux
dans l'auditoire, se faisaient un malin plaisir d'imposer à un président rouge des assesseurs modérés. Alors c'étaient des protestations indignées et
même des conflits où la force morale n'était pas
seule à jouer un rôle. Le citoyen A refusait positivement de siéger à côté du citoyen B en donnant
pour motif que le citoyen B avait été adjoint au
commissaire de police, et qu'il ne s'était point jus-

tifié suffisamment de l'accusation d'avoir fait des
« rapports ». Le citoyen B se chargeait à son tour
de laver le linge sale (encore une expression locale)
du citoyen A; le public se partageait en deux
camps, et c'était un beau tapage. Aux *Folies-
Bergère*, la réaction a fini par passer décidément
à l'état de majorité, et on a vu, comme jadis dans
les cités grecques, la minorité émigrer pour se
soustraire à une tyrannie insupportable. Le club
des *Montagnards*, du boulevard de Strasbourg, a
été fondé par un essaim de démocrates et de socialistes qui ne pouvaient se consoler de ne plus
faire la loi aux *Folies-Bergère*. Au club de la *Patrie
en danger*, le citoyen Blanqui était président ina-
movible, car la démocratie des clubs s'accommode
au besoin de la dictature; mais, après le 31 octobre,
le citoyen Blanqui ayant été obligé de chercher un
refuge dans ses retraites accoutumées, le peuple
du club a repris sa liberté, et il a recommencé à
élire chaque soir son bureau. Il est sans exemple
qu'une majorité révolutionnaire ait choisi les membres de son bureau dans la minorité modérée,
tandis qu'il est arrivé très-souvent aux *Folies-
Bergère* et ailleurs que la majorité modérée ait
accepté, par esprit de conciliation ou de guerre
lasse, un gouvernement révolutionnaire. Outre le
bureau, il y a des commissaires chargés de maintenir l'ordre et des employés spécialement commis

à la recette. Le prix d'entrée est généralement de 25 centimes par personne ; au club *Favié*, de Belleville, ce n'est que 10 centimes, tandis qu'au club modéré de la salle Valentino la taxe monte à 50 centimes. Au club de la rue d'Arras et au club de la *Cour des Miracles*, on donne ce qu'on veut. Ce droit d'entrée sert à payer les frais de location, quand la salle n'est point gratuite, l'éclairage et le balayage, et ces frais varient beaucoup selon les endroits : au club des *Folies-Bergère* et à la salle Valentino, l'éclairage au gaz était des plus brillants, au temps où il y avait encore du gaz ; à la *Cour des Miracles*, où le club se tient dans une école gardienne, on se contente de lampes à pétrole. Le nettoyage ne coûte pas cher, et, lorsqu'un club vient à conquérir la vogue, il y a presque toujours un notable excédant de recettes. Que devient cet excédant ? Au club de la *Porte-Saint-Martin*, on en a versé le montant à la souscription pour l'achat des canons ; mais tous les *impresarii* des clubs ne jugent pas à propos de publier leurs comptes, et le public ne leur fait pas l'injure de les demander. Lorsqu'un club ne fait pas ses frais, il se ferme tout simplement. C'est ce qui est arrivé à mainte réunion publique, et c'est ce qui arrivera selon toute apparence à maint club, probablement même à tous les clubs, quand les cauchemars de l'invasion et de la révolution qui oppressent et qui enfièvrent les esprits se seront dissipés.

Cependant le public commence à garnir la salle, public très-bigarré, où les femmes et les enfants même sont en nombre, où les uniformes variés des gardes nationaux, des gardes mobiles, des francs-tireurs, etc., présentent un aspect des plus pittoresques. Selon que les nouvelles de la journée ont été bonnes ou mauvaises, les physionomies sont rassurées ou inquiètes. On se case où l'on peut, car il n'y a point de places réservées, et on fume beaucoup; dans certains clubs, on avait d'abord défendu de fumer, mais cette défense n'a pas tardé à être enfreinte comme bien d'autres; toutefois la tenue du public est généralement convenable, et pourvu qu'on ne lui dise que des choses qui lui plaisent, il se tient volontiers tranquille. Il faut noter que les clubs populaires ne sont pas ceux où il y a le moins d'ordre, tandis que la tenue du public de la salle des *Folies-Bergère*, un peu trop voisine du boulevard Montmartre, laisse beaucoup à désirer. L'état-major des organisateurs et des orateurs du club se groupe sur la plate-forme, comme disent les Anglais, quand il y a une plate-forme, ou simplement autour de la table du bureau. Aussitôt que le président et les deux assesseurs qui constituent le bureau sont élus, on fixe l'ordre du jour. C'est presque invariablement la

défense nationale, mais est-il nécessaire de dire
que ce thème invariable comporte de nombreuses
variantes? Il comprend, outre la question de l'armement et celle des subsistances, la question de la
« Commune » et même la question sociale. Il est
rare toutefois que la discussion s'engage d'emblée;
il y a ordinairement un *stock* préalable de communications à écouler et de rapports à faire. Dans les
commencements, les clubs envoyaient volontiers
des délégués au gouvernement de la défense nationale, soit pour lui donner communication des
résolutions votées par le club, soit pour lui demander des éclaircissements sur les siennes. Le
gouvernement recevait ces délégués avec beaucoup
de politesse, et parfois même ils avaient la bonne
fortune de rapporter au club des conversations du
plus haut intérêt qu'ils avaient eues avec des
membres importants du gouvernement. Hélas! on
se fatigue de tout, même de recevoir chaque soir
les délégués des clubs. Les membres du gouvernement ont fini par nommer à leur tour des délégués pour recevoir les délégués, et à dater de ce
moment les communications entre les clubs et
l'Hôtel de ville sont devenues beaucoup plus rares.
On se contente de signifier au gouvernement par la
voie des journaux les résolutions ou les réclamations qu'on lui adresse. Viennent ensuite les communications ou les dénonciations particulières. On

dénonce beaucoup dans certains clubs, on dénonce
les « accapareurs », les « absents », les « mauvais
citoyens » qui se dérobent au service de la garde
nationale. Dans les premiers temps du siége, des
francs-tireurs et même des gardes mobiles venaient
dénoncer leurs chefs; mais cela n'a point duré, et
la discipline a fini heureusement par reprendre le
dessus. Des dénonciations aux mises en accusation,
il n'y a qu'un pas: plus d'une fois le club de *la
Cour des miracles*, le club de Belleville et le club
de la rue d'Arras (club Blanqui) ont été invités à
se transformer en tribunaux pour prononcer un
jugement, ou en cour de cassation pour ratifier ou
casser un arrêt rendu ailleurs. Au club de Belleville par exemple, une condamnation à mort par
contumace prononcée dans plusieurs clubs du
4e arrondissement contre le « traître Bazaine » et
ses complices, Canrobert, Lebœuf et Coffinières, a
été confirmée à l'unanimité, et tous les citoyens
présents ont été invités à exécuter eux-mêmes la
sentence (séance du 19 novembre). Souvent aussi
le club se constitue en tribunal d'honneur pour
prononcer entre deux citoyens qui se renvoient
une accusation, ordinairement celle d'avoir été trop
bien avec la police.

Parmi les communications intéressant la défense
nationale qui sont faites chaque jour dans les clubs,
il faut noter celles qui concernent les inventions de

tout genre, dont les auteurs ont été victimes de la routine des bureaux compliquée de la jalousie mesquine des officiers de l'artillerie et du génie. D'abord le public prêtait une oreille attentive et compatissante aux doléances de ces inventeurs méconnus; mais ils ne tardèrent point à en abuser. Celui-ci avait retrouvé le secret du feu grégeois, celui-là faisait hommage au club de sa *fusée-Satan*, capable de détruire 60,000 Prussiens par heure; un troisième colportait dans tous les clubs sa *bombe à main*, qu'il suffisait de laisser tomber sur le parquet pour faire sauter la salle. Cette affirmation, accompagnée de gestes démonstratifs, répandait dans l'assemblée une inquiétude visible; on se hâtait de renvoyer l'inventeur avec sa bombe au comité des barricades ou à tout autre comité. Un quatrième proposait d'empoisonner la Seine pour priver les Prussiens d'eau potable; un autre conseillait de lâcher dans les bois occupés par l'ennemi les animaux du Jardin des Plantes. Puis venaient les nouveaux procédés qu'il s'agissait d'opposer victorieusement à la tactique prussienne, et la série des moyens de débloquer Paris. Il fallait construire une première redoute sous le feu des forts, puis une seconde redoute sous le feu de la première, et ainsi de suite; il fallait encore faire sortir la garde nationale en masse et la répandre en tirailleurs dans toute la France, etc. Nous en passons

et des meilleurs. Le public des clubs a fini par se
lasser de ces merveilles ; après s'être engoué des
inventions et des tactiques nouvelles, il a pris les
inventeurs en grippe, et c'est tout au plus s'ils
réussissent à obtenir la parole. Les inventeurs méconnus ne sont pas seuls à souffrir de cette réaction ; on commence aussi à douter qu'il suffise de
n'être pas membre du comité de l'artillerie pour
savoir fondre un canon se chargeant par la culasse,
et de n'avoir point passé par Saint-Cyr ou la Flèche
pour devenir un Hoche, un Marceau ou un Kléber.
Certes la routine et l'infatuation des hommes du
métier sont pour beaucoup dans les revers de la
campagne de 1870, la France a été vaincue parce
qu'elle est demeurée en arrière de la Prusse dans
cette partie, hélas! essentielle de l'industrie humaine qui a pour objet la destruction, tandis qu'elle
demeurait au moins sur le pied de l'égalité avec
elle en ce qui concerne la production. Il n'en est
pas moins vrai qu'on ne peut pas plus suppléer aux
connaissances spéciales et à l'expérience dans la
guerre que dans l'industrie, et qu'il faut du temps
pour former des officiers sachant commander et
même des soldats sachant obéir, comme il en faut
pour créer ou refaire le personnel d'une manufac-
ture ; ce n'est donc pas en faisant table rase de l'expérience et de l'instruction professionnelle qu'on
accroît ses chances de l'emporter sur un ennemi

ou un concurrent exercé et habile. Il se peut que
l'on improvise la victoire, mais c'est à la condition
d'avoir préparé de longue main les matériaux de
cette improvisation; ni la bonne volonté ni même
l'héroïsme ne suppléent à cette préparation indispensable, à une époque surtout où la science et
l'outillage jouent le premier rôle dans la guerre
comme dans l'industrie.

III.

Après la nomination plus ou moins laborieuse des
membres du bureau et les communications de toute
sorte s'ouvrent les débats. Chaque club possède un
certain nombre d'orateurs attitrés qui y prennent
la parole tous les jours, c'est « la troupe », ou, si
l'on veut, la rédaction ordinaire de ce journal
parlé; mais il y a des orateurs de hasard, simples
amateurs qui s'essayent à l'art difficile de la parole,
ou qu'une exclamation imprudente oblige à monter
à la tribune, car le public des clubs se montre volontiers sévère à l'égard des interrupteurs, et il ne
leur laisse guère de choix qu'entre la tribune et la
porte. Il y a aussi des orateurs ambulants qui vont
colporter un discours ou une simple motion de club
en club, en quête des applaudissements du souverain du jour, comme ces habitués des salons officiels qui s'en allaient le même soir présenter leurs

hommages aux puissances de la rive droite, sans
oublier celles de la rive gauche. Les costumes dif-
fèrent, car l'habit noir et la cravate blanche ne sont
point de mise dans les clubs, mais entre le courti-
san d'hier et le démagogue d'aujourd'hui combien
de points de ressemblance! C'est, la même étude
attentive des passions, des goûts et des préjugés du
maître et la même habileté savante et ingénieuse à
les flatter. « Le monde a les yeux sur vous, disait
un orateur de la salle Favié à son auditoire agréa-
blement saisi par cet exorde. Vous faites l'admiration de l'univers, et c'est Belleville qui sauvera
l'Europe. » — « Le peuple seul, s'écriait un autre,
jouit du privilége de ne pas se tromper. » Que
pourrait-on dire de plus à un monarque absolu ou
à un pape? Le roi-soleil lui-même avait-il des courtisans mieux dressés que ceux de son successeur le
peuple souverain de Belleville? L'éloquence naturelle ne manque point à certains orateurs de club;
mais leur éducation paraît malheureusement avoir
été fort négligée : l'histoire, la géographie, la langue
elle-même, reçoivent chaque jour dans les clubs
des blessures cruelles. Au club de la *Cour des miracles*, un orateur qui a étudié à fond la politique
étrangère recommande l'alliance de la Russie.
« N'oubliez pas, dit-il d'un ton de professeur, que
c'est l'empereur *Nicolas* qui a empêché en 1815 le
partage de la France! » — Aux *Folies-Bergère*, on

traite sans scrupule d'aucune sorte les Prussiens de *vils insulaires*, l'armistice se prononce couramment *armistie*, et à Ménilmontant un orateur accuse le gouvernement d'affamer le peuple et de le faire tomber dans la *mansuétude*.

Le fond est en harmonie avec la forme. Sauf dans quelques clubs modérés, tous les orateurs s'accordent à demander la défense à outrance et l'emploi des « moyens révolutionnaires ». En quoi consistent les moyens révolutionnaires? Il y en a de toute sorte, ils embrassent à la fois la politique intérieure et extérieure, l'art militaire, l'économie politique et les finances. La première chose que le gouvernement ait à faire, disait un orateur au club des *Folies-Bergère* dans la séance du 16 septembre, c'est de décréter la victoire et la déchéance du roi Guillaume ; mais le gouvernement de l'Hôtel de ville, composé comme il l'était d'anciens députés assermentés à l'empire, possédait-il la vigueur nécessaire pour rendre des décrets si conformes à la tradition révolutionnaire? Dès les premiers jours, les *purs* en doutaient, et M. Rochefort lui-même avait à peine mis les pieds à l'Hôtel de ville qu'il était déjà suspect de modérantisme. Cependant on se contenta d'abord de surveiller le gouvernement et de le mettre en garde contre les embûches de la réaction. On lui signalait tous les jours la conduite suspecte du préfet de police,

M. de Kératry, et on lui dénonçait les complots des
anciens sergents de ville. En même temps on lui
prodiguait les conseils ; on lui demandait de décréter sans retard la levée en masse, et M. Blanqui
faisait dans son premier club du *Café des Halles
centrales* de véritables conférences sur l'art de défendre les places. Dans l'opinion de M. Blanqui, il
fallait munir la population parisienne de pelles et de
pioches et la faire sortir en masse pour improviser
autour de Paris des fortifications à la « Tottleben ».
Ce conseil pouvait être bon, quoiqu'il ne fût pas précisément facile à suivre ; mais M. Blanqui n'admet-
tait ni objection ni retard, et c'est là un des traits
les plus caractéristiques de l'opposition des clubs.
On demandait encore au club des *Halles centrales*
la réquisition de toutes les subsistances et une distribution égale à toute la population ; on demandait
là confiscation des biens des bonapartistes et des
traîtres, l'incorporation immédiate des séminaristes
dans l'armée, la destitution de tous les généraux qui
seraient remplacés par des « enfants du peuple », et
l'envoi de commissaires dans les départements. Si
le gouvernement de la défense nationale hésitait à
employer ces moyens de salut, qu'en fallait-il conclure ? C'est que le gouvernement était, suivant
l'expression de M. Blanqui, « composé d'idiots et
de traîtres », et la conclusion se devine. Malgré le
soin particulier avec lequel le gouvernement s'ap-

pliquait à ménager ces amis et ces conseillers terribles, la rupture entre l'état-major des clubs et
l'Hôtel de ville était consommée déjà au moment
de l'investissement de Paris, et sur toute la ligne
des clubs on commençait à demander la Commune.
La campagne en faveur de la Commune ayant abouti,
comme on sait, à l'échauffourée du 31 octobre, il
s'est produit alors un temps d'arrêt dans la propagande démagogique des clubs ; mais au bout de
quelques jours on s'était remis de cet échec : il
suffit d'assister aux séances des clubs de Belleville,
de Ménilmontant et des Batignolles, de ces hauteurs
d'où les lumières de la démocratie et du socialisme
descendent dans les profondeurs de Paris (discours
de M. Jules Allix au club *Favié*), pour s'assurer
que le « parti » n'a point désarmé, et qu'il n'attend
qu'une occasion propice pour prendre sa revanche
du 31 octobre.

Les orateurs de Belleville vont même jusqu'à se
féliciter de n'avoir pas réussi alors. « Nous étions
trop doux et trop confiants, disait un de ces naïfs
énergumènes dans la séance du 19 novembre. Nous
n'aurions pas fait ce qu'il fallait ; nous le ferons aujourd'hui. Ce qu'il nous faut, c'est un 93. Eh bien,
93 reviendra, soyez-en sûrs, citoyens, nous retrouverons des Robespierre et des Marat. » Comme il
est facile de le supposer, aucune mesure émanée
du gouvernement de l'Hôtel de ville ne peut plus

satisfaire cette opposition, devenue irréconciliable, et c'est encore M. Blanqui qui achevait de la peindre. A l'époque où l'on faisait des sorties partielles, les clubs demandaient des sorties en masse; depuis qu'il s'agit d'une opération générale, sinon d'une sortie en masse, quel est le langage de M. Blanqui? « Après avoir envoyé les défenseurs de Paris en détail à la boucherie, on veut maintenant, dit-il, les expédier en bloc à l'abattoir. » Comment donc satisfaire M. Blanqui et avec lui le club de la salle Favié ou le club de la rue d'Arras? Sans doute il n'y a pas que des clubs démagogiques, et même dans ceux où la démagogie domine on peut recueillir parfois des paroles sensées. Il y a peu de jours, au club de *l'École de médecine*, des protestations violentes s'élevaient contre le décret interdisant l'affichage des journaux. Un orateur venait de proposer au club de donner l'exemple de la désobéissance en faisant afficher une protestation contre ce décret attentatoire aux droits imprescriptibles des citoyens. Un républicain modéré, M. Geniller, eut le courage, assurément fort méritoire, de protester contre cet appel aux moyens révolutionnaires. (Voir la séance du club de *l'École de médecine* du 21 novembre.) Le club applaudit avec chaleur les sages paroles de M. Geniller, ce qui ne l'empêchait pas, quelques instants après, de voter l'affichage de sa protestation contre l'interdiction de l'affichage.

On se moquait spirituellement au XVIIIᵉ siècle de ce bon abbé de Saint-Pierre, qui voulait établir la paix perpétuelle, et qui avait trouvé, ajoutait-on, un moyen infaillible d'utiliser les moines et les marrons d'Inde. Nous ignorons s'il existe quelque moyen infaillible d'utiliser les clubs, mais nous n'en persistons pas moins à penser qu'il serait plus dangereux de les supprimer que de les laisser vivre. Toutes les agitations, toutes les fièvres auxquelles la population parisienne a été en proie depuis trois mois se sont manifestées avec une intensité particulière dans les clubs, et l'on y a vu succéder du jour au lendemain à l'abattement le plus extrême les espérances les plus exagérées. La démagogie y a établi ses assises, elle y a annoncé plus d'une fois naïvement son intention de jeter le gouvernement par les fenêtres ; elle y a dénoncé les accapareurs et les traîtres, elle les y a jugés et condamnés ; elle y a enfin détaillé tous les articles de son programme de « moyens révolutionnaires » à l'aide desquels, après avoir débloqué Paris, elle sauvera la France et même le monde. Sans doute ces dénonciations perfides, ces accusations furieuses, ces provocations criminelles à la guerre civile, ces insanités décorées du titre pompeux de moyens révolutionnaires, qui n'ont pas sauvé la France en 1792 et qui achèveraient de la perdre en 1870, exercent sur les esprits peu cultivés ou sans culture aucune ui c omposent en majorité le public des clubs une action délétère; mais suffirait-il de fermer les clubs pour empêcher cette *malaria* de se répandre et d'acquérir, sous l'influence des circonstances, un caractère particulier de malignité? Si les clubs n'existaient point, la démagogie et le socialisme cesseraient-ils de propager leurs poisons? Leur propagande serait moins visible, leurs conspirations seraient latentes, ils prépareraient leurs « journées » dans des conciliabules secrets au lieu d'en afficher le programme dans des clubs publics; mais le danger serait-il moindre? Cette réaction de la modération et du bon sens qui a empêché le gouvernement provisoire de glisser sur la pente de la révolution, et qui l'a sauvé finalement du coup de main du 31 octobre, se serait-elle produite avec la même intensité et la même énergie si les clubs et les journaux de la démagogie ne lui avaient donné l'éveil? Gardons-nous donc de nous montrer trop sévères pour les clubs; ce serait de l'ingratitude! Sans chercher, suivant le précepte et la méthode du bon abbé de Saint-Pierre, les moyens de les « utiliser », n'oublions pas qu'ils nous ont rendu au moins des services involontaires.

PREMIÈRE PARTIE

CLUB BLANQUI,

RUE D'ARRAS.

Séance du 21 septembre 1870.

Manifestation de la place de la Concorde.

La manifestation annoncée dans les clubs pour célébrer l'anniversaire de la première République a eu lieu ce matin sur la place de la Concorde; mais elle n'a pas eu les proportions que ses promoteurs s'étaient proposé de lui donner. Quelques groupes se sont formés d'abord vers midi près la statue de la ville de Strasbourg; quelques bataillons de la garde nationale, les fusils ornés de fleurs ou de branchages, ont défilé ensuite, apportant des drapeaux et des bouquets qui ont été déposés au pied de la statue de la noble cité. Quelques orateurs, MM. Telidon, Claretie, Lermina et Vermorel, ont prononcé des discours ayant pour thème la

résistance à outrance; ils ont été vivement applau-
dis; toutefois M. Vermorel, ayant indirectement
attaqué le gouvernement provisoire et en particulier M. Jules Favre, a soulevé une explosion de
murmures. « Ce n'est pas le moment de nous diviser, lui a-t-on crié dans la foule. — Seriez-vous
capable de mieux faire? » M. Vermorel ayant voulu
continuer, les murmures ont redoublé, et il a été
obligé d'abréger son discours.

Les auteurs de la manifestation paraissaient
s'être proposé d'entraîner la garde nationale et la
foule à l'Hôtel de ville pour signifier au gouvernement les résolutions prises par le comité central
républicain, composé des délégués des clubs. Mais
une faible partie seulement de la garde nationale avait répondu à leur appel (nous avons reconnu notamment les bataillons de Belleville), et
la foule ne se composait, comme nous venons de
le dire, que de quelques groupes de curieux. Elle
n'occupait qu'un espace très-restreint devant la
statue de Strasbourg, et le reste de la place était
vide. Il a donc fallu ajourner cette seconde partie
de la manifestation.

Ce soir, il a été décidé dans les clubs qu'elle
serait remise à demain, à midi. Les délégués du
comité républicain, les gardes nationaux et le
« peuple » des réunions publiques sont invités à se
rendre, soit sur la place de la Concorde pour se

former en cortége, avec armes ou sans armes, soit directement à l'Hôtel de ville, pour « exiger » du gouvernement, — telle est du moins l'expression dont s'est servi le délégué qui a pris la parole dans la réunion de la rue d'Arras, présidée par M. Blanqui, — pour exiger, disons-nous : 1° qu'on ne traite avec les Prussiens qu'après les avoir expulsés du territoire; 2° qu'on ne leur cède ni un pouce de notre territoire, ni une pierre de nos forteresses, ni un vaisseau de notre flotte, ni un écu de notre budget; 3° que l'on ajourne les élections municipales, et que l'on fasse nommer les maires et les membres des conseils municipaux par des commissaires généraux en mission extraordinaire dans les départements; 4° que l'on décrète immédiatement la levée en masse; 5° la suppression de la préfecture de police, etc., etc. Si le gouvernement refuse de donner satisfaction au « peuple » sur ces différents points, le délégué a déclaré que la manifestation, commencée d'une manière pacifique, pourrait bien avoir une autre issue. Un autre orateur s'est servi d'un langage encore plus accentué, en déclarant qu'il fallait... *jeter* le gouvernement par la fenêtre, et le remplacer par un gouvernement véritablement révolutionnaire. Toutefois ces excitations à la guerre civile n'ont trouvé qu'un faible écho dans l'assemblée, quoique l'élément populaire dominât dans cette réunion où les femmes étaient aussi fort

nombreuses. Une citoyenne attachée aux ambulances a été particulièrement applaudie par la por-
tion féminine de l'auditoire, en se déclarant prête
à prendre le fusil que les séminaristes ont refusé
pour concourir à la défense de la patrie. Le président, M. Blanqui, s'est abstenu d'exprimer son
opinion sur la manifestation projetée, mais il a
dressé un véritable acte d'accusation contre le gouvernement à propos de la mission de M. Jules Favre
et des élections demandées par la « réaction ». Selon
M. Blanqui, les réactionnaires domineraient infaïl-
liblement dans l'Assemblée constituante si les élections n'en étaient point ajournées, et ils ne man-
queraient point de livrer la France au roi de Prusse.
Le gouvernement de l'Hôtel de ville serait naturellement d'accord avec les réactionnaires. Ajoutons
toutefois que ces insinuations de M. Blanqui n'ont
trouvé que peu de créance, et qu'on lui a même
crié d'abréger. Une vive émotion s'est au contraire
emparée de l'auditoire lorsque M. Blanqui a annoncé que les conditions faites par le roi de Prusse
à M. Jules Favre étaient les suivantes : 1° cession
de l'Alsace ; 2° des places fortes de Metz et de Sois-
sons et d'un fort de Paris ; 3° d'une partie de la
flotte, sans parler de l'indemnité pécuniaire. L'assemblée s'est séparée après s'être donné rendez-
vous demain, à midi, sur la place de la Concorde.

CLUB DES FOLIES-BERGÈRE.

Séance du 22 septembre.

———

Manifestation de la place de la Concorde.

(Suite.)

La manifestation que les meneurs du parti révolutionnaire s'étaient proposé de diriger contre le gouvernement, à l'occasion de l'anniversaire de la première République, a recommencé aujourd'hui. Entre midi et une heure, des groupes de curieux stationnaient en face de la statue de la ville de Strasbourg; bientôt est arrivé le 93e bataillon de la garde nationale en armes; mais les fusils étaient paisiblement chargés de banderoles, de bouquets de fleurs et de branchages, offrant un aspect pittoresque. Un drapeau tricolore, surmonté d'une couronne d'immortelles, a été ajouté au faisceau touffu de drapeaux et de couronnes qui dérobent déjà presque entièrement la statue aux regards. Un autre bataillon a défilé encore, avec les fusils ornés de bouquets d'immortelles; puis venaient des gardes nationaux sans armes. Quelques paroles ont été prononcées par MM. Lermina et Vermorel. M. Lermina a annoncé que le cortége allait se rendre à l'Hôtel de ville pour demander la défense à outrance et l'ajournement des élections. Aussitôt les quelques milliers de gardes nationaux et de curieux, après avoir défilé autour de la statue en poussant des cris de : « Vive la ville de Strasbourg ! Vive le général Uhrich ! Vive la République ! » ont pris le chemin de l'Hôtel de ville en suivant les quais. Il était deux heures environ. A l'Hôtel de ville, une députation composée des promoteurs de la manifestation a été reçue par MM. Jules Simon, Jules Ferry, Rochefort et Étienne Arago. M. Lermina était chargé de porter la parole. Il a demandé, suivant le programme indiqué, si le gouvernement était décidé à poursuivre la résistance à outrance, et à ne traiter qu'après que les Prussiens auraient été expulsés du sol français. M. Jules Simon lui a répondu que le gouvernement était résolu à se défendre jusqu'à la mort plutôt que de se rendre. M. Étienne Arago a ajouté, en sa qualité de maire de Paris, que la population pouvait être assurée qu'il ne se chargerait pas d'offrir au roi de Prusse les clefs de la capitale. En ce qui concerne les élections, MM. Jules Simon et Ferry ont déclaré que, après en avoir mûrement délibéré et s'être rendu compte de la difficulté pratique de réunir les électeurs dans les circonstances actuelles, le gouvernement avait pris la résolution de les ajourner. Les promoteurs de la manifestation se sont

tenus alors pour satisfaits. MM. Étienne Arago et
Rochefort ont paru à une des fenêtres de l'Hôtel de
ville, et ils ont jeté à la foule quelques paroles,
parmi lesquelles nous avons recueilli ces mots :
« Défense à outrance, ajournement des élections »,
qui ont provoqué de bruyantes acclamations. Un
peu plus tard, une seconde troupe s'est présentée,
beaucoup moins nombreuse que la précédente,
réclamant la suppression de la préfecture de police ;
mais la foule lui a fait un accueil assez froid.
« C'est une demande qui ne peut être bien accueillie
que par les voleurs », s'est écrié un orateur improvisé au milieu d'un groupe, et le public d'applaudir.
La foule s'est écoulée peu à peu aux cris de : «Vive
le gouvernement de la défense nationale! Vive la
République ! Vive la France ! »

Le soir, une réunion intéressante et plus animée encore que d'habitude a eu lieu dans la salle
des Folies-Bergère. Un orateur a proposé d'abord,
aux applaudissements légérement ironiques de
l'assemblée, de détruire les Prussiens au moyen
des fusées-Satan et du feu grégeois ; un autre a
donné lecture d'une série de résolutions qui ont
été successivement adoptées, ayant pour objet de
confisquer les biens des membres de la majorité
du Corps législatif, des membres du Sénat et des
deux derniers ministères de l'empire. M. Villiaumé
a demandé que cette mesure fût appliquée aux

membres de tous les cabinets qui se sont succédé
depuis le coup d'État; selon l'orateur, cette confiscation produirait une somme de 2 milliards deux
cents millions; mais M. Villiaumé ayant cru devoir,
à cette occasion, diriger contre M. Thiers une
attaque injurieuse, de vives protestations dont
M. Louis Ratisbonne s'est fait l'écho ont éclaté sur
presque tous les bancs, et ce n'est qu'à grand'peine
que la parole a pu être continuée à l'orateur.
M. Lermina a donné ensuite un résumé de la mission qu'il avait remplie à l'Hôtel de ville, et il a
ajouté, au bruit des applaudissements, qu'il ne
pouvait plus être question maintenant d'attaquer
le gouvernement ni même de critiquer ses actes;
que, satisfaction ayant été accordée aux demandes
relatives à la défense nationale et aux élections, il
ne restait plus qu'à se serrer autour du gouvernement et à lui prêter un concours ardent et dévoué;
que les paroles n'étaient plus de saison, et que
pour sa part il renonçait, à dater de ce soir, à
provoquer des réunions publiques et à y parler;
que demain peut-être on entendrait tonner le
canon des remparts, et que la place de tous les
bons citoyens était désormais non dans les réunions
publiques, mais aux fortifications. D'immenses
acclamations ont répondu à ces paroles, et la
séance a été levée au milieu d'une agitation indescriptible. En somme, la « journée » n'a pas été

mauvaise. Cette manifestation, qui dans l'esprit de quelques meneurs incorrigibles devait avoir pour objet de renverser le gouvernement, ou tout au moins de l'obliger à s'adjoindre un élément révolutionnaire et terroriste, a complétement avorté.

LE CLUB AMBULANT DE M. BLANQUI

SALLE DE LA RUE D'ARRAS.

Séance du 25 septembre.

Le club que préside M. Blanqui est ambulant; il tient ses séances tantôt rue Denis (Saint-Denis, d'après le vieux style), tantôt rue d'Arras, dans le quartier du Panthéon, ou à Belleville. Hier, dans la salle de la rue d'Arras, où se pressait un auditoire nombreux, composé presque exclusivement d'ouvriers et d'ouvrières, la discussion a porté sur la question des subsistances et sur les élections municipales. Quoique des efforts considérables aient été faits pour assurer l'approvisionnement de Paris, l'interruption des communications avec le dehors a eu pour conséquence inévitable de raréfier certaines denrées qui ne sont point d'absolue nécessité, mais ont la privation n'est pas moins pénible. Il ne

peut plus être question de prendre du café au lait,
le matin, suivant une habitude chère aux Parisiens
et surtout aux Parisiennes ; car il n'y a plus de lait :
le prix des œufs a monté de 3 sous à 5 sous, le
beurre salé coûte 5 fr., et on commence à ne plus
trouver de beurre frais à aucun prix. Les bouchers
sont obligés de rationner leurs pratiques, car on ne
leur délivre, — et certes nous ne blâmons point l'autorité de sa prévoyante parcimonie, — que la moitié ou même le tiers de la quantité demandée par
leur clientèle. La charcuterie est en hausse ; enfin
le charbon de bois, indispensable aux plus pauvres
ménages, se paye déjà 12 sous le boisseau, et davantage. Si l'on songe que la plupart des branches de
travail sont à l'état de chômage, et qu'une foule
d'ouvriers n'ont plus d'autre ressource que la modi-
que allocation de 30 sous par jour qui leur est
accordée pour leur service de gardes nationaux, on
comprendra avec quel intérêt passionné l'auditoire
populaire de la salle de la rue d'Arras écoutait
M. Blanqui et les autres orateurs sur une question
qui le touchait de si près. Nous passerons rapidement sur les plaintes et même sur les dénonciations
formelles dont quelques charcutiers, marchands de
charbon, etc., ont été l'objet pour avoir dissimulé
ou « accaparé » leur marchandise. Nous avons appris
toutefois, non sans quelque surprise, qu'une visite
domiciliaire a été faite chez un marchand de char-

bon de Montmartre par les soins du « comité de vigilance » du quartier, en vue de constater l'état de ses approvisionnements et de l'obliger à les livrer à la consommation. Nous ignorons jusqu'à quel point cette intervention du comité de vigilance est légale, mais il est permis de douter qu'elle soit utile au point de vue du consommateur lui-même. En contraignant un marchand de charbon à mettre en vente toute sa provision, que fait-on? On rétablit pour quelques jours une abondance factice, mais on hâte le moment où la provision, qui ne peut être renouvelée, sera épuisée; si l'on ajourne le mal de la disette, c'est en l'aggravant. Cependant, que faire? Comment remédier aux maux si rapidement croissants que cause l'insuffisance des ressources de la population ouvrière en présence de la hausse naturelle et inévitable du prix des choses dans une ville assiégée? Ce remède consiste, d'après M. Blanqui et ses collègues, unanimes sur ce point, dans la mise à la ration de toute la population. Paris assiégé, a dit M. Blanqui, n'est plus une ville, c'est un camp; sa population est une armée, puisque tous ses citoyens sont aujourd'hui des soldats. Il convient donc de la rationner, en suivant les procédés en usage pour l'approvisionnement des armées. Le gouvernement chargé de la défense nationale doit, en conséquence, et sans tarder davantage, mettre en réquisition toutes les subsistances, soit chez les

marchands, soit chez les particuliers, les faire déposer dans ses magasins, ou bien encore les laisser
en entrepôt dans les endroits où elles sont emma-
gasinées, sous la garantie de l'entrepositaire et sous
la surveillance de l'autorité. Cela fait, cette masse
de subsistances de toute sorte sera divisée en rations
et répartie selon les besoins de chaque famille ; car
il est équitable que chacun, pauvre ou riche, supporte sa part des souffrances du siége, et paye son
tribut de privations à la défense nationale. Mais
comment opérer ce rationnement formidable d'une
population de 2 millions d'hommes? En admettant
même que la masse des substances alimentaires
existant actuellement dans Paris puisse être centra-
lisée par l'administration sans perte et sans gaspillage; en admettant que les pénalités établies contre les marchands ou les particuliers qui cacheraient
leurs approvisionnements soient assez rigoureuses
pour empêcher ces « accaparements », comment
opérer le recensement des ayants droit aux rations,
et apprécier exactement l'étendue des besoins des
familles, comprenant, outre les hommes valides,
des femmes, des enfants, des vieillards et des malades? Cette difficulté, que M. Blanqui n'avait pas
cru devoir aborder, un autre orateur l'a résolue, aux
applaudissements de l'auditoire, en proposant de
charger, sous la direction du comité de vigilance,
les concierges du recensement des ayants droit aux

rations, avec le concours et le contrôle mutuel des locataires eux-mêmes. L'orateur a ajouté que ce recensement permettrait en même temps de connaître les noms et adresses des ennemis de la République et des agents prussiens. Un autre orateur a proposé encore de commencer l'inventaire des subsistances par la volaille et les œufs, qu'il conviendrait de mettre immédiatement en réquisition pour les blessés et les convalescents; il faudrait y joindre aussi le lait pour les mères et les enfants nourris au biberon. Il conviendrait enfin de fermer les restaurants, en commençant par les restaurants de luxe, etc., etc. Les réquisitions ne devraient pas être limitées non plus aux aliments; la saison froide approche, et une foule d'ouvriers sont réduits à faire leur service aux remparts vêtus de légères blouses; pourquoi ne mettrait-on pas en réquisition les étoffes dont regorgent les magasins, car on se bat mal quand on a froid et quand on a faim, et l'intérêt de la défense nationale ne doit-il point passer avant tout autre?

Ces diverses propositions ont été successivement adoptées par acclamation, puis la réunion s'est occupée d'une autre question en apparence fort éloignée de la précédente, mais qui s'y rattachait cependant par un lien étroit : nous voulons parler des élections municipales. Tous les orateurs se sont accordés à approuver l'ajournement des élections législatives, et nous avons même entendu l'un d'entre eux développer, sans être contredit, une doctrine assez peu respectueuse pour le suffrage universel, à savoir que le droit d'élire des représentants n'appartient qu'aux patriotes éclairés et aux bons républicains ; quant aux élections municipales de Paris, on ne peut les ajourner davantage sans compromettre la défense commune. Il existerait en ce moment, d'après l'orateur, plusieurs pouvoirs, tendant sans doute au même but, mais qui, n'ayant point reçu d'investiture régulière, manquent de l'autorité indispensable pour prendre toutes les mesures qu'exige impérieusement la défense. Ainsi, il y a dans chaque arrondissement un comité de vigilance composé de citoyens dévoués qui s'occupent des questions de la solde des gardes nationaux, des subsistances, etc., etc. ; il y a un comité central républicain formé par les délégués des comités de vigilance ; il y a encore la réunion des chefs de bataillon de la garde nationale, représentant la population armée ; il y a le comité des anciens proscrits, etc., etc. ; au-dessus de tous ces pouvoirs devrait se placer le pouvoir de la Commune librement élue et investie, en raison même de son origine, d'une autorité assez forte pour briser toutes les résistances et faire justice de tous les mauvais vouloirs, en matière de subsistances ou en toute autre. Le président de la réunion, M Blanqui, ayant été obligé de s'absenter, la question n'a pas été vidée ; mais l'auditoire paraissait unanime pour réclamer l'élection immédiate des membres de la Commune.

Nous aurions naturellement bien des objections à opposer aux mesures économiques qui ont été proposées dans cette séance, tout en faisant la part des exigences implacables de l'état de siége. Il est évident que, si Paris devait rester soumis pendant plusieurs mois à un blocus hermétique, il faudrait bien se résigner, non plus seulement à se passer de café au lait et de beurre frais, mais à être mis à la ration et peut-être à la demi-ration de pain ou de biscuit et de viande salée. Seulement, nous n'en sommes pas là, et nous ajouterons que les mesures proposées au club de la rue d'Arras seraient plus propres à favoriser la déperdition et le gaspillage de notre provision alimentaire qu'à en prolonger la durée. Néanmoins, la faveur avec laquelle ces mesures sont accueillies par la classe la moins éclairée, mais, hélas! non la moins nombreuse de la population, mérite l'attention la plus sérieuse. Ce n'est pas en fermant les clubs, comme on l'a proposé, qu'on préviendra le mal ; les clubs ont, au contraire, dans les circonstances actuelles, le mérite de nous avertir des besoins matériels et de l'état moral de la population, et le danger n'est point dans les paroles qu'on y entend ; il est dans

l'état des esprits et dans l'arrangement des choses.
Ce sont des baromètres qu'il importe de consulter,
surtout quand l'atmosphère est lourde et le ciel
couvert d'orageuses nuées.

CLUB DE LA COUR DES MIRACLES.

LES FOLIES-BERGÈRE.

Séances du 2 octobre.

Les clubs se multiplient ; il y en a bien en ce
moment une trentaine dans les différents quartiers
de Paris ; ils remplacent les théâtres, que l'on a eu
peut-être raison de fermer lorsqu'on s'attendait à
une attaque immédiate et à un bombardement, mais
qu'il serait sage de rouvrir pour aider la population
à supporter les longueurs énervantes et agaçantes
d'un blocus. En attendant, nous n'avons guère
d'autres distractions intellectuelles que celles des
clubs, distractions un peu monotones, car c'est
toujours la même pièce, déclamée par les mêmes
acteurs. C'est au point qu'on se demande comment
cette troupe infatigable peut à la fois suffire au service des remparts et aux exigences de la tribune
révolutionnaire, sans parler des réunions fermées
des comités et des députations destinées à stimuler

le zèle du gouvernement de la défense nationale. Dieu nous garde toutefois de blâmer cette activité de gestes et de paroles ! Ce qu'elle produit est fort mêlé sans doute; mais tout n'y est pas à reprendre. Les tentatives d'un certain parti ou, pour être plus exact, d'une certaine collection d'énergumènes, pour sauver la patrie en affaiblissant le gouvernement, n'y ont eu jusqu'à présent qu'un médiocre succès; il n'est plus que faiblement question depuis quelques jours de la reconstitution de la Commune de Paris, qui serait « la tête », et dont le gouvernement, ou plutôt « le comité de l'Hôtel de ville », pour parler comme on parle au club, serait « le bras ». Nous avons cependant appris, au club de la *Cour des miracles*, que, si le parti révolutionnaire a ajourné l'exécution de ce projet favori, il ne l'a pas abandonné. Le gouvernement hésite, s'est écrié un orateur, mais il finit toujours par céder quand on le pousse vigoureusement. Nous avons déjà obtenu qu'il serait procédé sans retard à la confection des listes électorales. Il ne s'agit plus maintenant que de le déterminer à fixer le jour des élections. Un autre orateur insistait avec complaisance sur la forte organisation du parti révolutionnaire. Il y a, disait-il, dans chaque arrondissement, un comité de vigilance composé de vingt-cinq ou trente membres; chacun de ces comités a délégué quatre ou cinq membres

au comité central républicain, qui forme ainsi une
véritable représentation des besoins et des vœux
populaires; outre ces vingt et un comités, nous en
possédons encore sept ou huit autres : comité des
barricades, comité des anciens proscrits, etc., sans
parler du « comité » qui siége à l'Hôtel de ville.
Il est clair que cela fait beaucoup de comités; mais
quelques-uns, grâce au ciel, n'existent guère que
sur le papier, et nous ne pensons pas que les autres aient toute l'influence dont ils se flattent. En
tout cas, le « comité de l'Hôtel de ville » est bien
averti que les concurrents ne lui manquent pas,
et ce serait, pour un philosophe, un assez beau
sujet de méditations que cette manie gouvernante
qui possède certains esprits et cette soif inextin-
guible du pouvoir dont ils sont tourmentés, même
dans les moments où le pouvoir est, hélas! le
moins enviable.

Cependant les meneurs des clubs ne s'occupent
pas seulement des élections communales, ils s'occupent aussi de la préfecture de police, et même
des Prussiens, dans leurs moments de loisir. Ils ne
cachent pas les inquiétudes que leur cause la préfecture de police, et l'air inoffensif des gardiens de
la paix publique ne les rassure qu'à demi. Tantôt
ce sont d'anciens sergents de ville que l'on a dé-
guisés en les couvrant d'une « cagoule »; tantôt ce
sont des paysans bretons que M. le comte de Kéra-

try (en appuyant sur le mot comte) a recrutés en
vue de nous ne savons quel dessein mystérieux.
Ce qu'il y a de bien avéré, c'est que « la réaction
relève la tête » à la préfecture de police et qu'il
faut « surveiller les orléanistes ». D'autres se montrent, à la vérité, moins soupçonneux. « Je rends
justice à la loyauté du citoyen Kératry, disait der-
nièrement un orateur des *Folies-Bergère*; il est
rempli de bonnes intentions; malheureusement il
n'a pas la vocation de son état. Pietri, lui, n'avait
pas l'honnêteté du citoyen Kératry, mais il avait la
vocation. Ce qu'il nous faudrait à la préfecture de
police, c'est un Pietri républicain. » Pourquoi faut-
il qu'on n'ait pas encore découvert un Pietri républicain?

En revanche, on fait tous les jours, dans les
clubs, des découvertes non moins utiles au point
de vue de la défense nationale. Nous ne dirons rien
du feu grégeois qui a été retrouvé aux *Folies-
Bergère*, ni des bombes capables de tuer « mille
Prussiens » que l'inventeur exhibait, il y a quelques jours, au club de la rue d'Arras, en présence
d'un auditoire médiocrement rassuré. Nous ne nous
arrêterons même qu'un moment au procédé encore
plus expéditif qu'un orateur du club de la *Cour des
Miracles* proposait pour en finir avec les Prussiens.
Il ne s'agissait de rien moins que d'empoisonner la
Seine. Le public s'est récrié, et le président a fait

remarquer à l'orateur, avec un fort accent gascon, qu'en employant ce procédé radical, on courrait le risque d'empoisonner les Parisiens avec les Prussiens, et que la compensation, *elle* serait trop forte ! D'autres inventeurs sont plus modestes. Un orateur des *Folies-Bergère*, par exemple, se contenterait de remettre Paris en communication avec les provinces au moyen d'une série de redoutes échelonnées. On bâtirait la première sous le fort de Bicêtre, la seconde sous le canon de la première, et ainsi de suite jusqu'à Étampes, et même plus loin, si c'était nécessaire. Le public ayant, par son attitude, laissé voir quelques doutes sur l'efficacité du système, l'inventeur s'est résigné à proposer une simple Adresse au général Trochu, et cette Adresse ne laissait certainement rien à désirer du côté de la politesse. Elle débutait ainsi : « Le club des *Folies-Bergère* prie l'honorable général Trochu *d'avoir l'obligeance* de rétablir les communications entre Paris et les départements. » Mais, qui le croirait? le club des *Folies-Bergère* n'a pas cru qu'il fût nécessaire de stimuler à cet égard le bon vouloir et l'obligeance du général, et il a repoussé l'Adresse. Qu'on ne s'étonne donc pas si le public des *Folies-Bergère* passe dans le monde des clubs pour entaché de réaction.

La question des subsistances préoccupe naturellement, et à bon droit, les orateurs et le public des réunions populaires, et nous aurons à revenir plus d'une fois sur les expédients qui ont été proposés pour la résoudre ; mais la gravité de cette question et de bien d'autres n'empêche pas les « questions personnelles » d'avoir leur tour et de s'imposer avec une persistance singulière au public des clubs. Au club de la *Cour des miracles*, notamment, le citoyen S..., délégué de l'*Association internationale*, a été accusé d'avoir subi à Londres une condamnation pour vol et de s'être attribué faussement la qualité de délégué de l'*Internationale*. Le citoyen S... s'est vigoureusement défendu, nous nous plaisons à le constater, et il a prétendu à son tour que le citoyen V..., qui se donnait pour un condamné politique, avait tout uniment subi en Belgique une condamnation à trois mois de prison pour publication de livres obscènes. Ces révélations et ces accusations réciproques n'ont pas manqué d'exciter les plus violentes rumeurs, et une commission d'enquête a été nommée séance tenante pour « laver ce linge sale » du parti. Tels sont les délassements du public des clubs. Nous ne voudrions certainement pas qu'on le privât de ce genre de distractions; mais était-il bien nécessaire de protéger les clubs en fermant les théâtres? Sans vouloir déprécier l'éloquence des orateurs des *Folies-Bergère* et de la *Cour des miracles*, ne pourrait-on pas soutenir que le vieux Corneille s'en-

tendait presque aussi bien à éveiller dans les âmes
les sentiments de l'honneur et du patriotisme, et
qu'on ne risquerait point d'affaiblir l'énergie des
défenseurs de Paris en leur permettant de choisir entre les harangues des orateurs des clubs et
celles de l'auteur du *Cid* et des *Horaces?*

RÉUNION DES OFFICIERS DE LA GARDE NATIONALE,

SALLE DE LA BOURSE.

(31 octobre [1].)

Une affiche placardée vers cinq heures de l'après-
midi dans un grand nombre d'arrondissements
convoquait les officiers de la garde nationale dans
la salle de la Bourse, à huit heures. Environ deux
cents officiers de tout grade ont répondu à cet
appel. Une table avait été placée dans la corbeille
des agents de change; un bureau provisoire y sié-
geait. Après de longs et orageux débats au sujet
de la constitution du bureau définitif, l'assemblée
s'est occupée du but de la réunion et a demandé à
connaître les auteurs de la convocation. Cette convocation a été faite par les officiers du 148e batail-

---

[1]. Jour de l'invasion de l'Hôtel de ville par les partisans de la
Commune.

lon, et elle a pour objet de connaître l'opinion des
officiers de la garde nationale sur les événements
de la journée. Pendant que ces explications sont
échangées au milieu du bruit, plusieurs alertes ont
lieu. — Les cris de « On bat la générale! Tous les
officiers à leurs postes! » se font entendre sous le
péristyle. — D'autres cris : « Prenez garde à la
réaction! Les bataillons de la garde mobile d'Ille-
et-Vilaine sont à la place Vendôme et ils marchent
sur l'Hôtel de ville. Le souffrirez-vous? » alternent
avec ceux-là, mais sans que l'assemblée paraisse
s'en émouvoir.

Au milieu du bruit, un citoyen en habit bourgeois s'élance sur la table servant à la fois de bureau et de tribune. Il tient à la main une affiche
blanche qui sera, dit-il, placardée avant deux
heures sur tous les murs de Paris. Cette affiche
contient un décret de convocation des électeurs à
l'effet de procéder demain, à midi, à l'élection des
membres de la Commune. Elle porte les signatures
de MM. Dorian, Schœlcher et Étienne Arago (main-
tenu jusqu'à demain, ajoute le lecteur entre parenthèses, dans ses fonctions de maire de Paris),
membres de la commission des élections, et de
MM. Floquet, Brisson et Clamageran, secrétaires.
Des rumeurs confuses au milieu desquelles nous
distinguons les cris de « Oui! oui! une Commune
élue! Pas de Commune révolutionnaire! » accueillent

cette lecture. Plusieurs orateurs essayent en vain de se faire entendre. Le citoyen Rochebrune [1] obtient enfin le silence, et il expose un plan de campagne contre les Prussiens : « Il faut, dit-il, procéder par des sorties de 200,000 hommes, car les Prussiens ne peuvent avoir, sur un seul point de la vaste enceinte de Paris, que quelques milliers d'hommes. » (*Vifs applaudissements.*) « Il faut, ajoute l'orateur, que ces sorties aient lieu tous les deux jours, et que nous commencions après-demain. Avant douze jours nous aurons chassé les Prussiens. » Quelques voix : « Et des canons! et un chef! » Un des auditeurs propose de nommer séance tenante le citoyen Rochebrune général de la garde nationale. Cette proposition soulève quelques objections : « Nous ne sommes ici que cent cinquante officiers, nous ne pouvons usurper les pouvoirs de nos camarades. Pas de nomination révolutionnaire! » Le citoyen Rochebrune décline au surplus l'honneur qu'on veut lui faire : « C'est à la Commune à nommer le général de la garde nationale, dit-il. Nommons d'abord la Commune. — La Commune est nommée, » s'écrie un interrupteur. (*Mouvement dans l'assemblée*). Cris : « Elle s'est nommée elle-même, nous n'en voulons pas! » On demande à l'interrupteur de citer les noms des

---

1. Tué le 19 janvier 1871 dans l'affaire de Montretout.

membres de la Commune. Il cite les citoyens Dorian, Pyat, Ledru-Rollin, Blanqui, Millière, etc.
Les noms de Ledru-Rollin et de Blanqui soulèvent
de violentes réclamations : « Ils ont perdu la République de 1848. Ils perdront la République de
1870! » Tumulte extraordinaire, dans lequel domine le cri de « Pas de Commune révolutionnaire! »
Un partisan de la Commune arrive essoufflé, il
s'élance sur la table et il annonce à la réunion
que le 106e bataillon vient de marcher sur l'Hôtel
de ville et qu'il y a délivré les personnes qui y
avaient été mises en état d'arrestation dans l'après-
midi. « Souffrirez-vous, dit-il, qu'un seul bataillon
impose la loi à toute la garde nationale? » Cette
communication n'excite toutefois qu'une faible
émotion. Les officiers présents refusent de réunir
leurs hommes, comme les y invite l'orateur, pour
empêcher la réaction de triompher à l'Hôtel de
ville. Un autre orateur a plus de succès : « On a
voulu, dit-il, renverser le citoyen Trochu; mais
par qui veut-on le remplacer? Il nous faut un
général, un homme du métier, — car on ne s'improvise pas général. S'il a démérité, qu'on examine
sa conduite et qu'on le destitue, mais on ne peut
le renverser par des moyens révolutionnaires.
(*Applaudissements*.) Tout le monde peut commettre
des fautes; mais s'il a agi comme un brave et loyal
citoyen, je demande qu'on le maintienne. (Oui!

oui! — *Tonnerre d'applaudissements.*) Car nous ne pouvons rester sans chef en présence des Prussiens. » (*Applaudissements redoublés.*)

Après avoir entendu quelques autres motions, l'assemblée se sépare vers dix heures.

CLUB DES FOLIES-BERGÈRE.

Séance du 1er novembre.

Ce soir, au club des *Folies-Bergère*, affluence extraordinaire. La question des élections municipales est à l'ordre du jour. M. Falcet, président, engage d'abord l'assemblée à voter *oui* au scrutin plébiscitaire de jeudi prochain (3 novembre). Son opinion trouve peu d'écho dans l'assemblée, mais les applaudissements éclatent lorsque l'orateur déclare qu'à ses yeux la municipalité doit rester confinée dans ses attributions et s'abstenir d'empiéter sur la mission et les pouvoirs du gouvernement. Ce n'est pas ainsi, ajoute l'orateur, que l'entendent ceux qui ont entrepris hier de se substituer violemment au gouvernement de la défense nationale. Ce qu'ils voulaient instituer sous le nom de Commune, c'était un gouvernement de défense, non ! de *démence nationale.* (*Tonnerre d'applaudissements.*) Si je demande que les élections aient lieu, c'est pour donner au gouvernement une nouvelle et solennelle consécration (*voix dans l'auditoire* : Il n'en a pas besoin!); c'est pour le protéger contre le renouvellement de l'indigne tentative d'escamotage qui a eu lieu hier. (*Nouveaux applaudissements.*) Un orateur dont nous n'avons pas retenu le nom succède à M. Falcet. Il examine d'abord la question de l'armistice. Il se prononce contre l'armistice, par la raison, dit-il, que les Prussiens paraissent le désirer. (*Cris :* Qu'en savez-vous?) Il obtient plus de succès en parlant de la patriotique mission que M. Thiers a remplie à l'étranger. (*Voix dans l'auditoire :* M. Thiers a bien mérité de la patrie.) L'orateur examine ensuite la situation que la reddition de Metz a faite à Paris et à la France. Il est évident, dit-il, que le salut de Paris et l'expulsion des Prussiens dépendent de la combinaison des efforts de l'armée parisienne avec ceux des armées des départements. Paris seul ne peut, quel que soit son héroïsme, expulser les Prussiens. (*Quelques protestations se font entendre, mais elles sont aussitôt couvertes par les cris de* Cela est évident! Pas de jactance! Assez d'illusions!) L'orateur poursuit au bruit des applaudissements. Il croit, dit-il, que la province se lève, et il donne lecture d'un relevé statistique des armées en voie de formation. Ce relevé, emprunté au journal *la Liberté*, donne un total de 425,000 hommes. (*Applaudissements.*

Murmures d'incrédulité.) L'orateur revient à la question des élections municipales. Il n'en voit pas la nécessité, et il y trouve de graves inconvénients et de sérieux dangers. On aura beau dire que la Commune devra se renfermer dans ses attributions purement municipales, s'occuper des approvisionnements, des subsistances, etc.; dans les circonstances actuelles, est-ce possible? Non, les élections seront, quoi qu'on fasse et qu'on dise, des élections politiques, et c'est un pouvoir politique que nous placerions en face du gouvernement de la défense nationale. Est-ce le moment de créer la division et bientôt l'antagonisme des pouvoirs, quand l'ennemi est à nos portes? (Non! non! pas d'élections!) Pour moi, conclut l'orateur, j'ai confiance dans le gouvernement, et je voterai : Non! (*Cris* : Nous aussi, nous aussi! *Tonnerre d'applaudissements*.)—
A ce moment, on aperçoit sur l'estrade, se disposant à prendre la parole, le citoyen Maurice Joly, qui passe, à tort ou à raison, pour avoir fait partie de la bande de factieux qui ont envahi hier l'Hôtel de ville et attenté à la liberté de quelques-uns des membres du gouvernement provisoire. Une véritable tempête de sifflets éclate sur tous les points de la salle. (*Cris violents :* A la porte Maurice Joly! hors d'ici l'émeutier!) M. Maurice Joly essaye de faire bonne contenance, mais plusieurs gardes nationaux s'élancent sur l'estrade, le saisissent et l'en-

traînent dans le couloir ; le public le suit jusqu'à la
porte aux cris mille fois répétés de « A bas Maurice
Joly ! » Quelques auditeurs, dont l'exaspération est
au comble, lui montrent le poing ; les applaudissements et les sifflets font un vacarme épouvantable.
Après l'expulsion de M. Maurice Joly un groupe
animé se forme à la porte d'entrée. Quelques personnes essayent de protester contre cette exécution
sommaire, mais leur voix est couverte par des murmures et des sifflets. Un orateur provoque une
nouvelle et violente démonstration contre les factieux qui ont attenté hier à la souveraineté nationale, en racontant les sévices auxquels M. Jules
Favre aurait été en butte à l'Hôtel de ville pendant sa séquestration. (*Cris :* C'est infâme ! Ce sont
des lâches ! Ils déshonorent la République ! *Le tu-*
multe devient tellement violent que la séance est for-
cément interrompue.)

CLUBS DE LA COUR DES MIRACLES
ET DES FOLIES-BERGÈRE.

Séances du 2 novembre.

Ce soir, agitation extraordinaire dans les clubs. A
la *Cour des miracles*, le citoyen Berthomieu, dit
« le cordonnier », essaye de provoquer une mani-

festation de son auditoire contre le gouvernement; mais cet auditoire, composé en majorité d'ouvriers, ne se laisse pas entraîner cette fois par la verve gasconne du citoyen Berthomieu. En vain l'orateur essaye de plaider les circonstances atténuantes en faveur des factieux qui ont envahi l'Hôtel de ville, en vain il compare le général Trochu et ses collègues à M. Granier de Cassagnac et aux membres de l'ancienne droite, en vain il déclare qu'il votera *non* au scrutin de demain, quoique ce soit contraire à ses habitudes, car le citoyen Berthomieu est un abstentioniste, le public reste froid, et le *non* du citoyen Berthomieu ne trouve qu'un faible écho dans l'assemblée. L'orateur n'est pas plus heureux en traitant la question de l'armistice. « L'armistice, dit-il, nous conduirait à la paix, et il ne faut pas de paix avec les Prussiens; il faut les écraser, leur enlever les *tripes*. » (*Murmures et protestations dans l'auditoire.* — *Une voix :* Respectez vos auditeurs. Les *tripes* sont de trop.) Le citoyen Berthomieu fait une digression historique, il affirme que les Prussiens voulaient partager la France en 1814, et que c'est à l'empereur Nicolas que nous devons de n'avoir pas été démembrés. (*Marques d'étonnement.* — *Une voix :* Dites donc l'empereur Alexandre !) L'orateur s'arrête, un peu confus, en prétendant que la voix lui manque. D'autres orateurs exhortent encore le

public à voter *non* et à repousser énergiquement
toute proposition d'armistice, mais sans trouver
plus d'écho dans l'auditoire.

Dans la salle de l'*Alcazar*, rue du Faubourg-
Poissonnière, le public est peu nombreux, mais
visiblement disposé à voter *oui*.

Aux *Folies-Bergère*, salle comble. Les *oui* sont
en immense majorité. On refuse d'entendre un
orateur qui ne veut pas accorder au gouvernement
le droit d'accepter l'armistice. L'orateur insiste.
(*Tumulte; interruptions* : Le gouvernement mérite notre confiance! Ce n'est pas à nous à lui
dicter sa conduite!) On force l'orateur à quitter
la tribune. L'annonce d'un succès du général
Cambriels dans les Vosges est accueillie ensuite
par des applaudissements formidables. M. Falcet demande à faire une communication sur l'esprit
qui anime les faubourgs. On calomnie les faubourgs, dit-il, en les représentant comme des re-
paires d'énergumènes. Il vient de visiter deux
clubs du faubourg Saint-Antoine. Il y a trouvé des
assemblées d'ouvriers discutant avec calme et modération. On leur a posé la question du vote de
demain, et les *oui* ont eu une écrasante majorité.
Cette communication est accueillie par un tonnerre
d'applaudissements. Un autre orateur n'est pas
moins applaudi en déclarant que l'immense majorité de la population parisienne repousse le dra-

peau rouge des Félix Pyat, des Blanqui et des autres envahisseurs de l'Hôtel de ville, et qu'elle entend conserver le drapeau tricolore. (Oui! oui! A bas le drapeau rouge! A bas les émeutiers et les *toqués!*) L'orateur déclare qu'il votera *oui*, et il engage l'auditoire à l'imiter. (*Applaudissements.* — Tous! tous!) En ce moment, le gaz s'éteint, et le public est obligé d'évacuer la salle. Des conversations animées s'engagent à la sortie. On se donne rendez-vous au scrutin de demain.

CLUB DES MONTAGNARDS,

BOULEVBRD DE STRASBOURG.

Séance du 3 novembre.

Ce soir, au club des *Montagnards*, on n'était pas content. Le citoyen Sans, président, est une de nos vieilles connaissances du club des *Folies-Bergère*, d'où il a émigré au boulevard de Strasbourg, 30, parce que la réaction relève la tête aux *Folies-Bergère*. Le citoyen Sans donne lecture de quelques résultats partiels du vote du 10e arrondissement. Ces résultats ne sont pas encourageants. 2,100 *oui* contre 75 *non*, 1,600 *oui* et 60 *non*, etc., etc. Le citoyen Sans déclare qu'il en est navré, mais qu'il ne s'en étonne pas, parce que le gouvernement du 4 septembre continue les traditions des Bonaparte. (*Les*

montagnards applaudissent.—Protestations accen-
tuées à droite. — Une voix : Ce n'est pas vrai !
Le gouvernement de la défense nationale a bien
mérité de la patrie.) Le citoyen Sans se contente
de hausser les épaules, et il continue : « Il y a des
gens qui se sont engraissés depuis le 4 septembre.
(*Interruptions :* Avec quoi ?) Ils se sont engraissés
avec nos vareuses, nos fourniments, nos fusils
(nommez-les !), et puis il y a des accapareurs.
(*Nouvelles protestations à droite :* Allons donc ! c'est
une *blague*, les accapareurs ! — *Tumulte ; cris :* A
la porte !) Oui, je suis navré, poursuit le citoyen
Sans, et si les résultats des autres arrondissements
ressemblent à ceux que je viens de vous communiquer, il ne nous reste plus qu'une chose à faire,
à nous autres républicains purs, c'est de fréter un
navire et de nous embarquer dessus. (*L'accent
gascon de l'orateur provoque une vive hilarité. Une
voix :* Vous ferez bien ! Bon voyage ! *Nouveaux rires
à droite. Cris d'indignation à gauche.*) Mais non !
nous ne nous en irons pas. C'est le gouvernement
qui s'en ira (à la bonne heure !), je ne lui donne
que... (*Une voix à gauche :* Quatre jours !) Non !
cela ne suffit pas. Je lui donne trente jours. Alors
nous aurons la Commune d'une manière ou d'une
autre, car on sait ce que valent les majorités. Un
jour, Pascal ayant été traduit devant un tribunal de
trois cents moines (*marques d'étonnement à droite*),

et condamné, comme bien on pense, dit: « J'aime mieux deux bonnes raisons que trois cents moines. » Eh bien, Pascal était en minorité et nous sommes en minorité comme Pascal. (*Applaudissements à gauche, hilarité à droite.*) — Un jeune orateur, que le citoyen Sans présente à l'assemblée comme une des espérances de la République, déclare qu'en ce qui le concerne, il s'inquiète peu du résultat du vote. Cela ne nous empêchera pas d'avoir la Commune. Si on ne nous la donne pas, nous la prendrons. (*Quelques applaudissements à gauche, suivis de protestations à droite. Des colloques animés s'engagent, des défis sont échangés.*)

Je constate avec douleur, s'écrie le citoyen Sans, qu'il n'y avait point d'interruptions et de colloques dans les séances précédentes, et qu'il y en a aujourd'hui. (*Voix :* C'est que jamais vous n'avez dit autant de sottises! *Tumulte. On demande l'expulsion de l'interrupteur. Le calme finit cependant par se rétablir.*) Le citoyen Marchand a la parole. Il proteste avec une grande abondance de gestes et des éclats de voix formidables contre l'armistice, et il dénonce la conduite des neutres qui veulent humilier la France; il dénonce aussi M. Thiers, qu'il n'hésite pas à qualifier de lézard rampant. (*Protestations. Une voix :* C'est trop fort! il vous dépasse tous en intelligence et en patriotisme. *Cris :* A la porte l'interrupteur! *L'interrupteur reste à sa place et la séance continue.*) Le citoyen Lefrançais, un des héros de la journée du 31 octobre, déclare que le citoyen Jules Favre a cessé d'avoir son estime. (*Voix :* Parbleu ! il s'en passera!) Savez-vous pourquoi Jules Favre et ses collègues ont convoqué un plébiscite? ajoute l'orateur, c'est afin de conclure un armistice. Le plébiscite, c'est le moyen ; l'armistice, c'est le but ! Cette révélation ne paraît pas toutefois émouvoir bien vivement l'auditoire. M. Lefrançais insiste : Et savez-vous ce que c'est que l'armistice? c'est la préface de la paix. L'auditoire reste encore impassible. Il y a encore autre chose dans ce plébiscite qu'on vous a imposé, citoyens, il y a la monarchie. (*Tumulte.* — Non! non! — Qu'en savez-vous? — *De toutes parts :* Pas de monarchie, nous n'en voulons pas!) L'orateur démontre un peu longuement que la monarchie serait la ruine de la France. Puis un autre orateur, revenant sur la journée du 31 octobre, s'indigne contre une calomnie de la réaction qui a accusé les gardes nationaux de Belleville d'avoir passé la nuit à manger des saucissons. Un autre déclare qu'il a été entraîné malgré lui à la place Vendôme et de là à l'Hôtel de ville avec les bataillons réactionnaires, mais qu'il avait bien l'intention d'ouvrir la porte aux bataillons républicains s'ils étaient descendus, mais ils ne sont pas descendus. Enfin le président, M. Sans, donne

4

lecture de quelques autres résultats du vote, qui
viennent de lui être communiqués ; ils ne sont pas
moins navrants que les premiers, et ils excitent
l'indignation des montagnards de la gauche de
l'assemblée, tandis qu'ils sont accueillis avec une
joie mal dissimulée à droite ; car la réaction relève
décidément la tête, au boulevard de Strasbourg
comme aux *Folies-Bergère*, et elle ne respecte
même pas *le club des Montagnards*.

CLUB DE LA REINE-BLANCHE,

A MONTMARTRE.

Séance du 4 novembre.

Au club de la *Reine-Blanche*, à Montmartre, —
encore un club de montagnards, — où siégeaient naguère dans toute leur gloire les citoyens Delescluze
et Millière, on discute la question des élections
municipales. Mais on examine d'abord à fond la
situation politique. Un orateur débute en déclarant tout net que le plébiscite conduit à l'armistice, que l'armistice conduit à la paix, et la paix
à une restauration orléaniste. (Oh ! oh ! *Dénégations dans l'auditoire.*) Oui, poursuit l'orateur avec
conviction, avant trois mois nous serons gouvernés
par Louis-Philippe II. Voilà ce que n'ont pas com-

pris ceux qui ont voté *oui* au scrutin d'hier. Ils ont
été hébétés et ahuris. (*Nouvelles protestations.*) Un
interrupteur monte à la tribune. Je suis, dit-il, au
nombre de ces 300,000 idiots que vous dénonce
l'orateur. J'ai voté *oui*, et je déclare qu'en donnant
cette preuve de confiance au gouvernement, je n'ai
pas cru et je n'ai pas voulu voter pour une restauration quelconque. (*Applaudissements et murmures.*) Un autre orateur passe en revue les actes du
gouvernement de la défense nationale, et il s'efforce
de démontrer que ce gouvernement, issu d'une révolution, a manqué à sa mission révolutionnaire, et
qu'en signant l'armistice, il signera le déshonneur
de la France. Mais le public reste froid, et c'est à
peine si l'orateur recueille quelques applaudissements. Celui qui lui succède, un Polonais, jeune
et nerveux, s'indigne de cette froideur inaccoutu-
mée. Oui, s'écrie-t-il avec amertume, le plébiscite
a obtenu une immense majorité, peut-être l'a-t-il
obtenue ici même, et je sais bien pourquoi. C'est
parce qu'on entrevoyait derrière le plébiscite l'armistice et la paix, et derrière l'armistice et la paix
des fromages de gruyère et des mottes de beurre.
(*Hilarité prolongée.*) — Oui, s'écrie un troisième,
il est trop tard, la France est perdue, à moins
cependant que vous ne fassiez des choix révolutionnaires aux élections municipales. Alors vous
parviendrez peut-être encore à constituer la Com-

mune sous un autre nom. Si vous aviez la Commune,
vous pourriez agir révolutionnairement ; vous en-
verriez des commissaires extraordinaires pour
remuer « la fange » des départements. (*Protestations et tumulte dans l'auditoire. Cris :* A l'ordre!
*Pendant ce temps, on colle une affiche rouge por-
tant en substance que la France sera déshonorée
si les électeurs du 18ᵉ arrondissement ne réélisent
pas le maire Clémenceau et ses adjoints Dereure,
Jaclard,* etc. Un citoyen annonce que Jaclard a été
arrêté ce matin avec Lefrançais. Cette fois l'auditoire tout entier sort de son apathie pour protester
contre ces arrestations des « simples figurants » du
drame de l'Hôtel de ville. Tout à coup le silence
se fait. Le maire Clémenceau a demandé la parole ;
il pose sa candidature, tout en déclarant qu'il ne
sollicite pas les suffrages des électeurs. Quoique
nous ne pensions pas que la France coure le risque
d'être déshonorée si Montmartre cesse d'être
administré par le citoyen Clémenceau, nous conve-
nons volontiers qu'il a défendu ses actes admi-
nistratifs avec beaucoup de verve et d'originalité. Il
a fait de son mieux pour rationner la viande ; seulement il convient que ce mieux ne valait pas
grand'chose, et il est d'avis que le problème du
rationnement sera résolu... quand il n'y aura plus
de viande. Enfin, quoique le citoyen Clémenceau
n'approuve point la politique du gouvernement, il

n'a pas la prétention d'en remontrer au général
Trochu pour la science militaire, et il va même
jusqu'à accorder que le gouvernement de l'Hôtel
de ville répond peut-être mieux qu'aucun autre
à l'état actuel de l'opinion. Cette concession soulève quelques rumeurs parmi les « irréconciliables » du club, mais sans nuire autrement au
succès du candidat.

CLUB FAVIÉ,

A BELLEVILLE.

Séance du 6 novembre.

C'est à la salle Favié, rue de Paris, en face des
célèbres Folies-Belleville, que se donnent maintenant rendez-vous les montagnards de Belleville. Ce
soir, la réunion était nombreuse et animée. On y
fêtait le triomphe du citoyen Ranvier, du « captif »
Ranvier qui venait d'être nommé maire au scrutin
de ballottage. Mais en attendant le résultat du
scrutin, on s'est occupé de la question sociale et
de l'armistice. Un orateur en cheveux blancs s'est
fait applaudir, qui l'aurait cru? en déclarant que les
intérêts des ouvriers et ceux des patrons sont soli-
daires, et que les patrons ne sont, pour la plupart,
que d'anciens ouvriers plus intelligents, plus laborieux et plus heureux, qui ont monté en grade.

4.

Cependant cette thèse n'était pas du goût de tout le monde. Un orateur barbu l'a réfutée en dressant l'acte d'accusation de la bourgeoisie, et en particulier de la petite bourgeoisie, qui est encore plus « pourrie » que la grande. — Demandez aux citoyennes de l'auditoire ce qu'on leur donne quand elles vont acheter pour, quatre sous de boudin de cheval. (*Cris des citoyennes* : Oui! oui! c'est une infamie!) Les épiciers, les bouchers, les boulangers sont tous des accapareurs et des voleurs. Depuis deux jours, est-ce que nous ne les voyons pas, même à Belleville, se réjouir de l'armistice et nous parler de la nécessité de la paix, en disant qu'on a assez souffert et qu'il faut en finir? (*Murmures d'indignation dans un groupe de francs-tireurs, faibles protestations dans un groupe de citoyennes. Cris* : A la cuisine, les femmes! Allez écumer votre pot-au-feu de cheval! *Rires.*) Le président se lève pour proclamer le résultat du scrutin de l'élection du maire du 20e arrondissement. (*Profond silence.*) Le « dégommé » Braleret, dit-il d'un ton ironique, n'a eu que 4,500 voix, notre « captif » Ranvier en a obtenu 7,500. (*Tonnerre d'applaudissements.*) Maintenant il faut lui donner des adjoints dignes de lui. Ils sont déjà désignés par la voix populaire : c'est Millière, c'est Flourens, c'est Blanqui; nommez-les et vous aurez pris votre revanche du 31 octobre, vous aurez pulvérisé la réaction. (*Ap-*

plaudissements.) Paris sauvera la France et l'univers. (*Nouvelles acclamations*.) Un héros de la journée du 31 octobre succède au président, il appuie particulièrement la candidature de Millière, le citoyen dévoué aux intérêts du peuple, le savant professeur de communisme qui a résolu la question sociale; puis il dénonce avec indignation la duplicité des membres du gouvernement provisoire. Ils prétendent, dit-il, nous avoir fait grâce à l'Hôtel de ville; mais c'est nous qui leur avons fait grâce, car nous les tenions, et nous avions le droit d'en faire justice, oui, nous en avions le droit (*ici l'orateur s'exalte jusqu'à l'épilepsie*), car nous pouvions invoquer les grands exemples de notre première Révolution; mais patience! notre jour viendra, notre revanche n'est pas loin. Tout nous l'annonce, l'échec de l'armistice et le triomphe de nos candidats Mottu, Bonvalet, Ranvier. (*Bravos*. Oui! oui! Il « cause » bien! Vive Ranvier! vive Mottu!) Telle est aussi l'opinion du citoyen Jules Allix, qui démontre dans un discours étudié que la force des choses va précipiter le gouvernement dans la fosse où il a voulu pousser ses adversaires. — Qu'a-t-il fait? Il a essayé de conclure un armistice, et il a échoué. Et voyez son imprudence! il nous a refusé la Commune et voici qu'il est en train de nous la donner sans s'en douter. Il nous a dit qu'en nous faisant nommer nos maires et nos adjoints, il nous donnait le contraire de la Commune. Eh bien, nous lui avons répondu en élisant Ranvier, Mottu, Bonvalet, Delescluze ; nous lui répondrons demain en nommant Millière, Flourens et Blanqui. Mais nous irons plus loin ; il a voulu appliquer la loi de l'empire, il faudra qu'il l'applique jusqu'au bout, car si l'on nous permet d'élire un maire et trois adjoints, il faudra bien aussi qu'on nous permette d'élire, conformément à la même loi de l'empire, un conseil municipal de quinze membres pour les contrôler. Eh bien, calculons : pour vingt arrondissements cela fait trois cents conseillers ; nous n'en demandions que la moitié. (*Rires et applaudissements.*) Nous l'aurons donc notre Commune, notre grande Commune démocratique et sociale. Nous ferons justice de la réaction, car nous avons Ranvier et Mottu ; la lumière descendra des hauteurs de Belleville et de Ménilmontant, pour dissiper les ténèbres de l'Hôtel de ville. Nous balayerons la réaction, comme le samedi la portière balaye l'appartement. (*Rires et applaudissements prolongés. Grand tumulte au fond de la salle. On expulse violemment un citoyen qui est en train de déshonorer le parquet de l'établissement.*) Le calme se rétablit, et un orateur demande à lire une lettre du citoyen Jules Vallès répondant à une calomnie des journaux de la réaction. Ces journaux sans pudeur ont prétendu que les bataillons de Belleville s'étaient livrés à une orgie à l'Hôtel de ville. La vérité est qu'ils ont eu soif (*rires*) et qu'on leur a distribué un hareng (*nouveaux rires*) par tête avec un demi-litre de vin et un morceau de pain. Voilà l'orgie. Le citoyen Jules Vallès offre d'en payer les frais de sa poche. Enfin un dernier orateur appelle de nouveau l'attention du public sur les élections de demain. Nommons, dit-il, Millière, Flourens et Blanqui; c'est une trinité démocratique qui terrassera l'hydre de la réaction. (*Mouvement marqué de satisfaction dans l'auditoire. Applaudissements.*) Il est dix heures, la salle se vide peu à peu.

CLUBS DU COLLÉGE DE FRANCE ET DE LA RUE D'ARRAS.

Séances du 8 novembre.

Au club du *Collége de France*, qui a élu domicile dans une des salles de cet établissement illustre, il y a peu de monde, l'acoustique est détestable, il fait un froid à donner l'onglée, et l'on s'occupe de questions qui ne sont pas palpitantes d'actualité. Le président donne lecture d'une proposition ayant pour objet la suppression du budget des cultes et la mise en location des églises aux entrepreneurs de services religieux. On agite ensuite la question de savoir si la prochaine Constitution sera soumise à la sanction du peuple. Un orateur opine pour l'affirmative, par la raison assurément péremptoire que « le peuple seul jouit de la faculté précieuse de ne pas se tromper ». Enfin on aborde la question de l'instruction gratuite et obligatoire. Le public déserte.

Rue d'Arras, la réunion est plus nombreuse et autrement vivante. Un orateur se plaint énergiquement de ce qu'on n'a pas décrété la levée en masse (qu'est-ce que la levée en masse?), — sans excepter les membres des congrégations religieuses, les curés, les chanoines et autres *fainéants* qui se gorgent de nourriture et de volupté (*sic*) pendant que le peuple est sur les remparts. Une motion conçue dans ce sens est votée avec enthousiasme et elle va être soumise à tous les autres clubs de l'arrondissement pour être portée ensuite au nouveau maire, le citoyen Vacherot, qui trouvera, en la faisant prévaloir, une excellente occasion de se débarrasser des éléments jésuitiques qui ont entaché son élection. — Un autre orateur insiste avec une vivacité extraordinaire sur cette question. — Si l'on refuse, dit-il, de faire marcher les curés et les moines, nous irons les arrêter nous-mêmes, nous les ferons descendre en chemise (*applaudissements et rires*), et nous les pousserons aux remparts à coups de fouet. (*Nouvelles acclamations.* —

L'orateur demande à boire. — *Cris :* Donnez-y du coco ! *Autre voix :* Et un biscuit !) Le président engage l'auditoire à garder une attitude plus décente, et il accuse les suppôts de la réaction de déconsidérer les clubs en y semant le désordre. Pendant ce temps, un orateur en blouse se livre à une pantomime des plus animées ; il dénonce les accapareurs à la vindicte publique. Le président l'invite à préciser les faits et à signaler les coupables à la mairie ; l'orateur ne tient aucun compte de cet avis, et le président finit par lui retirer la parole. Mais cet ennemi des accapareurs paraît décidé à accaparer la parole ; il remonte deux ou trois fois à la tribune, et c'est seulement sur la menace formelle d'une expulsion sommaire qu'il prend le parti de s'asseoir. Toutefois la question des accapareurs, des réquisitions et du rationnement reste à l'ordre du jour. Un orateur demande que l'on s'empare des légumes que les paysans vont récolter dans la banlieue, en les payant à un prix taxé. (Cette proposition soulève quelques murmures dans l'assemblée ; n'oublions pas que la rue d'Arras n'est pas loin du marché aux légumes de la place Maubert.) Le président reprend avec une voix plus sonore la proposition de l'orateur, et il l'étend considérablement. Il ne faut pas, dit-il, mettre en réquisition seulement les légumes ; il faut que le gouvernement s'empare de toutes les subsistances et de toutes les choses nécessaires, sans exception; il faut qu'on commence, sans retard, à faire des visites domiciliaires, non-seulement chez les marchands en gros et en détail, mais encore chez tous les particuliers, et qu'on vide toutes les cachettes; il faut que tous les aliments, les huiles, les bois à brûler, le charbon et le reste soient mis en commun pour-être distribués par rations égales et gratuites à tous les défenseurs de la patrie et à leurs familles. Quant aux autres, ils n'ont qu'à s'en aller. (*Applaudissements. — Une voix timide :* S'en aller? par où? — *La voix timide est étouffée par les* chuts). Si l'on objecte la dépense, poursuit l'orateur, je répondrai que les ressources ne manqueront pas au gouvernement pour y pourvoir : il n'aura qu'à s'emparer des biens des complices de Bonaparte (*Applaudissements*) et des biens du clergé. (*Nouvelles et bruyantes acclamations.*) Un autre orateur appelle l'attention de l'assemblée sur la situation des citoyens arrêtés à la suite du 31 octobre, et qui ont été cependant appelés aux fonctions de maires ou d'adjoints dans plusieurs arrondissements démocratiques. Un tel attentat à la liberté individuelle et à la souveraineté du peuple ne peut évidemment être toléré. Le gouvernement sera invité à mettre sans retard en liberté les citoyens injustement détenus. Enfin on propose de faire une collecte séance tenante pour compléter la souscription destinée à

fondre le canon *la Populace*, destructeur des tyrans.
Cette proposition n'est que faiblement appuyée. Un
orateur insiste à ce propos sur la nécessité de mettre
en réquisition les cloches des églises pour en faire
des canons. Le conseil municipal de Saint-Denis
avait pris l'initiative de cette proposition patriotique,
ajoute-t-il, mais le « catholique » général Trochu a
refusé de l'accueillir. Ce n'est pas une raison pour
y renoncer. (*Non! non!*) Il faut fondre toutes les
cloches; il faut fondre aussi la colonne Vendôme et
tous les objets d'art. (*Oui! oui! Bravo!*)

La motion est adoptée avec enthousiasme. Dix
heures sonnent, et la salle commence à se vider.

CLUB DE LA SALLE DES MILLE ET UN JEUX,

FAUBOURG SAINT-ANTOINE.

Séance du 9 novembre.

Au faubourg Saint-Antoine, le club de la salle
des *Mille et un Jeux* (18, rue de Lyon) a des allures
fort paisibles. On y discutait ce soir le décret relatif à la mobilisation de la garde nationale, qui a été
l'événement de la journée. Nous sommes tous disposés à marcher, a dit un orateur, mais c'est à la
condition qu'il n'y ait de faveur pour personne. Or
les administrations sont remplies de jeunes gens.

C'est là qu'il faut aller « fouiller ». (*Applaudisse-ments.*) Les bureaux sont peuplés de fumeurs de cigarettes qui ne vont pas aux remparts; ils ont trop peur des rhumes de cerveau. (*Rires.*) Il faut les faire marcher. Mais, voilà! personne n'a le courage de les dénoncer. Celui-ci a un frère qui est employé à l'intendance; celui-là possède un cousin qui est portier dans un ministère. On ne veut pas leur faire de la peine et on compromet le salut de la patrie. — Un autre orateur dénonce les épiciers et les rentiers, qui ne rougissent pas d'accepter l'indemnité de 1 fr. 50 c. allouée aux gardes nationaux. — Le citoyen Tartaret, membre de l'*Association internationale,* est d'avis qu'il ne faut point s'arrêter à ce détail, et il appelle l'attention particulière de l'assemblée sur une question qu'il n'hésite pas à qualifier lui-même de délicate : il s'agit de la question des unions illégales et de leurs conséquences au point de vue du décret de mobilisation. Il y a, dit-il, à Paris beaucoup de ménages incorrects sous le rapport légal. Pourquoi? L'orateur donne à cet égard des explications d'une nature en effet très-délicate, et il apprend à son auditoire que Napoléon, l'auteur du Code civil, était partisan de la polygamie. (*Voix féminines :* — Oh! la canaille!) L'orateur ne veut pas entrer dans une discussion approfondie sur les avantages et les inconvénients respectifs de la polygamie et de la monogamie, mais il constate que les ménages illégaux se forment plus facilement à Paris que dans les campagnes. C'est qu'à Paris, dans le peuple du moins, on obéit au « sentiment », tandis que, pour le paysan, le mariage est une association de morceaux de terre, et pour le bourgeois une association de capitaux. Maintenant, que va-t-on faire? Rangera-t-on les pères de famille non mariés dans la catégorie des célibataires? Ne serait-il pas juste de consulter la nature plutôt que la loi? — Un autre orateur constate à ce propos que le maire Mottu a décidé déjà la question dans le sens indiqué par le citoyen Tartaret. Il a placé un garde national non marié, mais père de trois enfants reconnus, dans la catégorie des hommes mariés. (*Applaudissements.*) — Le citoyen Tartaret applaudit des deux mains à cette décision du maire Mottu, et il se console de l'invasion prussienne en se disant qu'elle avancera la solution de bien des questions sociales. Il y a encore la question des nourrices, par exemple. (*Marques d'étonnement et rires.*) — Oui, citoyens et citoyennes, permettez-moi d'ajouter un mot sur cette question, car il y a trois sortes de gens qui sont nos bêtes noires : les portiers, les agents de police et les nourrices. (*Nouvelle et bruyante hilarité.*) Eh bien, avant le siége, les mères mettaient leurs enfants en nourrice; aujourd'hui elles sont obligées de les nourrir elles-

mêmes. C'est un progrès que nous devons aux
Prussiens, et c'est pourquoi je ne serais pas fâché
de les voir demeurer encore quelque temps aux
portes de Paris. (*Le public semble différer d'opinion sur ce point avec l'orateur. — Légers murmures.*) Le citoyen Tartaret retrouve les sympathies
de l'auditoire en déclarant que cette guerre sera
la dernière, et en invoquant le témoignage de la
Boétie pour affirmer que les hommes vivront en
frères aussitôt qu'ils se seront débarrassés de leurs
tyrans. (*Applaudissements prolongés.*) Un autre
orateur, pourvu d'une forte voix de basse-taille,
demande le « rationnement gratuit et obligatoire »,
c'est-à-dire la mise en réquisition de toutes les
subsistances et leur répartition égale et gratuite
entre tous les citoyens. Le gouvernement, ajoute-
t-il, a résisté d'abord à cette mesure radicale et nécessaire, mais il est obligé d'y arriver. Ce matin il
a mis en réquisition ce qui restait de bêtes à cornes
à Paris. (*Rires.*) C'est que la faim est notre grande
ennemie. Ventre affamé n'a pas d'oreilles. Si nous
sommes réduits à la famine, nous n'entendrons
plus la voix de la patrie, et nous finirons par capituler. Si l'on avait établi la Commune le 31 octobre,
nous n'en serions pas là. Paris marcherait d'accord avec la province, car la Commune existe à
Lyon et à Marseille, et les armées des départements ne seraient pas des mythes. Cependant, par

une contradiction que l'orateur juge superflu d'expliquer, il ne voudrait pas qu'on tracassât le « père Trochu » qui est rempli de bonne volonté. Comme si les fauteurs de la Commune qui ont envahi l'Hôtel de ville le 31 octobre n'avaient pas tracassé « le père Trochu! » Enfin on s'occupe de la question des séminaristes et des congréganistes ; l'auditoire, qui était demeuré jusque-là un peu somnolent, se réveille, et il répond par une adhésion énergique aux orateurs qui demandent l'enrôlement forcé de ces « serpents » qui portent le trouble dans les ménages. — S'ils ne veulent pas marcher, il faut les prendre au collet et les conduire aux avant-postes entre deux hommes solides, car il n'est pas sûr de les laisser derrière soi. (Vous avez raison ! — *Bravos redoublés.*) Un dernier orateur demande à traiter la question en vers, et il se met à réciter un dialogue entre un franc-maçon et un curé qui porte à son comble l'enthousiasme de l'auditoire.

CLUB FAVIÉ,

A BELLEVILLE.

Séance du 10 novembre.

Au moment où nous entrons dans le club de Belleville (*salle Favié*), une émotion extraordi-

naire agite l'assemblée, qui vient de se transformer
en tribunal. Il s'agit de savoir si le citoyen R...,
compromis sous l'empire dans le fameux complot
des bombes, a joué dans ce complot prétendu le
rôle d'un agent provocateur et d'un mouchard, ou
s'il n'était qu'un simple ivrogne. Le citoyen A...,
qui l'accuse, ne peut affirmer que le citoyen R...
ait été à la solde de la police de Bonaparte, mais
pour un ivrogne, c'en était un, il n'y a pas à en
douter. Le citoyen A... fait à ce propos un récit
des plus émouvants d'une visite que l'accusé lui a
faite à Bruxelles, après avoir « bu » la somme
de 60 fr., plus un revolver, qui lui avaient été remis
pour passer en Angleterre. (*Agitation sur l'estrade.*
Les membres du bureau protestent. Contre-protes-
tation dans l'assemblée. Cris : A la porte le bureau !)
Lorsque le silence est rétabli, un ami du citoyen R... vient présenter sa défense ; mais c'est un
ami, hélas ! bien peu discret.—On a prétendu, dit-il,
que le citoyen R... avait joué le rôle d'un agent provocateur dans le complot des bombes ; on a dit aussi
que le complot des bombes avait été organisé par la
police. C'est un double mensonge. (*Rumeurs dans*
l'assemblée.) Je réponds de la pureté du citoyen R...
comme de la mienne. Quant au complot des
bombes, il a été organisé et soldé par Gustave
Flourens... (A cette déclaration inattendue, qui
éclate comme une bombe, le bureau tout entier et

les membres du comité de vigilance qui siégent derrière le bureau se lèvent en proie à une agitation
indescriptible; ils entourent l'orateur, en le pres-
sant de se rétracter. Quelques-uns l'empoignent
par sa vareuse, qui nous paraît sérieusement
menacée; d'autres viennent à son secours, tout en
lui adressant les reproches les plus amers; il finit
par disparaître dans la tourmente.) — Un autre
ami, moins imberbe et plus discret, celui-là! du
citoyen R... réussit mieux à le disculper d'avoir
reçu de l'argent de la police. C'est lui qui a
remis de l'argent au citoyen R... et qui l'a déguisé
en orphéoniste belge afin de lui faire passer la fron-
tière. Pour jouer au naturel son rôle d'orphéoniste
belge, l'accusé a été obligé de boire de la bière.
(*Rires.*) Peut-être en a-t-il abusé. (*Nouvelle et
bruyante hilarité.*) Mais il ne faut pas être trop
sévère pour un bon républicain. — Le président
apporte son témoignage à l'appui des paroles du
défenseur du citoyen R... Il a connu, lui aussi, le
citoyen R... Ils ont conspiré ensemble; il l'a pris
même quelque temps pour un mouchard; mais sous
l'empire, ajoute-t-il, nous nous prenions tous pour
des mouchards. (*Rires.*) Du reste, c'est le devoir
des jacobins de se soupçonner les uns les autres;
en 93, tout le monde était suspect; mais ils
doivent aussi se rendre justice quand ils recon-
naissent que leurs soupçons ne sont pas fon-

dés, et je rends justice au citoyen R... Quant à son
« défaut », que voulez-vous! on n'est pas parfait;
personne d'entre nous n'est immaculé, j'en prends
à témoin les citoyennes de l'assemblée. (Adhésion
expressive des citoyennes.) L'émotion se calme peu
à peu; le citoyen R... est réhabilité et l'incident
est vidé.

On passe à l'ordre du jour, savoir « à la nomination que vient de faire, contre toute justice et
au mépris de la souveraineté électorale, le gouvernement provisoire d'une commission municipale à
Belleville pour remplacer le maire et les adjoints
captifs. » Une protestation a été rédigée contre cet
acte inqualifiable et infâme; tous les citoyens sont
invités à la signer. Le *comité de vigilance* a voulu
la faire imprimer sous forme d'affiche, mais aucun
imprimeur n'a voulu ou plutôt n'a osé s'en charger,
car nous sommes revenus aux plus mauvais jours
du despotisme. Le citoyen Gaillard fils engage néanmoins les citoyens de Belleville à ne point se laisser
abattre : la protestation sera couverte de signatures,
et une députation ira la porter à l'Hôtel de ville,
comme la chose se pratique en Angleterre, en
demandant la liberté des captifs. Si le gouvernement refuse de les délivrer, eh bien, cela prouvera
que le gouvernement déclare la guerre à Belleville,
et alors nous saurons ce que nous avons à faire.
(*Oui! oui! — Tonnerre d'applaudissements.*) Deux

autres propositions relatives à la même affaire sont
encore adoptées : l'une a pour objet la nomination
d'une commission qui se rendra auprès des maires
républicains des autres arrondissements (d'après
l'auteur de la proposition, ces maires républicains
seraient au nombre de douze) pour les engager à
demander la mise en liberté de leur collègue
injustement détenu. La deuxième proposition a
pour objet la nomination d'une seconde commission
qui sera envoyée auprès des captifs pour les prier
de désigner les membres d'une municipalité provisoire qui remplisse l'*interim* jusqu'au jour de leur
mise en liberté. Les 10,000 citoyens de Belleville
qui ont voté pour Ranvier, Gustave Flourens, etc.,
s'engageront sur l'honneur à ne point s'adresser à
la fausse municipalité pour les actes de l'état civil
et pour tout le reste, mais à se faire marier par le
vrai maire, à faire inscrire leurs nouveau-nés et
leurs défunts sur les vrais registres de la vraie
commune révolutionnaire. Ces deux propositions
sont adoptées par acclamation, et les membres des
deux commissions sont désignés séance tenante par
l'assemblée.

Enfin on passe à la question de la défense
nationale. Un orateur reconnaît avec douleur que
les idées de paix gagnent tous les jours du terrain,
et il ne voit à cela qu'un remède, c'est de déclarer
qu'on ne traitera pas, qu'on ne traitera à aucun

prix. Les Prussiens prendront Paris, soit! ils rava-
geront, ils pilleront la province, ils occuperont
toutes nos grandes villes, et ils y resteront six mois,
un an; mais après? Ils seront bien obligés de s'en
aller, puisqu'on refusera de traiter avec eux. « La
terre de France finira par les engloutir. » Ce
moyen ingénieux, mais lent, de se débarrasser des
Prussiens est médiocrement goûté par l'auditoire,
qui préférerait visiblement un procédé plus expéditif. Un second orateur propose de faire sortir la
garde nationale en masse, sans distinction de catégories et de l'envoyer en « tirailleurs(?) » dans
toute la France, pour abattre les Prussiens en
détail; il faudrait en même temps expédier dans les
départements des commissaires extraordinaires de
la République, pour décider les paysans à sortir de
leur torpeur. On les informerait que les Prussiens
massacrent les femmes et les enfants, et font
main basse sur les vaches et les autres bestiaux;
ils deviendraient furieux et ils chasseraient les
Prussiens à coups « de fourche et de bâton ».
Mais ces « moyens révolutionnaires », qui soule-
vaient des acclamations il y a quinze jours, commencent à laisser le public froid, même à Belleville,
et c'est tout au plus si la « sortie en masse de la
garde nationale » a recueilli ce soir quelques maigres
applaudissements.

CLUB DE LA SALLE DU PRÉ AUX CLERCS,

RUE DU BAC.

Séance du 11 novembre.

Les clubs de la rive gauche languissent. Ce soir, le club démocratique de la chaussée du Maine chômait faute d'auditeurs. Dans la salle du Pré aux Clercs, naguère si bruyante, la République coiffée du bonnet phrygien, dont le buste en plâtre fait le plus bel ornement du bureau, n'avait attiré qu'un petit nombre de fidèles. En outre, cet auditoire réduit semble très-divisé : à côté d'une minorité ardente qui applaudit religieusement toutes les tirades sur la guerre à outrance, apparaît une majorité aux allures paisibles, qui ne dit mot, selon l'habitude des majorités paisibles, mais qui est fort aise d'entendre exprimer des opinions à peu près raisonnables. Il est vrai qu'elle n'est point gâtée sous ce rapport. Voici, par exemple, un inventeur qui a découvert une stratégie nouvelle, dont l'effet lui paraît infaillible contre les Prussiens. On ne se battrait plus que la nuit, en projetant des feux électriques sur les lignes ennemies. On lâcherait une décharge, puis on disparaîtrait dans les fourrés ou ailleurs, sauf à reparaître

au premier coup de sifflet, à lâcher une seconde
décharge, et ainsi de suite jusqu'à l'anéantisse-
ment du dernier Prussien. Le même inventeur a
découvert un autre moyen non moins infaillible
de prendre comme dans un filet le roi Guillaume
et tout son état-major. Il ne leur ferait point de
mal, car il est humain et généreux, mais il ne les
restituerait à la Prusse que contre espèces. Ce
serait 1 milliard à prendre ou à laisser! (L'auditoire
finit par donner des marques visibles d'impatience.)
— Un orateur plus sérieux donne lecture d'un
article d'un journal du soir relatif à l'armistice.
L'auditoire écoute cette lecture avec un intérêt
manifeste. La conclusion de l'article, savoir, que
des négociations conduisant à la paix ont repris
quelques chances de succès, paraît causer une
impression des plus favorables sur la majorité.
Cette attitude de la majorité exaspère un citoyen
qui escalade la tribune pour affirmer que l'armistice est un leurre et qu'il faut lutter jusqu'à la mort
en vue de réaliser le magnifique programme de Jules
Favre : « Pas une pierre de nos forteresses, pas
un pouce de notre territoire. » (*Applaudissements
énergiques, mais clair-semés.*) Un débat animé s'engage ensuite entre deux orateurs qui se prétendent
également bien informés sur la fabrication des
canons. L'un d'eux affirme que l'industrie privée a
réalisé des prodiges depuis un mois et que nous

avons des « masses de canons ». (Où sont-ils? dans l'auditoire.) — Où ils sont, je ne vous le dirai pas, mais nous en avons des masses, voilà ce que je puis affirmer; dans la prochaine sortie, nous en aurons trois contre un, c'est moi qui vous le dis. (L'auditoire accueille cette affirmation d'un air passablement sceptique; la minorité ardente elle-même n'est pas convaincue.)

L'autre orateur, qui a visité les ateliers de l'industrie privée, donne des renseignements plus précis, sinon aussi rassurants. L'industrie privée n'a pas encore, dit-il, livré un seul canon (*marques d'étonnement, — exclamations*); mais la fabrication est en bonne voie. On a fait beaucoup d'essais malheureux. Le premier canon fondu a éclaté en tuant trois hommes; mais peu à peu, grâce à des miracles de science et d'énergie (les ouvriers travaillent depuis le 24 octobre, date de la première commande, jusqu'à dix-sept heures par jour), toutes les difficultés ont été vaincues, et les nouveaux canons se chargeant par la culasse, dont la livraison commencera demain, ne laissent rien à désirer; ils portent à 11,000 mètres, et leur tir utile va à 8,000 mètres. C'est le dernier mot du progrès, si cela peut s'appeler un progrès. Bref, continue l'orateur, dans trois semaines ou un mois au plus tard, nous aurons assez de canons de campagne pour lutter sans désavantage contre les Prussiens. (*Rumeurs dans l'au-*

ditoire. — C'est bien long. — Et les subsistances!)
Que voulez-vous? reprend l'orateur, c'est une fabrication qu'il a fallu improviser; on a fait des *écoles*,
un canon ne se fabrique pas comme une galette;
mais dans trois semaines nous serons prêts: En
attendant, il serait imprudent d'affronter les masses
prussiennes avec un matériel insuffisant; ce serait
s'exposer à un échec presque certain, et ajouter un
désastre à tant d'autres. Prenons donc patience,
jusqu'à ce que nous soyons en état d'engager la
lutte à armes égales. (Cette conclusion est vivement
applaudie par la majorité paisible; silence de la
minorité ardente.) Il est neuf heures et demie. Les
orateurs font totalement défaut. On suspend le
séance pendant dix minutes. A la reprise, la disette
d'orateurs continue plus que jamais à se faire sentir.
Un citoyen offre de lire quelques morceaux des *Châ-
timents* pour finir la séance. Cette proposition est
accueillie par acclamation, et la majorité paisible se
joint à la minorité ardente pour applaudir les beaux
vers de Victor Hugo.

CLUB DE LA VENGEANCE,

BOULEVARD ROCHECHOUART.

Séance du 12 novembre.

Le club de la *Vengeance*, boulevard Rochechouart,
15, n'a de lugubre que son enseigne. Il est installé
dans une salle de café-concert, en style rococo, et
le décor du fond de la scène représente un pay-
sage genre Watteau. Il n'y a point de tentures
noires avec des têtes de mort en sautoir; mais, si
la salle est gaie, les orateurs sont tristes. A leurs
yeux, la situation est désespérée, et c'est naturellement le gouvernement qu'il faut en rendre responsable, le gouvernement qui n'a pas su employer
« les moyens révolutionnaires », c'est-à-dire décréter la levée en masse, supprimer le commerce,
et en particulier le commerce de luxe (il existe
donc encore un commerce de luxe), fermer les
cafés, etc., etc. Cependant un citoyen essaye de
plaider les circonstances atténuantes en faveur du
gouvernement. — Sans doute, dit-il, les hommes
de l'Hôtel de ville n'ont pas été à la hauteur de la
situation, ils ont manqué d'intelligence et d'énergie, soit! mais est-il juste de les rendre complète-
ment responsables de la situation? On se plaint,

par exemple, de manquer d'armes ; mais savez-
vous où étaient les chassepots? Il y en avait 400,000
à Strasbourg et 200,000 à Metz! Est-ce donc la
faute du gouvernement de l'Hôtel de ville si nous ne
sommes pas armés comme nous devrions l'être?
Est-ce sa faute si l'étranger a envahi notre territoire
et si tout nous a manqué pour le repousser? On
prétend que la Commune aurait réussi à nous délivrer des Prussiens, mais nous connaissons les
hommes de la Commune, Blanqui, Delescluze,
Flourens, etc.; croyez-vous franchement que ces
citoyens auraient montré plus de capacité que les
Trochu et les Jules Favre? N'accusez donc pas le
gouvernement d'une situation qu'il n'a pas créée,
et dont la responsabilité doit peser sur le gouvernement impérial qui a amené les Prussiens en
France. (*Cris :* C'est vrai ! il a raison. *Légers murmures.*) — D'autres orateurs essayent de démontrer
que la Commune aurait certainement réussi à
sauver Paris et la France. Un citoyen fait l'éloge
de la capacité extraordinaire du citoyen Blanqui; mais ses paroles ne trouvent qu'un faible
écho dans l'assemblée. Le citoyen Dupas fait une
proposition qui rencontre un meilleur accueil :
il s'agit de provoquer la création de « conseils
d'arrondissement dont la réunion formerait la
Commune. » Cette proposition est adoptée par acclamation, et l'assemblée invite le bureau à la

transmettre sans retard au maire Clémenceau, en le priant de désigner au choix des électeurs des citoyens capables et vertueux.

Cependant une autre question paraît intéresser beaucoup plus vivement encore l'auditoire : nous voulons parler du décret de mobilisation de la garde nationale. Tous les orateurs sont d'accord pour le critiquer; tous aussi déclarent que ce décret a porté le dernier coup à la défense, et l'un d'entre eux déclare formellement qu'il se refuse à marcher si le gouvernement ne retire point ce décret inique. Ce qu'il nous faut, ajoute-t-il, c'est la levée en masse. (Oui! oui! *Acclamations*.) Si l'on ne fait pas marcher tout le monde, personne ne marchera. (*Applaudissements*.) D'après un orateur, la levée en masse donnera quinze millions de soldats, c'est-à-dire de quoi écraser la Prusse et l'Europe entière. (Nous savons donc enfin ce que c'est que la « levée en masse », mot dont le sens nous échappait jusqu'à présent.) L'assemblée renouvelle, à l'unanimité, son vœu accoutumé en faveur de la levée en masse, et elle décide qu'une députation sera chargée d'en porter l'expression au gouvernement de la défense nationale. Le président s'associe à ce vote, mais en faisant remarquer, d'un ton plein d'amertume, que le gouvernement ne se soucie plus guère des députations des clubs, et que c'est tout au plus même s'il daigne les recevoir.

Quant à leurs pétitions, il les met au panier. Un
citoyen s'écrie qu'il faut charger le maire Clémenceau de porter à l'Hôtel de ville les volontés du
club, car on ne met pas un maire au panier. Cet
avis soulève toutefois des objections, et l'assemblée
finit par nommer une députation chargée d'inviter
le gouvernement à décréter la levée en masse, sous
peine d'encourir le courroux du *club de la Vengeance*.

CLUB DE LA DÉLIVRANCE,

SALLE VALENTINO.

Séance du 15 novembre.

La séance du club de la *Délivrance* (salle Valentino) a présenté ce soir un vif intérêt. La question
de la réunion d'une Assemblée nationale, déjà
traitée dans les séances précédentes, restait à
l'ordre du jour. Au début de la séance, le président, M. Vrignault, a rappelé le mot célèbre de
M. Thiers : « La République est le gouvernement
qui nous divise le moins, » et il a proposé à l'assemblée, en quelques paroles chaleureusement
applaudies, de donner pour devise à la République
et au club de la *Délivrance* ces deux mots qui ne
devraient jamais être séparés : *Ordre et liberté*.

Sur la question de l'Assemblée nationale, la réunion nous a paru, partagée en deux camps à peu près égaux. Un orateur s'est fait vivement applaudir en déclarant qu'il ne voulait pas d'une Assemblée nationale, parce que, la province ayant subi l'influence délétère de dix-huit ans d'empire, cette Assemblée serait la perte de la République. Mais d'autres orateurs se sont fait applaudir plus vivement encore en défendant la province, trop souvent attaquée, et en soutenant l'opportunité de la réunion d'une Assemblée. — Vous vous plaignez de l'inertie de la province, s'est écrié l'un d'entre eux dans un langage pittoresque et animé, mais Strasbourg dont vous avez admiré la belle défense, mais Bitche et Phalsbourg qui résistent encore, mais Châteaudun ne sont-ils pas la province? Paris fait son devoir sans doute ; mais jusqu'à présent il ne peut pas se vanter d'avoir été héroïque, et quand on lui dit qu'il fait l'admiration du monde, on le flatte. Attendons pour cela d'avoir été bombardés comme Strasbourg. (*Applaudissements, mouvements divers.*) — M. Édouard Hervé, dans un discours éloquent, se prononce en faveur de la convocation prochaine d'une Assemblée. M. Hervé est un partisan déterminé de la résistance, et c'est à cause de cela même qu'il croit à la nécessité de la réunion d'une Assemblée dans laquelle la province et Paris seront représentés. Il ne croit pas

qu'une Assemblée française soit capable d'un acte
de faiblesse, et il pense que les députés de la province seront les premiers à vouloir effacer les
souvenirs de leurs tristes devanciers, les candidats
officiels de l'empire. Il croit qu'une Assemblée, en
donnant plus d'unité à la résistance, la rendra plus
énergique et plus efficace. (*Applaudissements.*) —
Un autre orateur, à coup sûr fort original et d'une
humeur plus pacifique, tout en se félicitant des
victoires par lesquelles les armées de province
viennent de signaler leur entrée en campagne,
accueillerait volontiers une paix honorable, une paix
dont la conclusion ne coûterait qu'une indemnité
en argent (*quelques protestations se font entendre ;
— cris :* Écoutez! laissez-le parler!), car l'argent, dit-il, ne vaut pas le sang de nos enfants,
qui va encore couler à flots dans cette abominable
guerre. (*Applaudissements.*) L'orateur déclare ensuite qu'il est imprudent de séparer la province de
Paris. Il fait l'éloge de la garde mobile (*applaudissements sur tous les bancs*), puis il entreprend de
démontrer aux provinciaux présents à la séance
qu'on calomnie Paris en prétendant qu'il a l'habitude de faire des révolutions. Les gouvernements
tombent à Paris tous les dix-huit ans environ, cela
est vrai, ils s'effondrent, mais est-ce la faute de
Paris? (*Interruptions. — Rires.* — On les pousse
bien un peu pour les faire tomber!) Selon l'orateur,

Paris est complétement innocent de toutes ces chutes; elles lui font en province une réputation fâcheuse qu'il ne mérite pas. (*Applaudissements et rires.*) Enfin un orateur à l'air excentrique vient entretenir l'assemblée de l'existence de Dieu et de l'immortalité de l'âme. (*Marques d'étonnement.* L'auditoire semble d'avis que cette question manque un peu d'opportunité.) Le moment est venu, continue l'orateur, d'invoquer la vierge miraculeuse de Domremy. (*Nouvelles et bruyantes exclamations.*) J'ai apporté le drapeau de Jeanne Darc. (Un fou rire gagne l'assemblée ; on demande : Le drapeau ! le drapeau ! sur l'air des *Lampions.*) L'orateur s'empresse de déférer à cette invitation. Il va chercher le drapeau qu'il a déposé dans un coin et il le déroule avec précaution. C'est une bannière blanche, avec une croix rouge au milieu. Il le montre de face, puis il le retourne en répétant cette manœuvre à plusieurs reprises. Le revers du drapeau est chargé d'inscriptions dont l'orateur entreprend gravement d'expliquer le sens et la portée, mais l'auditoire en belle humeur n'écoute plus ce champion de Jeanne Darc. Le président le congédie poliment, et il se décide non sans peine à s'en aller, son drapeau sous le bras. Il se fait tard, la salle commence à se vider.

CLUB FAVIÉ,

A BELLEVILLE.

Séance du 19 novembre.

On était très-échauffé ce soir au club de Belleville (*salle Favié*). Plusieurs citoyens consentent volontiers à marcher pour faire une trouée, mais ils
veulent marcher en masse ; ils ne veulent point
laisser derrière eux les anciens sergents de ville,
les gardes-côtes, les aristocrates et les séminaristes.
Ils veulent encore remplacer eux-mêmes les chefs
de bataillon qui ont été destitués. Si la réaction leur impose des chefs qui ne leur conviennent
pas, eh bien, ils ne marcheront pas, ou bien ils
iront à droite quand on leur commandera d'aller à
gauche, *et vice versâ*. Ils ne sont pas contents non
plus des ambulances. Il y a, dit un orateur, des
cadavres de maraudeurs qui gisent depuis trois
jours dans la campagne, personne n'a été les relever. A quoi servent les « fainéants » qui portent la
croix rouge sur leur casquette, et qui ont pour
drapeau un « torchon » blanc ? (*Protestation dans
l'auditoire.* — C'est une indignité. Qui donc ira
relever nos blessés ?) L'orateur prétend qu'il n'a pas
voulu insulter le drapeau des ambulances, le vrai
drapeau qui est revêtu, dit-il, de deux cachets

rouges, mais seulement le « torchon » dont les aristocrates se servent pour abriter leurs demeures sous prétexte de soigner les blessés. (*Applaudissements.*)

A ce moment, le président communique à l'assemblée une invitation du citoyen Beaurepaire, qui a découvert une nouvelle tactique contre les Prussiens, et qui convie les citoyens de Belleville à aller l'écouter demain au Gymnase Paz. Le produit de cette conférence sera consacré au soulagement des pauvres de Belleville. (*Protestations.* C'est contraire à l'égalité. Il nous faut de la poudre et du plomb. Nous ne voulons pas du pain des aristocrates! — *Contre-protestation.* Un auditeur est désigné par ses voisins comme un mouchard. Cris formidables : *A la porte le mouchard !* On empoigne le mouchard, qui proteste de son innocence. Il résiste. On l'empoigne plus que jamais. Il trébuche et tombe. On le porte dehors. Après cette exécution d'une justice douteuse, mais d'une vigueur incontestable, le calme se rétablit.) Un orateur réfute une opinion qui a été professée à une précédente séance, mais qui lui paraît contraire aux principes, savoir qu'il faut laver son linge sale après le départ des Prussiens. Il faut le laver avant. (*Applaudissements* auxquels s'associe d'abord la partie modérée de l'auditoire, qui ne paraît pas avoir bien compris.) Mais l'orateur ne tarde pas à devenir plus clair. Le linge sale, c'est la réaction, dont le gouvernement de l'Hôtel de ville est le très-humble serviteur. Il faut se débarrasser de la réaction (*applaudissements*), il faut enfin faire la révolution. (*Nouvelles et bruyantes acclamations.*) L'orateur se félicite toutefois de ce que le 31 octobre n'ait pas réussi. (*Marques d'étonnement.*) Nous étions trop doux alors et trop confiants; nous n'aurions pas fait ce qu'il fallait. Nous le ferons aujourd'hui. Ce qu'il nous faut, c'est un 93. Eh bien, 93 reviendra, et, soyez-en sûrs, citoyens, nous retrouverons des Robespierre et des Marat. (*Tonnerre d'applaudissements.*) — Un orateur encore plus radicalement révolutionnaire, s'il est possible, succède à celui-là. Il donne d'abord lecture d'une condamnation à mort par contumace qui a été prononcée à l'unanimité contre le traître Bazaine et ses complices Canrobert, Le Bœuf et Coffinières par plusieurs clubs du 4e arrondissement. Il invite les citoyens de Belleville à la confirmer. (Toute la salle se lève. La condamnation est confirmée par acclamations.) L'orateur ajoute que les citoyens sont invités à exécuter eux-mêmes la sentence. Abordant ensuite la question sociale et religieuse, l'orateur déclare que le moment est venu de remplacer la théologie et la métaphysique par la géologie et la sociologie, et il s'embarque dans une dissertation dont la clarté n'inonde pas suffisamment l'esprit des auditeurs ; mais il redevient bientôt plus intelligible, peut-être même le devient-il beaucoup trop. « Je ne crains pas la foudre, dit-il, je hais le Dieu, le misérable Dieu des prêtres, et je voudrais, comme les Titans, escalader le ciel pour aller le poignarder. » (Cette seconde condamnation à mort obtient un peu moins de succès que la première. Quelques énergumènes applaudissent. *Une voix :* Faudrait un ballon ! Des citoyennes se regardent effarées.) Après cette escalade titanesque, l'orateur effectue sa descente, et il va s'abattre au milieu des bataillons de guerre de la garde nationale. Il veut bien se battre, mais pas pour le comte de Paris ; il aimerait autant se battre pour Guillaume. (*Mouvements divers. Cri :* Alors, criez tout d'un coup : Vivent les Prussiens !) L'orateur explique sa pensée. Si nous laissons triompher la réaction, dit-il, nous ne nous en débarrasserons plus, tandis que si Guillaume est vainqueur, il asservira toute l'Europe, et le despotisme n'aura plus qu'une seule tête. Eh bien, cette tête-là, je vous en réponds, elle ne tardera pas longtemps à tomber. (*Tonnerre d'applaudissements.*) Un dernier orateur s'élève aux considérations les plus hautes sur la politique étrangère. Il ne croit pas que la République puisse attendre aucun secours de dehors. On a parlé, dit-il, de l'alliance de la Russie et d'une armée de 400,000 Russes. C'est une nouvelle illusion de Trochu. (*Rires.*)

Les Russes sont les sujets du czar et les alliés du
despote prussien. Ces deux despotes ont formé le
projet de se partager l'Europe pour obéir aux
clauses des testaments de Pierre le Grand et de Frédéric. Le czar aurait la Turquie et Guillaume prendrait la France, qui a été avachie par l'empire. Cela
inquiète beaucoup l'Angleterre, à cause de Con-
stantinople. Mais ce n'est pas l'Angleterre qui nous
sauvera, et Trochu ne nous sauvera pas davantage ;
il est trop mystique, et la preuve, c'est qu'il vient
encore d'écrire un petit livre sur l'archange saint
Michel. (*Marques de surprise. Applaudissements et
rires.*) Savez-vous qui vous sauvera? C'est Garibaldi
et la République universelle. Je viens d'apprendre,
ajoute l'orateur, que Garibaldi n'est plus dans les
Vosges ; il a passé en Allemagne, où l'*Internationale*
l'attendait pour proclamer la République. (*Mouvement de satisfaction. Applaudissements prolongés.*)
L'orateur invite les citoyens de l'auditoire à coopé-
rer à l'œuvre de Garibaldi en s'affiliant à la *Légion
de la défense à outrance* dont le comité de vigilance de la Villette a pris l'initiative, et qui a pour
mission d'exterminer toutes les tyrannies et de faire
prévaloir dans le monde la révolution et le socialisme. Il termine par une question d'un caractère
beaucoup plus pratique : Voulez-vous, dit-il, en
s'adressant aux citoyennes, avoir des pommes de
terre? (Cris enthousiastes des citoyennes : *Oui! oui!*)

eh bien, cela ne vous coûtera qu'un sou. (*Marques de désappointement. Exclamations.* C'est un farceur!) L'orateur explique qu'il n'est pas un farceur, mais qu'avec ce sou il fera imprimer et coller des affiches invitant les gardes nationaux à se rendre sans armes à l'Hôtel de ville pour demander et au besoin pour exiger le rationnement des pommes de terre au prix de 2 francs le boisseau. Le président interrompt l'orateur pour lui faire remarquer que cette démarche serait sans objet, car le club a déjà voté une mesure beaucoup plus radicale, savoir le rationnement général, gratuit et obligatoire, c'est-à-dire la mise en réquisition de toutes les denrées dans tous les endroits où elles se trouvent, et leur distribution par rations égales à tous les citoyens indistinctement, pauvres ou riches. L'orateur veut insister, mais le président prétend qu'il est près de dix heures et que le gaz va s'éteindre. (*Protestations énergiques dans l'auditoire.* — *Cris* : C'est un nouveau tour de Trochu! Prenons des chandelles!) Mais comme il n'y a pas de chandelles et que le gaz commence à baisser en dépit de toutes les réclamations, l'auditoire se décide à s'en aller.

CLUB DE L'ÉCOLE DE MÉDECINE.

Séance du 21 novembre.

Le grand amphithéâtre de l'École de médecine
sert maintenant de salle de club. Un buste en
plâtre, qui n'a rien de commun avec celui de la
déesse *Hygie*, est adossé à la chaire transformée
en tribune aux harangues. Ce soir, salle comble.
Deux délégués rendent compte à l'assemblée d'une
mission qu'ils ont remplie à l'Hôtel de ville pour
inviter le citoyen Hérisson à opter entre les fonctions de maire du 6e arrondissement et celles d'adjoint du délégué à la mairie de Paris. Les deux
délégués du club reviennent fort peu satisfaits de
ce qu'ils ont vu et entendu à l'Hôtel de ville.
D'abord on les a reçus à la salle Saint-Jean, qui
est meublée comme une étude d'avoué. Ils ont demandé à parler au gouvernement provisoire. Un
jeune crevé (*sic*) de l'Hôtel de ville leur a répondu :
« Le gouvernement provisoire, c'est moi! » Et
après avoir éludé leurs demandes par des fins de
non-recevoir subtiles qui sentaient l'avocat d'une
lieue, il les a congédiés. Un troisième délégué
ajoute qu'il a vu bien des choses suspectes dans
cette petite excursion : les cours sont garnies de

tables et de bancs; on y joue aux cartes, et toutes les nuits on y loge une armée. (*Sensation profonde.* — *Exclamations en sens divers*). Un citoyen fait remarquer que c'est la faute des délégués si on les a reçus à la salle Saint-Jean; ils devaient aller tout droit à la salle du Trône, qui est beaucoup mieux meublée. (*Rires.*) Pour lui, il y va tous les jours, et le gouvernement provisoire ne fait aucune difficulté à le recevoir. (*Mouvement de curiosité.* On demande à l'orateur ce qu'il va dire tous les jours au gouvernement provisoire. Il refuse de répondre à cette question indiscrète, et il descend majestueusement de la tribune.) Une discussion passablement longue et confuse s'engage sur les moyens les plus propres à obliger le citoyen Hérisson à mettre fin au cumul indécent qu'il ne craint pas de pratiquer sous la République. Un citoyen modéré propose simplement de rédiger une protestation au nom du club et d'envoyer des délégués au citoyen Hérisson (*exclamations :* Des délégués! vous voyez bien le cas qu'on en fait!) pour le décider à opter. Le citoyen Maurice Joly est d'avis qu'il faut déférer l'affaire au conseil d'État. Un troisième citoyen, amateur des procédés sommaires, ne comprend rien à toutes ces formalités. Puisque nous sommes en République, dit-il, le gouvernement, c'est nous. (*Applaudissements;* protestations d'un groupe nombreux qui occupe la gauche de l'assemblée.) Oui, reprend l'orateur avec un redoublement d'énergie, le gouvernement, c'est nous, puisque nous nous gouvernons nous-mêmes. (Ce raisonnement paraît sans réplique à la majorité; faible protestation de la minorité.) Eh bien, si nous ne sommes pas contents du cumulard Hérisson, nommons un autre maire, — nommons un maire qui ne soit pas adjoint à l'Hôtel de ville et qui fasse des perquisitions chez les accapareurs (*oui! oui!*); alors nous aurons des jambons et du lard salé, et on ne commettra plus d'injustices dans la garde nationale, en donnant la solde de 1 fr. 50 c. à des employés de la mairie qui ont des protections. (*Applaudissements redoublés.*) Cependant l'assemblée se contente d'adopter le procédé qui est indiqué par l'orateur modéré et appuyé par le bureau, puis elle passe à la discussion du décret rendu ce matin par M. le gouverneur de Paris pour interdire l'affichage des journaux. — Un orateur n'hésite pas à déclarer que ce décret dictatorial est contraire aux lois fondamentales de la République. Mais que faire? protester? On n'écoutera pas nos protestations. Il n'y a qu'une chose à faire contre un pareil décret, c'est de le violer. (*Marques d'hésitation dans l'assemblée, applaudissements d'un côté, protestations de l'autre.*) L'orateur affirme que ses paroles n'ont rien de subversif, et que violer un décret, c'est, à tout prendre, le moyen le

plus expéditif et le plus sûr de le faire rapporter.
Il cite comme exemple à l'appui la législation sur
le cautionnement, que le gouvernement provisoire, pour complaire à la réaction, s'était bien
gardé d'abroger. Eh bien, qu'a-t-on fait? On a
passé outre, on a publié des journaux sans cautionnement, et il a bien fallu que le gouvernement
finît par légaliser une infraction qu'il était hors de
son pouvoir d'empêcher. Appuyons-nous sur ce
précédent. Que le club proteste contre le décret
qui interdit l'affichage, et cette protestation, qu'il
la fasse afficher! (*Applaudissements.* — *Rumeurs.*)
Le citoyen Geniller ne partage point l'opinion du
précédent orateur, et dans un discours fort sage il
blâme cet appel à la violation de la loi. Le gouvernement, dit-il, est l'expression de la majorité, et,
sous une République plus que sous aucun autre
gouvernement, vous devez respecter la volonté de
la majorité. Si, chaque fois qu'une mesure déplaît
à la minorité, celle-ci se refuse à l'accepter, si
elle se met en insurrection contre la loi, comment
voulez-vous que la République puisse subsister?
Prenez-y garde, vous faites, sans le vouloir, cause
commune avec ceux qui la déclarent impossible.
Et vous ne compromettez pas seulement la République, vous compromettez aussi le droit de réunion. Quoi qu'on puisse dire du gouvernement et
malgré toutes les fautes qu'on peut lui reprocher,

on doit convenir qu'il a montré jusqu'à présent
une rare mansuétude. Il est sans exemple que,
dans une ville en état de siége, aucune liberté n'ait
été suspendue, que la liberté d'écrire et de parler
soit restée entière. Eh bien, il faut éviter de compromettre par des excès ces libertés précieuses.
Les clubs, en particulier, sont encore vus avec
défiance par une grande partie de la population, et
l'on ne peut pas dire qu'ils représentent l'opinion
de la majorité. On les supporte sans les aimer;
s'ils se mettaient dans leur tort en faisant appel à
l'insurrection, ils pourraient bien faire suspendre
et ajourner pour longtemps peut-être la liberté de
la parole, une de nos libertés les plus nécessaires...
(*Applaudissements énergiques et prolongés à gauche; faible protestation de la majorité.*) La discussion continue. L'auteur de la motion et quelques autres orateurs prétendent que le club ne
violerait la loi en aucune façon en faisant afficher
une protestation contre l'interdiction de l'affichage;
que c'est le gouvernement, au contraire, qui s'in-
surge contre la République en empêchant les citoyens d'exercer un de leurs droits imprescriptibles;
qu'il faut le retenir sur la pente de la réaction;
que le général Trochu pourrait bien rendre un de
ces jours, si on continue à lui passer toutes ses
fantaisies dictatoriales, un décret ainsi conçu:
Art. 1er. La République est supprimée. Art. 2. Le

comte de Paris est chargé de l'exécution du présent décret. (*Exclamations et rires.*) L'assemblée est visiblement perplexe; mais il se fait tard, et malheureusement les « modérés » du club de l'École de médecine se couchent de bonne heure. Les bancs du côté gauche se vident, tandis que les autres restent garnis; on va aux voix, et la protestation avec affichage est adoptée à l'unanimité moins quatre voix.

RÉUNION DE LA SALLE DU GRAND-PAVILLON.

Séance du 23 novembre.

Dans la salle du *Grand-Pavillon*, chaussée de Ménilmontant, une réunion électorale était convoquée ce soir pour soutenir la candidature du citoyen Blanqui à la mairie du 20ᵉ arrondissement. Un premier orateur a déclaré que le moment était venu de nommer cet homme intègre et incorruptible, car la corruption et la trahison nous ont fait rouler au bord de l'abîme : la catastrophe est prochaine, et il s'agit de savoir si nous périrons ou si nous renaîtrons de nos cendres comme le sphynx; nous n'avons plus qu'une chance de salut, c'est de nommer Blanqui, l'ennemi des jésuites et des traîtres; Blanqui, qui conspire en

faveur de la République démocratique et sociale
depuis plus de cinquante ans. Un débat s'engage
dans l'auditoire sur ce chiffre et sur l'âge du candidat; un auditeur soutient que Blanqui est âgé
de soixante-douze ans. — Non! soixante-cinq!
Il conspire depuis quarante ans. C'est déjà bien
joli. (*Marques d'assentiment.*) — Un second orateur accuse avec amertume le gouvernement de la
défense nationale d'avoir méconnu ce grand citoyen
et de fouler aux pieds les droits de Belleville. Le
gouvernement, dit-il, continue l'empire; il nous
fait administrer par une « commission ». Ce n'est
plus une mairie que nous avons à Belleville, c'est
un Hôtel de ville où siége un petit gouvernement
provisoire à l'image du grand. (*Applaudissements
et rires.*) Il faut nommer Blanqui, qui nous débarrassera du grand et du petit. (*Nouveaux applaudissements.*) L'orateur affirme que les hommes de
l'Hôtel de ville sont encore plus jésuites et plus
canailles que l'empereur lui-même. (*Légère protestation. — Cri :* Et Sedan?) L'orateur déclare
qu'il n'exagère point, et la preuve, c'est que les
hommes de l'Hôtel de ville nous laissent souffrir
la faim et la soif. (*Sourires dans l'auditoire.*)
L'orateur avait l'habitude de boire tous les matins
son demi-setier; aujourd'hui il est réduit à se contenter d'un canon. Il maigrit tous les jours, et si
cela continue il tombera dans la *mansuétude* (*sic*).

Le public ne paraît pas bien comprendre le sens de cette expression, par laquelle l'orateur a résumé ses souffrances, mais il applaudit de confiance. Le citoyen qui succède à cette victime des jésuites de l'Hôtel de ville est encore moins rassuré et moins rassurant, s'il est possible. — Il y a, dit-il, des poules mouillées même à Belleville. Dans mon bataillon, j'ai entendu dire ce matin qu'on avait assez résisté, et qu'on souffrait trop ! (*Exclamations. — Murmures. — Mouvements divers.*) Nous sommes énervés; il nous faut des hommes de 93 pour nous redonner du cœur. Il nous faut des Marat, des Danton et des Robespierre. (Oui! oui! — *Bravos.*) Mais quand nous prononçons ces noms-là, les réactionnaires ne vont-ils pas jusqu'à dire que nous demandons la guillotine? (*Protestations et denégations.*) C'est ainsi qu'ils effrayent les ignorants qui n'ont pas lu l'histoire de notre grande Révolution et qu'ils ameutent les paysans contre nous. Mais nous ne devons pas oublier que le monde a les yeux sur nous. C'est Belleville qui sauvera l'Europe. Seulement il faut un homme à Belleville, un homme de 93; cet homme, c'est Blanqui, Blanqui l'incorruptible, Blanqui l'effroi des tyrans. (*Double salve d'applaudissements.*) — On a reproché hier à Blanqui d'avoir passé sa vie à conspirer, s'écrie un citoyen à barbe grisonnante qui vient de s'élancer à la tribune : mais n'est-ce

pas le plus beau titre qu'on puisse invoquer en sa
faveur? Moi aussi j'ai conspiré comme Blanqui, je
conspire depuis vingt-six ans et je conspirerai toute
ma vie. (*Exclamations.* — Le public semble solliciter une explication que l'orateur s'empresse de lui
donner.) Je m'explique, dit-il. Tous les gouvernements ont refusé au peuple ce qu'il a demandé. Il
fallait bien conspirer pour revendiquer les droits
du peuple. Maintenant je suppose qu'on lui accorde
aujourd'hui ce qu'il demande : demain il demandera autre chose, car les besoins ne s'arrêtent
pas; ils vont croissant avec la civilisation; il nous
faudra donc, nous les amis du peuple, conspirer
demain comme nous conspirions hier, comme nous
conspirons aujourd'hui. (Cette théorie ingénieuse
de la conspiration perpétuelle obtient l'adhésion
de la majorité, mais la minorité paraît conserver des
doutes.) Enfin un orateur qui arrive de Charonne, où
la candidature du citoyen Blanqui a été chaudement
acclamée, communique à l'assemblée des renseignements de la plus haute gravité sur la conduite du général Trochu, qui paralyse, de parti pris, la défense
nationale. Aujourd'hui même il a refusé de laisser
s'organiser un nouveau corps franc, et il a déclaré
qu'il avait assez de Garibaldi et de ses pareils. (*Mouvement d'indignation.*) Je n'exagère pas, ce sera
demain dans les journaux. C'est pourquoi, ajoute
l'orateur, il faut se méfier des sorties. Sortez, mais

en masse, entendez-vous bien, et gardez-vous de laisser derrière vous les séminaristes et les Bretons. Exigez que tout le monde sorte, ou restez chez vous ! (*Assentiment général.*) Il y a encore la question des approvisionnements et des accaparements. Eh bien, les riches, qui sont prudents, ont entassé dans leurs caves des provisions pour un an. Tant mieux, car nous saurons où trouver de quoi manger quand le moment sera venu. (*Applaudissements.*) Mais il nous faut un homme énergique et incorruptible pour établir le rationnement gratuit et obligatoire et pour tenir tête à la réaction. Il nous faut Blanqui. Si le gouvernement ne veut pas convoquer les électeurs à bref délai, protestons, protestons avec énergie et persévérance jusqu'à ce qu'il nous ait fait justice. (Oui ! oui ! nommons Blanqui !)

Le président se dispose à lever la séance, mais un jeune citoyen, qui prétend avoir encore à faire à l'assemblée une communication de la plus haute importance, veut absolument être entendu. « Le comte de Paris, dit-il, est arrivé à Paris et il a deux mille agents salariés à l'Hôtel de ville. » (*Exclamations, tumulte.*) Survient un commissaire préposé à la perception, qui annonce que la recette ne suffit pas pour couvrir les frais; il manque 4 fr. 60 c. Cette communication produit une vive impression sur les rares auditeurs qui n'ont pas encore quitté la salle. On oublie le comte de Paris et ses deux mille agents salariés et on met la main à la poche. La séance est levée, mais les frais seront-ils couverts?

CLUB DÉMOCRATIQUE DU CASINO

DE LA RUE CADET.

Séance du 25 novembre.

Au nouveau club démocratique du Casino de la rue Cadet, on réclame avec une implacable énergie l'incorporation immédiate des séminaristes, des congréganistes et des curés. Ce n'est pas qu'on ait une confiance illimitée dans leur valeur militaire ; mais, sous une république, tous les citoyens se doivent à la défense de la patrie. Le citoyen Vallach rappelle à cette occasion les pétitions que les députés de l'opposition, devenus membres du gouvernement de la défense nationale, déposaient sur le bureau du Corps législatif pour demander l'enrôlement des séminaristes. Les convictions de ces honorables citoyens se seraient-elles évaporées sous les lambris dorés de l'Hôtel de ville et des hôtels ministériels? Un autre citoyen est d'avis, au contraire, que cette question doit être abordée avec de grandes précautions. Les prêtres exercent une influence considérable sur « la tourbe ignorante »; c'est un malheur, mais c'est ainsi, et il ne faut pas oublier que cette tourbe ignorante se compose encore de plus de 30 millions de Français. Il croit qu'on agira avec sagesse en laissant les curés à leurs bréviaires et en se contentant d'enrôler les séminaristes et les congréganistes. Un troisième ne croit pas que le concours de 40,000 prêtres, parmi lesquels il y en a beaucoup d'impropres au service, soit indispensable à la défense nationale: seulement il verrait avec plaisir qu'on rognât un peu leurs appointements, et qu'on les obligeât, par exemple, à se contenter de l'indemnité de 1 fr. 50 c. qui est allouée à la garde nationale. (*Applaudissements et rires.*) L'orateur est d'avis, du reste, que les prêtres sont, comme les rois, les ennemis naturels de la République; il dénonce l'alliance du trône et de l'autel, et il se plaint des ménagements que le gouvernement de la défense nationale se croit encore obligé de garder à l'égard de ces deux puissances ennemies. La République ne peut vivre à côté des monarchies. C'est pourquoi l'orateur est partisan de la guerre à outrance. Il se plaint de ce que M. Jules Favre ait imploré la paix à Ferrières. (*Interruption :* Il ne l'a pas implorée. *Autre voix :* Il l'a implorée. Non! non! Si! si!) Il trouve en tout cas peu convenable que M. Thiers ait parcouru l'Europe pour demander des alliances monarchiques. (*Voix :* Pourquoi pas?) Il rend du reste justice à M. Thiers (A la bonne heure !) dont il ne partage pas les opinions économiques et monarchiques, mais à qui nous sommes redevables des fortifications de Paris. (*Mouvements divers. Interruption :* Les fortifications, laissons ça de côté. *Protestations.*) Le citoyen Vallach, qui reparaît plusieurs fois à la tribune, pense, comme le précédent orateur, que la République ne peut vivre à côté des monarchies, et il annonce la fondation d'une *Ligue cosmopolite démocratique,* qui aura pour mission spéciale de républicaniser l'Europe. La *Ligue* va expédier par les prochains ballons des agents dans tous les pays, et elle s'est déjà ménagé des intelligences avec l'Espagne. Elle s'occupe de transformer Prim en un nouveau Washington. (*Mouvement prononcé de satisfaction dans l'auditoire.*) La *Ligue,* du reste, ne se bornera pas à employer les moyens moraux, elle se compose d'hommes pratiques qui connaissent l'influence de l'or sur notre civilisation corrompue. Elle a de l'or, beaucoup d'or, et elle en mettra autant qu'il en faudra au service de la République cosmopolite (*Marques d'approbation ; signes d'incrédulité sur quelques bancs.*) Revenant à la question des séminaristes et des congréganistes, l'orateur soumet à l'assemblée une motion ayant pour objet de les placer sous le niveau inflexible de l'égalité et du droit commun. Cette motion est adoptée à l'unanimité moins quelques voix.

Un citoyen qui n'a pas l'habitude de la tribune, mais qui est, dit-il, ouvrier confiseur (*explosion d'hilarité*), dénonce la présence dans les postes de la garde nationale des anciens sergents de ville, auxquels il ne prodigue point les douceurs. Il engage les gardes nationaux présents à protester. Les gardes nationaux protestent, mais avec quelque mollesse, et on aborde la question alimentaire.

Le citoyen Vallach dénonce le luxe oriental de certains membres du clergé, pendant qu'on meurt de misère et de faim dans les quartiers pauvres. Aujourd'hui, 1,500 femmes se sont présentées à la mairie du 20ᵉ arrondissement pour demander du pain. Il y a des gens qui se gorgent pendant que d'autres manquent de tout. J'en connais, ajoute l'orateur, qui mangent quatre plats de viande à leur dîner. (*Marques d'étonnement. — Quelques dénégations.*) Oui, j'ai vu aujourd'hui même un de ces goinfres qui absorbait trois plats à lui seul. (Nommez le goinfre!) N'est-ce pas un scandale? (Oui! oui!) L'orateur dénonce encore les accapareurs qui ont fait murer leurs caves après les avoir remplies de subsistances de toute espèce. (*Mouvement d'indignation. — Cris :* Il faut faire des perquisitions!) On a découvert 1,500 jambons qui étaient offerts en vente à 100 fr. pièce;

on les a réquisitionnés. (On a bien fait! Bravo!
Voix : Des jambons, il y en a des millions dans les
caves. Il faut aller les chércher!) Un autre orateur
exprime avec non moins de force la même opinion.
Il prétend que le général Trochu voulait réquisitionner tous les approvisionnements et donner une
solde à tout le monde, 1 fr. 50 c. aux hommes
faits, 75 centimes aux vieillards, 1 franc aux femmes
et 50 centimes aux enfants, mais que les réactionnaires ont paralysé ses bonnes intentions. Un citoyen fait remarquer que l'opposition est venue du
ministère du commerce, qui est infesté de réactionnaires. (C'est vrai! Oui! oui!) Il faut en finir, il
faut mettre toutes les subsistances en réquisition,
il faut aller démurer les caves des accapareurs; on
y trouvera de quoi vivre pendant deux mois. (*Applaudissements.*) L'orateur propose à l'assemblée
d'envoyer une députation à l'Hôtel de ville pour
réclamer des perquisitions immédiates, la mise en
réquisition des subsistances et le rationnement général de la population. Cette proposition est adoptée par acclamation, et le bureau est désigné pour
remplir cette mission au nom du club du Casino de
la rue Cadet.

CLUB FAVIÉ,

A BELLEVILLE.

Séance du 28 novembre.

Le club de la *salle Favié*, à Belleville, a entendu
ce soir deux relations fort intéressantes que lui ont
faites des « délégués » envoyés auprès du général
Trochu, l'un, le citoyen Chabert, avec une mission
des clubs, l'autre, au nom de la légion garibaldienne. Le citoyen Chabert est un républicain de
vieille date; il a été transporté à Lambessa après
les funestes journées de juin, mais il se trouve
naturellement dépassé par la nouvelle génération
démocratique et sociale de Belleville. Il croit à la
nécessité de l'union en présence de l'ennemi; il
croit aussi que la République ne peut subsister
qu'à la condition de sauver la France; il déclare
enfin qu'on ne doit pas accuser sans preuves un
citoyen de trahison, ce citoyen fût-il même le chef
du gouvernement. (*Mouvements divers, murmures,
cris :* C'est un aristo! il vient des *Folies-Bergère!*)
Le citoyen Chabert ne nie pas qu'il vienne des
Folies-Bergère, il y a même demandé avec instance
la mise en liberté des citoyens incarcérés à la suite
du 31 octobre (*bravos.* — Écoutez-le!), mais il ne
croit pas que le général Trochu soit un lâche et un

traître. Nous lui avons demandé, dit-il, de fermer les portes et d'empêcher les journaux réactionnaires de donner aux Prussiens des nouvelles des mouvements de troupes : eh bien, il nous a accordé tout ce que nous lui avons demandé. On lui a reproché de ne pas avoir fait plus tôt des sorties en masse; mais ne fallait-il pas nous donner le temps de nous exercer et de nous aguerrir? Qu'aurions-nous dit s'il nous avait envoyés à la boucherie comme des moutons, il y a deux mois, quand neuf gardes nationaux sur dix ne savaient pas manier un fusil? Maintenant nous sommes exercés, et le moment des opérations sérieuses est arrivé. Trochu nous conduira lui-même, il l'a déclaré, et pourquoi douterions-nous de sa parole? Que gagnerait-il à nous trahir? (*Applaudissements, protestations.*)

Un petit orateur, dont le col est enfoui dans une énorme cravate, s'élance à la tribune pour répondre au défenseur du général Trochu. Le citoyen Chabert, dit-il, a proposé aux *Folies-Bergère* la mise en liberté des républicains arrêtés après le 31 octobre; eh bien, comment sa proposition a-t-elle été accueillie? Le président Falcet l'a fait repousser. (Ah! le scélérat!) Un autre, un jésuite, a demandé d'une voix doucereuse qu'on fasse grâce aux auteurs de l'attentat du 31 octobre; de l'attentat, entendez-vous bien? (*Murmures d'indignation.*) Citoyens, quand on vient des *Folies-Ber-*

gère, on ne devrait pas parler à Belleville, on ne devrait pas essayer d'y défendre des traîtres et des assassins. (*Dénégations du citoyen Chabert.*) Ce n'est pas prouvé, dites-vous? Et l'affaire du drapeau? Pourquoi est-on venu en grande pompe donner un drapeau au bataillon de Belleville quand on se garde bien d'en donner aux autres? N'est-ce pas assez clair, citoyens? On a voulu désigner aux coups des Prussiens les républicains de Belleville, et c'est ce drapeau, ce cadeau des Machiavels de l'Hôtel de ville, qui servira à les faire reconnaître : comprenez-vous, citoyens? (*Quelques citoyens comprennent et murmurent; d'autres s'obstinent à ne pas comprendre. Un chien aboie violemment dans le fond de la salle.— Cris :* A la porte le Prussien! Non! à la boucherie le *toutou! — Le silence se rétablit peu à peu; l'orateur continue.*) D'ailleurs, les preuves de la trahison abondent : le gouvernement accepte les services du légitimiste Beaurepaire pour la guerre des guerillas, tandis qu'il a refusé de laisser former une légion américaine et qu'il a repoussé Garibaldi qui lui offrait de venir débloquer Paris, à la tête de 300,000 révolutionnaires italiens, polonais et hongrois. (*Nouvelles marques d'indignation. Cris :* A bas les traîtres! Le chien aboie de nouveau avec une violence extraordinaire; on se précipite de toutes parts pour faire taire cet interrupteur imprudent.*) Quand le

7.

calme est revenu, l'orateur à cravate rouge a dis-
paru; il est remplacé par un citoyen qui s'annonce
comme secrétaire de la légion garibaldienne, et qui
a eu avec le général Trochu une entrevue des plus
intéressantes, quoiqu'elle ait été très-accidentée.
— Il n'est que trop vrai que le général Trochu a
refusé les services de Garibaldi. — Je ne prends
pas de révolutionnaires et d'étrangers, voilà ce
qu'il m'a répondu en propres termes. — Mais vous
avez bien demandé, lui ai-je dit, le secours de
l'Italie, et vous proposiez à Victor-Emmanuel de
lui rendre Nice et la Savoie s'il voulait vous envoyer 200,000 soldats italiens; pourquoi n'avez-
vous pas permis à Garibaldi de vous amener ses
volontaires? Il aurait débloqué Strasbourg en faisant une pointe sur Munich et sur Berlin. Je me
suis animé et j'ai ajouté : Vous êtes responsable
du désastre de Strasbourg comme l'autre est responsable du désastre de Sedan. — Là-dessus il
s'est fàché tout rouge et il m'a dit : Vous êtes un
polisson et vous n'entendez rien à la politique.
(*Ce récit de haute fantaisie paraît intéresser considérablement l'auditoire.* Continuez! continuez!)
L'orateur ajoute que son compagnon, le citoyen
Vindex, pourrait attester la vérité de son récit, si
l'on n'avait malheureusement pris soin de le séparer du citoyen Vindex par l'épaisseur de plusieurs
portes fermées à double tour. — Trochu lui a dit

encore qu'on le traitait d'empoisonneur, d'assassin et d'orléaniste. — A quoi il a répondu que le citoyen Trochu exagérait et qu'on ne l'avait point accusé d'être un assassin et un empoisonneur ; que du reste il fallait s'attendre à tout de la part des hommes qui avaient servi Bonaparte ; qu'il était bien connu maintenant que Bazaine avait offert à Bismark de venir avec l'armée de Metz se joindre à l'armée prussienne pour faire le siége de Paris et mettre les républicains à la raison. (*Nouvelle et profonde sensation.*) Eh bien, Bismark lui-même a refusé d'accepter le secours de ce traître. (*Mouvements divers à droite. Cri :* C'est bien fort! *Autre cri :* Silence aux aristos!) Comment aurions-nous encore confiance dans les généraux de l'empire? Mais si l'on nous trahit, si on veut livrer Paris aux Prussiens, nous le brûlerons, nous le ferons sauter. (Oui! oui! *La même voix à droite :* L'orateur n'est pas dans ses meubles! *Tumulte.*) Et après que nous l'aurons fait sauter, nous nous frayerons un passage à travers les Prussiens; alors, s'il existe encore dans le monde un morceau de terre digne de recevoir les républicains, nous irons y planter le drapeau rouge. (*Cette péroraison colorée excite au plus haut point l'enthousiasme de l'assemblée.*) Les deux orateurs qui suivent n'obtiennent qu'un succès beaucoup plus faible; cependant l'un propose d'établir la Commune sous la dénomination de Chambre des communes;

l'autre insiste sur l'imprévoyance et la trahison du gouvernement de l'Hôtel de ville. Le gouvernement, dit-il, n'avait pas prévu les accapareurs, qui nous font plus de mal que les Prussiens (c'est vrai! ce sont des assassins!); mais il avait prévu le bombardement, et il avait fait monter de l'eau aux étages. Eh bien, on n'a pas bombardé! Et savez-vous pourquoi les Prussiens n'ont pas bombardé? c'est parce que Bismark, qui n'est pas bête, s'est dit : Si je brûle les immeubles des propriétaires, les propriétaires ne pourront plus me payer les contributions de guerre. (*Applaudissements et rires.*) L'orateur déclare, du reste, qu'il n'a reçu de Bismark aucune communication relative à cette résolution. C'est une idée qui lui est purement personnelle. Mais elle n'est pas dénuée de vraisemblance. (Non! non!) Il se fait tard, le président prie l'orateur d'abréger son discours. La séance est levée. A la porte on crie le premier numéro du journal *l'OEil de Marat,* moniteur de Belleville. (*A un sou,* l'OEil de Marat! *Il est bien en colère Marat! Marat! Demandez* l'OEil de Marat! *à un sou!*)

MÊME CLUB.

Séance du 2 décembre.

Le club de *Belleville* (salle Favié) nous a procuré aujourd'hui la plus agréable des surprises. D'un commun accord, les orateurs ont déclaré qu'ils renonçaient, dans les circonstances suprêmes où nous sommes, à attaquer le gouvernement, qu'ils ajournaient toutes récriminations et toutes critiques, sauf, bien entendu, à se rattraper plus tard. Peut-être n'ont-ils pas observé cet engagement avec une fidélité tout à fait exemplaire. Voici notamment le citoyen Bologne qui reproche au gouvernement ses ménagements intempestifs à l'égard des propriétaires et qui émet l'opinion hasardée que la République ne devrait pas reculer devant la banqueroute, si la banqueroute était nécessaire pour sauver la République. Heureusement, le citoyen Bologne n'est point chargé du portefeuille des finances, et nous avons quelque espoir que son discours d'aujourd'hui n'aura point été un discours-ministre. Voici encore un autre orateur, à la voix caverneuse, qui regrette que la Commune, qu'il qualifie de « grand Lazare » (quelques citoyennes entendent « grand lézard »,

et leur physionomie trahit une vive préoccupation),
n'ait point été installée le 31 octobre à l'Hôtel de
ville. En revanche, voici une lettre presque raisonnable signée Ranvier, et datée de la Conciergerie. —
Le citoyen Ranvier conjure ses anciens administrés
d'oublier leurs griefs dans la crise que traverse la
patrie et de concourir résolûment au salut commun. Le sentiment qui a dicté cette lettre est excel- ·
lent; nous ne dirons rien du style.

Un orateur recommande ensuite en quelques
paroles éloquentes l'humanité à l'égard des blessés
et des prisonniers (c'était vraiment la soirée
aux surprises). Ces hommes que nous combattons,
dit-il, et qu'il faut combattre à outrance, sont
nos frères, nous ne devons pas l'oublier même
dans l'emportement de la lutte. Ils ne sont pas les
auteurs de cette guerre odieuse et ils en souffrent
comme nous. (Quelques protestations s'élèvent,
mais l'orateur reprend avec un redoublement
d'énergie :) Oui, nous ne devons jamais oublier
que le mot fraternité est inscrit dans la devise de la
République, et, pour moi, quand je vois un blessé
sur le champ de bataille, un blessé se tordant dans
d'horribles souffrances, ce blessé fût-il Prussien,
je me sens ému de pitié. (Les applaudissements
éclatent de toutes parts, car si l'on a mauvaise tête
à Belleville, décidément on a bon cœur.) L'orateur
développe encore sa pensée ; il compare le soldat

citoyen qui défend sa patrie à un chirurgien qui
amputerait un membre gangrené. Le chirurgien
pratique avec sang-froid et fermeté une opération
qu'il a jugée nécessaire; mais cela n'empêche pas
son cœur de s'émouvoir. (*Nouveaux applaudisse-*
ments.) Cette opinion que l'humanité ne doit pas
être bannie même de la guerre actuelle soulève
toutefois des objections. Un orateur à l'air soupçonneux entreprend de mettre l'assemblée en garde
contre deux sentiments qu'il considère comme également pernicieux : savoir, la reconnaissance pour
les « sauveurs » et l'humanité à l'égard d'un
ennemi sauvage. Les Prussiens, ajoute-t-il, sont
des ennemis sauvages. A l'appui de cette affirmation,
il cite deux faits dont il n'est point question heureusement dans les rapports officiels, et qui se
seraient passés ce matin même. On était convenu
d'une trêve pour enterrer les morts et relever les
blessés. Cette trêve n'expirait qu'à six heures du
matin. Eh bien, les Prussiens nous ont attaqués
par trahison avant cinq heures. Ensuite un de leurs
régiments a levé la crosse en l'air, comme s'il voulait se rendre; nous nous sommes approchés sans
méfiance, et nous avons été accueillis par une
épouvantable fusillade. Ces faits, rapportés du ton
le plus affirmatif, excitent une indignation bien
naturelle dans l'auditoire. Cependant, quand l'orateur en conclut qu'il faut mettre aujourd'hui de

côté tout sentiment d'humanité, l'auditoire proteste
en grande majorité, et le précédent orateur déclare
de nouveau, aux applaudissements énergiques de
l'assemblée, que, si les Prussiens n'observent point
les lois de la guerre, ce n'est pas une raison pour
les imiter, et qu'en bannissant l'humanité de la
guerre on descendrait au niveau des cannibales.
Enfin on s'occupe du coup d'État du 2 décembre,
dont c'est aujourd'hui le dix-neuvième anniversaire. Un orateur annonce qu'une « manifestation »
aura lieu demain sur la tombe de Baudin. Cette
manifestation, organisée par différents clubs, aura
un caractère tout à fait pacifique. On se réunira à
dix heures à Belleville pour se rendre au cimetière
Montmartre, où l'on déposera des couronnes sur la
tombe du martyr du 2 décembre; puis des délégués, en petit nombre, — afin de bien attester
qu'on ne veut exercer aucune pression sur le gouvernement, — iront à l'Hôtel de ville présenter une
« supplique » pour demander la mise en liberté des
citoyens détenus à la suite de la journée du 31 octobre. L'orateur informe du reste le public qu'il a
vu aujourd'hui même ces citoyens détenus et que,
à part la liberté, rien ne leur manque; qu'ils sont
parfaitement nourris, mieux nourris que les neuf
dixièmes des membres de l'assemblée, mais qu'ils
brûlent du désir de marcher à l'ennemi; que le
citoyen Vésinier lui-même, qui n'est pourtant pas

un grand guerrier (*rires*), ne demande qu'à prendre un fusil et qu'on a bon espoir que le gouvernement exaucera ce vœu patriotique. (*Applaudissements.*) On se donne rendez-vous pour demain au cimetière Montmartre, puis cette assemblée, naguère si orageuse, se sépare le plus paisiblement du monde. Ce serait à se croire à la sortie d'une séance de l'Académie.

CLUB DE LA COUR DES MIRACLES, CLUB DES MONTAGNARDS.

Séance du 5 décembre.

Au club de la *Cour des miracles*, la salle est très-mal éclairée et elle n'est pas chauffée du tout. Le public est rare et les orateurs ne répondent pas à l'appel. Le président déclare que, si cela continue, il faudra fermer le club. Toutefois, avant d'en venir à cette cruelle extrémité, le bureau est résolu de faire une dernière tentative, et d'adresser un suprême appel à la bonne volonté et au zèle des démocrates socialistes. Dans l'opinion de l'orateur, si les clubs cessent d'attirer la foule, cela ne tient pas à ce que les orateurs manquent des qualités nécessaires, cela tient à ce que les journaux réactionnaires calomnient les clubs. Les journaux réactionnaires, dit-il, sont des éteignoirs, et ils veulent étouffer le droit de réunion. L'orateur signale en particulier les comptes rendus du *Journal des Débats* qu'il n'hésite pas à qualifier d'infâmes, et il propose de réunir demain le club, en séance extraordinaire, pour en faire justice. Cette proposition est adoptée à l'unanimité, et l'enthousiasme redouble lorsque l'orateur ajoute « qu'on fera du feu ». Le club se sépare ensuite bien avant l'heure, aucun citoyen ne paraissant disposé à prendre la parole. Franchement est-ce notre faute? Et peut-on nous rendre responsable du peu de succès de certains clubs? Nous ne demanderions pas mieux que de les voir fleurir, car, n'en déplaise à l'honorable président de la *Cour des miracles*, nous ne sommes point l'adversaire du droit de réunion, et nous n'en voudrions dégoûter personne. Notre conscience est tranquille sur ce point, et nous ajouterons que, parmi les accidents qui menacent la vie des clubs, le plus à craindre, ce n'est pas l'assassinat par voie de compte rendu ou autrement, c'est le suicide! Les orateurs des clubs ne se gênent guère dans leurs attaques contre les généraux, les hommes politiques ou les écrivains qui leur déplaisent. Ne se montrent-ils pas un peu bien susceptibles à l'endroit des critiques des journaux, et ces défenseurs hérissés de la liberté des clubs ne pourraient-ils pas avoir un peu plus de respect pour la liberté de

la presse? Demain, le club de la *Cour des miracles*
se transformera en tribunal pour nous juger. Nous
nous plaisons à espérer qu'on ne nous y brûlera
point, quoique le feu doive être allumé et qu'il y ait
des précédents. Sous l'ancien régime, on faisait
brûler en place de Grève par la main du bourreau
les « libelles » qui avaient le malheur de déplaire
au souverain. Aujourd'hui, on les brûle dans les
clubs ou sur la voie publique. Est-ce un progrès
suffisant? C'est une simple question que nous po-
sons à nos « juges » futurs de la *Cour des Miracles*,
sans invoquer autrement le bénéfice des circonstances atténuantes.

Au club des *Montagnards* (boulevard de Strasbourg, n° 30), la salle est un peu mieux garnie et
les orateurs abondent. C'est d'abord le citoyen
Sans, président, qui réclame la mise en réquisition
des hôtels du faubourg Saint-Germain et d'ailleurs
dont les propriétaires « se baladent » à l'étranger.
Il faut y installer les blessés et vider les garde-
manger, sans oublier les caves. L'orateur recommande en particulier un certain vin de Roussillon
dont il vante les qualités supérieures. Mais si le
citoyen Sans prise le vin de Roussillon, il n'a en
revanche qu'une bien faible estime pour les généraux chargés de la défense de Paris. Ils sont, à son
avis, d'un cru inférieur, et il propose de les remplacer sans retard. Seulement il ne voudrait point

que le gouvernement de la défense nationale fût
chargé de leur désigner des successeurs; car le
gouvernement de la défense nationale ne lui inspire
qu'une bien médiocre confiance; il voudrait confier cette mission délicate aux maires des vingt
arrondissements de Paris. Cette proposition du
citoyen Sans n'obtient toutefois qu'un succès d'estime. Un autre orateur, le capitaine Laporte, qui a
assisté aux batailles de Villiers et de Champigny,
et qui en fait un récit pittoresque, est, au contraire,
chaudement acclamé. J'ai vu à l'œuvre, dit-il, le
général Trochu et le général Ducrot, et je puis
affirmer, avec tous mes camarades, qu'ils ont fait
bravement leur devoir (*applaudissements*) et
qu'ils méritent toute notre confiance. (*Nouveaux
applaudissements.*) Le capitaine Laporte se fait
encore applaudir en s'élevant contre les réquisitions
arbitraires, qu'il qualifie de pillage. Il raconte un
peu longuement sa visite aux prisonniers prussiens,
qu'il a essayé de convertir à la cause de la République : enfin il justifie les combinaisons stratégi-
ques du général Trochu, et il affirme que Paris
sera délivré dans quinze jours. (*Tonnerre d'applaudissements.*) Mais un jeune orateur, qui déclare
connaître parfaitement la topographie des environs
de Paris, contredit les assertions consolantes du
capitaine Laporte, et il critique impitoyablement le
plan Trochu. (*Un interrupteur : Et vous, avez-vous*

un plan?) — J'ai le plan de Paris dans la tête, reprend l'orateur, et vous n'en pourriez peut-être pas dire autant. (*Applaudissements, murmures.* L'auditoire est partagé en deux camps : les optimistes à droite, les pessimistes à gauche.) Un second orateur, qui appartient, comme le précédent, au côté gauche, critique avec non moins de véhémence la stratégie du général Trochu, mais sans parvenir à convaincre l'auditoire. Il obtient, en revanche, la vive approbation des citoyennes en dénonçant le haut prix du charbon et « le suif à chandelle » qu'on leur vend pour de la graisse de cuisine. Il est bien entendu que le gouvernement doit être rendu responsable du haut prix du charbon et de la mauvaise qualité de la graisse. Avec « la Commune » nous aurions du charbon en abondance, et le beurre remplacerait depuis longtemps le suif à chandelle. L'auditoire n'est pas convaincu, mais le président félicite l'orateur, et il lève la séance pour laisser le public sous l'impression de cette conclusion éloquente et judicieuse.

CLUB FAVIÉ,

A BELLEVILLE.

Séance du 7 décembre.

La dissolution du bataillon des tirailleurs de Belleville ne pouvait manquer d'exciter l'émotion du public de la *salle Favié*. Ces tirailleurs méconnus et dissous, et leur ex-commandant M. Gustave Flourens, y ont trouvé naturellement des apologistes ardents, plus ardents que les tirailleurs en question ne paraissent l'avoir été eux-mêmes aux avant-postes. — On les accuse d'indiscipline, s'est écrié un orateur; mais à quoi sert la discipline? A quoi nous a-t-elle servi jusqu'à présent? Elle nous a servi à nous faire battre par les Prussiens. Ce sont des troupes disciplinées qui ont été battues à Reichshoffen, à Forbach, à Sedan; ce sont des troupes disciplinées qui ont capitulé à Metz. Peut-on exiger d'un républicain, qui a du « raisonnement », de s'astreindre à la discipline comme un automate? On avait défendu à nos tirailleurs de tirer sur les Prussiens dans les tranchées, c'était l'ordre et la discipline. Eh bien, quand ils voyaient des Prussiens, leur « raisonnement » leur disait de tirer dessus et ils tiraient, et ils tuaient des Prussiens; est-ce que leur raisonnement ne valait pas mieux que la discipline? (Ici une partie de l'auditoire, mettant en pratique la théorie de l'orateur, s'abandonne à divers actes d'indiscipline que lui suggère son « raisonnement »; les uns battent la semelle, d'autres quittent bruyamment la salle, d'autres encore crient : *Assez!* L'orateur, à son tour, obéit à son raisonnement en désertant précipitamment la tribune, nous allions dire la tranchée. L'orateur qui lui succède, tout en reconnaissant que les tirailleurs peuvent avoir, comme ils le prétendent, des griefs sérieux contre leurs officiers, et en particulier contre le commandant Ballandier (*marques de surprise*), non! Lampérière (c'est cela! *à bas Lampérière!*), déclare qu'ils ont eu tort d'abandonner le poste qui leur était assigné. (*Quelques murmures à gauche; approbation dans la grande majorité de l'assemblée.*) L'orateur croit que la discipline est nécessaire même à des soldats républicains. (*Nouveaux applaudissements.*) L'orateur continue, visiblement encouragé par ces marques d'approbation, dont il faut tenir bon compte au public de la *salle Favié* : — « Nous ne pouvons pas juger séance tenante l'affaire des tirailleurs; il est possible que des coquins et des mouchards se soient glissés parmi eux; c'est probable même, car ils n'appartiennent pas tous à Belleville; il faut une enquête qui fasse justice des coquins et des mouchards. On veut nous pousser à bout, citoyens, tenons-nous sur nos gardes! Nous aurions certainement le droit de répondre aux provocations qu'on nous adresse en marchant encore une fois sur l'Hôtel de ville, et en allant démolir la Conciergerie, comme nos pères de 89 ont démoli la Bastille (*oui! oui!*); mais nous nous en garderons bien, citoyens, nous ne tomberons pas dans le piége que nous tendent les réactionnaires. Belleville étonnera le monde par sa modération. (Il a raison! Il *cause* bien! *Applaudissements prolongés.*) Nous ne souffrirons pas davantage qu'on nous salisse en faisant rejaillir sur Belleville la boue qu'on a jetée sur les tirailleurs. S'il y en a d'indignes, nous les désavouons; ils ne méritent pas d'appartenir à Belleville! » — Ce discours produit une vive impression sur l'auditoire. Une réunion ayant été convoquée pour demain à dix heures du matin afin d'entendre les explications contradictoires des tirailleurs et de leurs chefs, l'assemblée décide qu'elle s'y fera représenter par cinq délégués. — Un membre du bureau interrompt le débat en donnant lecture d'une lettre du citoyen Lefrançais, détenu à la Conciergerie à la suite de l'affaire du 31 octobre. Le citoyen Lefrançais se plaint de n'avoir pas été relâché avec ses codétenus pour aller combattre les Prussiens; il engage ensuite les électeurs de Belleville à demander qu'on les convoque sans retard et à protester contre la tyrannie de l'Hôtel de ville en appelant à la mairie le grand patriote Blanqui. (Marques d'impatience causées par la longueur de la missive du citoyen Lefrançais.) Le lecteur convient que les lettres des « captifs » de la Conciergerie sont en effet un peu longues; mais il faut les excuser, ils n'ont que ça à faire. (*Rires.*) — D'autres orateurs s'occupent de la lettre de M. de Moltke et de la réponse de M. le général Trochu; ils se méfient de la publication de cette correspondance. A-t-on voulu nous démoraliser, dit l'un d'eux, en publiant le désastre de l'armée de la Loire, au moment où nous avons besoin de toute notre énergie pour livrer de nouveaux combats? L'orateur ne veut pas se prononcer encore sur cette manœuvre suspecte. En tout cas, dit-il, Belleville a fait son devoir en poussant à la résistance, au moment où une défense vigoureusement organisée nous aurait débarrassés des Prussiens; quoi qu'il arrive aujourd'hui, le nom de Belleville sera inscrit au Panthéon de l'histoire. (*Applaudissements.*) L'orateur ajoute qu'il a toujours demandé et qu'il demande encore, malgré tout, la résistance à outrance. L'auditoire applaudit de nouveau; mais, chose curieuse à noter, hier, « au club modéré » de la salle Valentino, « la résistance à outrance » était acclamée avec plus d'ardeur et d'ensemble qu'elle ne l'a été ce soir au club « révolutionnaire » de Belleville. Il est vrai que l'attention de l'auditoire de la salle Favié est absorbée par l'affaire des tirailleurs; on y revient à la fin de la séance, et l'assemblée procède à la nomination de cinq délégués qui seront chargés de rechercher, suivant l'expression pittoresque d'un orateur, d'où est venu le *micmac.*

MÊME CLUB.

Séance du 8 décembre.

Nous sommes retourné ce soir à Belleville pour connaître les résultats de l'enquête ouverte sur la question palpitante des « tirailleurs » et de leur ex-commandant Flourens. Mais, en dépit de l'enquête, la question n'a pas marché depuis hier. Les tirailleurs dissous accusent leur commandant, M. Lampérière, qu'ils s'obstinent à nommer « Laferrière », de les avoir calomniés et trahis; ils l'accusent encore d'avoir attiré Gustave Flourens dans un guet-apens, en l'invitant à dîner « comme un Judas »; malheureusement leurs dépositions ne brillent point par la clarté, et elles ne s'accordent pas avec une précision géométrique. Est-ce bien le commandant Laferrière ou Lampérière, ou bien est-ce un « colonel » qui a adressé à Flourens cette invitation perfide? voilà ce qui est demeuré obscur. D'ailleurs, le public de la salle Favié est préoccupé, ce soir, d'une question bien autrement brûlante que celle des tirailleurs; nous voulons parler de la question des jésuites. D'après un orateur dont les révélations causent une sensation profonde, tous les événements dont nous sommes victimes sont l'œuvre

des jésuites. Bonaparte était leur « mannequin ».
Un jour, il les a gênés, à cause de Rome, et ils se
sont servis de la Prusse pour se débarrasser de lui,
car ils ont des affiliés en Prusse, comme ils en ont
partout. M. de Moltke est un jésuite, et notre armée était commandée à Sedan et à Metz par d'autres jésuites. (*Interruptions*. Il exagère! Non! non!
Si! si!) L'orateur se tourne vers les interrupteurs
qu'il foudroie du geste et du regard. « Il est bien
connu, dit-il, que, dans toutes les réunions où il
est question des jésuites, il y a des interrupteurs
qui sont des jésuites apostés. (*Les interrupteurs
terrorisés rentrent dans le silence. — Sensation prolongée.*) Voilà pourquoi, poursuit l'orateur, nos armées ont été constamment battues. On s'est débarrassé de l'empire le 4 septembre, mais on ne s'est
pas débarrassé des jésuites. Ils nous gouvernent et
ils commandent nos armées. (C'est vrai!) Ils en-
travent la défense en paraissant la diriger. Ils ont
fondu des canons, disent-ils; non, ils n'en ont pas
fondu, ils ont fait semblant d'en fondre. (*Nouvelle
et profonde sensation.*) Aujourd'hui, ils organisent
le *pacte de famine*, car il y a un pacte de famine.
(*Marques d'indignation. Voix perçantes :* Oui! oui!
il dit vrai!) Voilà l'œuvre des jésuites. Nous leur
sommes livrés pieds et poings liés, et c'est pourquoi nous n'avons pas chassé les Prussiens, et nous
ne les chasserons pas, à moins que nous ne chas-

sions d'abord les jésuites. » L'orateur se retire à pas
lents et dans une attitude solennelle. (*Mouvements
divers.* Il a raison! « Saint Trochu » nous trahit!
A bas les jésuites!) Le citoyen Bologne s'élance à
la tribune; il n'est pas l'ami des jésuites. Il en a
mangé comme tout le monde (*applaudissements et
rires*); mais ce n'est pas le moment de récriminer
et de nous diviser. Nous sommes dans la mare;
nous barbotons dans la mare. (Oui! oui! comme
des grenouilles!) Il faut d'abord nous en tirer; il
faut nous débarrasser des Prussiens. Après, nous
nous occuperons des jésuites, et nous leur dirons
deux mots. (*Agitation, murmures, applaudissements.*) Un citoyen qui admire le premier orateur,
dont les paroles profondes ont remué son âme,
réfute, non sans aigreur, le discours du citoyen
Bologne. « Nous sommes dans la mare, soit! nous
y sommes comme les grenouilles de la fable, mais
nous ne demandons pas un roi. (Non! non! Vive la
République!) Eh bien, savez-vous ce qui arrivera
si on laisse faire les jésuites? C'est que la République sera égorgée par « saint Trochu » et que les
armées de province qui approchent, commandées
par d'autres jésuites, les Cathelineau, les Charette
et les Kératry, nous imposeront un roi. (Nous n'en
voulons pas! jamais! jamais!) Vous n'en voulez pas,
ni moi non plus; mais alors qu'avons-nous à faire?
Il ne faut pas attendre que les armées de province

viennent nous délivrer, il faut nous délivrer nous-
mêmes. » (*Applaudissements énergiques et prolongés*.) Un autre citoyen développe la même thèse;
il accuse les jésuites d'avoir organisé le *massacre
des Albigeois* (*marques d'indignation dans l'auditoire*); il ne soupçonne pas le citoyen Bologne d'être
un jésuite, mais il le trouve trop confiant, et il est
d'avis que le seul moyen de chasser les Prussiens,
c'est de se débarrasser d'abord des jésuites. Le citoyen Bologne cherche à se justifier des insinuations
transparentes auxquelles il est en butte. « On n'a
pas le temps, dit-il, de faire une révolution avant
de chasser les Prussiens. » (C'est vrai! *Applaudissements; protestations*.) Le citoyen Gaillard vient en
aide au citoyen Bologne, mais on n'écoute plus;
des discussions animées s'engagent entre ceux qui
pensent qu'il faut chasser les Prussiens avant les
jésuites et ceux qui veulent, au contraire, chasser les jésuites avant les Prussiens. La séance est
levée au milieu du tumulte. A la sortie, nous entendons un auditeur, qui pourrait bien être, à la
vérité, un « jésuite aposté », répéter à demi-voix
les paroles du citoyen Bologne : « Nous sommes dans
la mare. Comment sortirons-nous de la mare? »

CLUB DÉMOCRATIQUE DES BATIGNOLLES.

Séance du 9 décembre.

Le club démocratique des Batignolles (105, rue Lemercier) tient ses séances à l'école communale. Ce soir, la salle est froide, le public est rare, la discussion languit. On s'occupe d'abord du bombardement. Un orateur explique pourquoi les Prussiens ne bombarderont pas : c'est, en premier lieu, parce qu'ils sont trop loin et que leurs bombes n'arriveraient pas jusque dans Paris. Quoique cette raison puisse sembler suffisante, il y en a une autre, c'est qu'ils craignent de pousser les Parisiens au désespoir. S'ils bombardaient, nous sortirions à 5 ou 600,000 ; nous perdrions 100,000 hommes peut-être, mais les autres passeraient, et les Prussiens seraient anéantis. (*Applaudissements;* quelques signes d'incrédulité.) Un autre orateur ajoute que le bombardement n'est pas à craindre parce que l'armée prussienne est travaillée par des dissensions intestines. Les Badois, les Wurtembergeois et les Bavarois sont mécontents, et *le Réveil* annonce qu'on vient de fusiller à Versailles dix-sept officiers polonais du duché de Posen qui conspiraient en faveur de la République et de la France.

(*Applaudissements énergiques.*) Le président propose à l'assemblée de crier : *Vive la Pologne !* et
de déclarer que la France ira au secours de son
héroïque sœur du Nord aussitôt que les circonstances le lui permettront. (Oui ! oui ! *Cris :* Vive
la Pologne !) Un autre membre du bureau consent à
s'associer à cette résolution, mais à une condition :
c'est que la Pologne cessera de se laisser asservir
par son aristocratie, pour devenir démocratique.
(*Mouvement d'adhésion.* — C'est entendu !) Le même
membre donne ensuite lecture du Manifeste du
comte de Chambord. Cette pièce soulève la répro-
bation la plus violente. (*Cris redoublés :* — Des
Bourbons, il n'en faut pas ! — Vive la République !)
D'autres orateurs entretiennent l'assemblée des manœuvres de la réaction qui relève plus que jamais la
tète. L'un d'eux a été particulièrement scandalisé de
ce que les funérailles du général Renault aient eu
lieu dans l'église des Invalides; pourquoi dans une
église? Sous la première République, avant que
Robespierre eût cédé à la fâcheuse inspiration de
rétablir l'Être suprême, nous enterrions nos grands
hommes au Panthéon, sans les faire passer par une
église. L'orateur ajoute que sa conscience lui interdit de mettre les pieds dans les temples de la superstition, et il déplore la faiblesse des républicains de l'Hôtel de ville (*interruption :* Eux, des
républicains, allons donc !) qui pactisent avec les

réactionnaires et les cléricaux.—Un autre dénonce
le club dit *de la Délivrance*, salle Valentino, où
la réaction annonce ouvertement son dessein de
confisquer la République en se servant du suffrage
universel. Il donne encore lecture d'une circulaire
électorale du 8ᵉ arrondissement, dont les pro-
messes libérales ont pour objet d'amorcer les électeurs en exploitant leur ignorance et leur bonne
foi. (*Murmures d'indignation.*) Un troisième orateur signale des faits encore plus significatifs. La
« garde impériale » est rétablie ; elle se compose
des mobiles bretons, à qui on accorde les faveurs les
plus extraordinaires. Aujourd'hui même Mᵐᵉ Trochu
et Mᵐᵉ Le Flô ont mis à leur service exclusif l'ambulance du Corps législatif, qui est la plus confor-
table de toutes ; d'un autre côté, il n'est que trop
certain que les anciens sergents de ville occupent
de nouveau la préfecture de police. On les a dégui-
sés en mobiles ; mais ils ne sont pas difficiles à reconnaître. (*Rires.*) Ces révélations n'émeuvent toutefois que modérément l'assemblée. La « question
du feu grégeois » a le privilége de la passionner
davantage. C'est que le club démocratique des
Batignolles a ouvert une souscription pour doter la
France de cet engin destructeur, et que des doutes
paraissent s'être élevés sur son efficacité. Au témoignage d'un orateur, le citoyen Delescluze (dont
la compétence en fait de matières explosibles n'est

pas douteuse) aurait dit ce matin même que le feu grégeois produit des effets terribles dans l'eau, mais qu'il a moins d'action sur les matières sèches. (*Marques de désappointement dans l'auditoire.*) Il faudrait donc commencer par diriger contre les Prussiens des pompes à incendie d'un fort calibre pour les mouiller, de manière à les rendre combustibles. Ce procédé préparatoire serait-il suffisamment pratique? L'auditoire se montre très-perplexe, les souscripteurs s'agitent sur leurs bancs, on interpelle le bureau pour savoir à quel usage on emploiera la souscription, qui a atteint le chiffre de 32 francs; quelques-uns en réclament la restitution, des observations assez vives sont échangées avec le bureau. Un citoyen s'élance à la tribune.

« Le moment d'employer des engins terribles n'est peut-être pas venu encore, dit-il; mais il ne tardera pas à venir. On nous annonce tous les jours l'arrivée des armées de province. Y croyez-vous? (*Signes de dénégation. — Rires.*) Eh bien, moi, je suis comme vous, je n'y crois pas, et je suis convaincu que nous ne devons compter que sur nous-mêmes. C'est pourquoi il nous faudra bien finir par employer le feu grégeois et voici comment (*vif mouvement de curiosité*) : l'Allemagne a des millions de milliards de marchandises dans ses ports de Hambourg et de Stralsund; on les brûlera avec le feu grégeois. » (*Désappointement général. Cri :*

Ça ne nous sauvera pas!) Le bureau finit par annoncer aux souscripteurs qu'ils pourront rentrer dans leurs fonds s'ils manquent de confiance dans le feu grégeois; le bruit s'apaise, l'incident est vidé et la séance est levée au cri de *Vive la République démocratique* !

CLUB FAVIÉ,

A BELLEVILLE.

Séance du 13 décembre.

L'éclairage de la *salle Favié*, à Belleville, était, ce soir, fortement rationné. C'est à peine si une douzaine de bougies fumeuses garnissaient les lustres, et

> Ces douteuses clartés qui tombent des chandelles

laissaient l'auditoire plongé dans une demi-obscurité lugubre. Ajoutons que la première question à l'ordre du jour n'était point des plus gaies. Il s'agissait de la condamnation à mort en bloc des « animaux parasites », et en particulier des chevaux de luxe, des chevaux de corbillard, des chiens et des chats. L'auteur de la motion est d'avis que l'on peut se passer sans difficulté des chevaux des pompes funèbres, et il engage les citoyens à porter eux-mêmes leurs parents ou leurs amis au champ

de repos; quant aux chevaux de luxe que les riches
nourrissent de pain (*mouvement d'indignation. —
Oui! oui! c'est au Journal officiel!*), il faut les
sacrifier sans pitié; les riches iront à pied comme
nous. (*Applaudissements énergiques.*) L'orateur
incline à étendre cette mesure de salut public à tous
les autres animaux parasites; mais de vives protestations s'élèvent sur tous les bancs. Un citoyen
demande tout au moins un sursis pour les chiens et
les chats, dont il plaide éloquemment la cause.
« Il est reconnu, dit-il, que, de tous les animaux,
après l'homme, le chien est le plus intelligent et le
plus fidèle. Les chiens, et surtout les caniches, font
presque partie de la famille. (*Une voix perçante :
Les chats aussi! — Rires.*) Attendons encore un
peu avant de les immoler au salut de la patrie.
Quand le moment sera venu, eh bien, nous n'hési-
terons pas à les sacrifier, et même à les manger. »
(*Applaudissements et rires.*) Ce plaidoyer éloquent
obtient gain de cause. L'assemblée décide à l'unanimité *l'abattement* (*sic*) des chevaux de corbillard et
des chevaux de luxe; mais elle accorde un sursis
aux chiens et aux chats. (*Mouvement de satisfaction
parmi les citoyennes.*) On s'occupe ensuite des
moyens de repousser les Prussiens; mais un orateur demande l'autorisation d'entretenir préalable-
ment l'assemblée de la politique extérieure. Il est
satisfait, dit-il, de l'attitude de la Belgique et de la

Suisse; mais l'Angleterre a tenu à notre égard une
conduite ambiguë, et le *Times* a été ignoble.
L'Angleterre nous doit beaucoup; c'est notre commerce avec elle qui la fait vivre; nous pourrions
nous passer de l'Angleterre, car la France est le
pays le plus riche du monde et elle se suffit à elle-
même, tandis que l'Angleterre ne peut se passer de
la France. Voilà pourquoi lord Granville a défendu
à Bismark de bombarder Paris. C'est par égoïsme;
ce n'est pas par intérêt pour nous. (*Mouvement
d'approbation.*)

Un autre orateur pense que ce n'est pas le moment de s'occuper de la politique extérieure; il se
soucie fort peu de savoir si lord Granville a défendu
ou non à Bismark de bombarder Paris. Que les
Prussiens bombardent Paris si bon leur semble!
c'est peut-être le moyen de nous sauver. Nous
sortirons alors tous ensemble, et nous nous déli-
vrerons nous-mêmes sans attendre les Charette, les
Cathelineau et les autres amis de Trochu. D'ailleurs
qu'avons-nous à craindre des bombes? On dit
qu'elles incendieront les monuments des arts, les
musées et les églises. Citoyens, la République
passe avant les arts. Les artistes ont été corrompus
par le despotisme. Qu'on brûle le Louvre, avec les
tableaux de Rubens et de Michel-Ange, l'orateur
s'en consolera, pourvu que la République triomphe.
Il se consolera encore plus facilement de la destruc-

tion des églises, et il verrait sans sourciller les tours de Notre-Dame s'abîmer sous les bombes. Ce n'est pas lui qui donnerait de l'argent pour les rebâtir. (*Applaudissements et rires.*) Les bombes qui nous débarrasseraient de tous les monuments de la superstition que le moyen âge nous a légués seraient les bienvenues; elles épargneraient de la besogne aux socialistes. (*Nouveaux applaudissements.*) Mais on ne nous bombardera pas, on veut nous prendre par la famine, et, si cela continue, on y réussira. (C'est vrai! Trochu nous trahit!) L'orateur ne s'explique pas l'inaction de Trochu, et il soupçonne le gouvernement de vouloir conclure un autre armistice pour arriver à une paix honteuse. Un autre orateur donne lecture d'une lettre adressée au *Combat* par des tirailleurs de Belleville. Ces tirailleurs, si indignement calomniés par la réaction, ont refusé de rendre leurs armes. Eh bien, qu'a-t-on fait? on vient de les arrêter. (*Explosion d'indignation.*) En même temps on dissout nos conseils de famille pour nous livrer à la tyrannie des chefs nommés par Trochu. On veut nous pousser à bout. On veut une émeute à Belleville. Et savez-vous pourquoi on veut une émeute? Parce qu'on veut se rendre, parce qu'on veut livrer Paris aux Prussiens. (C'est cela!) Mais nous ne ferons pas d'émeute, nous ajournerons notre vengeance, car nous voyons clair dans le jeu de

Trochu, ou, pour mieux dire, du gouvernement occulte dont Trochu n'est que l'instrument. (Oui! les jésuites!) Nous ne capitulerons pas; nous attendrons plutôt les Prussiens comme les Romains attendaient les Carthaginois, sur leurs siéges curules; seulement il faut empêcher les membres du gouvernement de s'en aller en ballon et de nous « laisser en plan »; il faut « coller » des factionnaires à leurs portes (*applaudissements et rires*) et sauter tous ensemble. (Oui! oui!) Nous brûlerons Paris et nous ferons une « trouée » après. (*Tonnerre d'applaudissements.*) Dix heures sonnent, la séance est levée aux cris de *Vive la République!*

CLUB DE LA RÉVOLUTION,

ÉLYSÉE-MONTMARTRE.

Séance du 14 décembre.

Le club de la *Révolution* tient ses séances à l'Élysée-Montmartre. Il a des membres actifs et des membres passifs. Les premiers seuls ont le droit de participer à l'élection des membres du bureau, et d'assister aux réunions privées du club. Chacun d'eux est pourvu d'une carte nominative. On ne peut être membre actif du club de la *Révolu-*

tion qu'à la condition de signer une profession
de foi révolutionnaire et d'être agréé par l'assemblée générale. La profession de foi se résume en
quelques articles. Comme but politique, le club
se propose l'établissement de la République universelle ; comme but économique et social, l'é-
quivalence des fonctions ou le « collectivisme » ;
comme moyen, la révolution et la Commune; comme
principes dirigeants ou régulateurs, la raison et
la « morale une et indivisible ». Le club a adopté
en outre le calendrier républicain. Ce soir, le président ouvre la séance du 24 frimaire an LXXIX
au cri de *Vive la Commune!* et il procède à l'appel nominal des « membres actifs ». 68 sur 261
répondent à cet appel. Le secrétaire donne lecture du procès-verbal de la séance précédente ; le
président annonce ensuite que des négociations
actives sont engagées avec les autres clubs du
18e arrondissement, et en particulier avec le club
révolutionnaire de la *Reine-Blanche*, pour établir entre eux un lien fédératif. Les progrès de
la réaction dans l'arrondissement ont contribué à
aplanir les difficultés que cette union des clubs
avait d'abord rencontrées ; une réunion privée a été
convoquée demain à la *Reine-Blanche* pour la
sceller d'une manière définitive. Le président
signale comme une preuve manifeste des progrès de
la réaction l'obligation que le propriétaire de la

salle du club de *Vengeance* a imposée au bureau
d'échanger cette dénomination révolutionnaire contre le titre anodin de *club de la Liberté*, et d'élever
le droit d'entrée de 10 à 15 cent. Mais le but essen-
tiel que poursuit la « fédération des clubs », c'est
l'établissement de la Commune. La liste des candidats à la Commune pour le 18ᵉ arrondissement est
déjà faite (l'orateur néglige d'ajouter par qui); il
en donne lecture; en tête de cette liste figure naturellement le citoyen Blanqui, puis viennent divers
inconnus, dont quelques-uns sont membres de
l'*Association internationale des travailleurs*. Les
noms de ces futurs membres de la Commune sont
acclamés par l'assemblée. L'orateur ajoute encore
quelques explications à celles qui ont été données
dans les séances précédentes sur la mission de la
Commune. Elle n'entend point, comme le prétendent ses calomniateurs réactionnaires, s'imposer à
la France. Non! elle sera exclusivement parisienne.
Mais en sauvant Paris, et avec Paris la France, elle
aura le droit de faire ses conditions aux départements. S'ils voulaient, par exemple, lui imposer
une restauration monarchique, n'aurait-elle pas
le droit de la repousser (c'est évident!) et au besoin
de maintenir debout la République parisienne, en
présence de la réaction départementale? L'orateur
est persuadé, du reste, que l'ascendant moral de
la Commune sera tel, qu'on n'aura pas besoin

de recourir à ces extrémités. (*Applaudissements.*)

Plusieurs questions sont à l'ordre du jour. Un orateur appelle d'abord l'attention de l'assemblée sur la question du pain. Il y a, dit-il, des boulangers qui refusent par cupidité de fabriquer le pain nécessaire à la consommation. Avant la taxe, ils gagnaient 20 ou 22 fr. par sac de farine; ils ne gagnent plus aujourd'hui que 12 ou 15 fr. Cela ne leur suffit pas; et voilà pourquoi ils ferment leurs boutiques. Eh bien, qu'avons nous à faire pour ramener à la raison ces industriels cupides? Il faut aller chez eux, en nombre, et s'ils refusent d'ouvrir, il faut enfoncer leurs portes, mettre la main sur les sacs de farine dans les endroits secrets où ils les cachent, et les obliger, séance tenante, à allumer le four et à cuire le pain. (Ce procédé expéditif et révolutionnaire est vivement acclamé; en effet, si l'on enfonce les portes des boulangeries, il est clair que les boulangers ne pourront plus les fermer; mais y aura-t-il encore des boulangers?) Un second orateur se plaint de ce que le gouvernement se soit arrêté dans la voie des réquisitions; il faut l'y pousser, et il cédera, bon gré, mal gré, à la pression des clubs, comme il y a déjà cédé quand nous lui demandions l'ajournement des élections pour l'Assemblée, l'armement général et la levée en masse. Un troisième remercie ironiquement le gouvernement du conseil qu'il donne aux gardes nationaux de se vêtir chau-

dement, avec de bonnes vareuses, des caleçons et
des ceintures de flanelle; seulement, il ferait bien
d'ajouter les vêtements aux conseils (*applaudisse-*
ments) et de requérir les étoffes dans les magasins où
elles sont entassées. Les sociétés ouvrières se charge-
raient volontiers de les confectionner. (*Nouveaux*
applaudissements.)

Enfin, on aborde les questions générales. Un
orateur continue le commentaire qu'il a commencé
hier de la « Déclaration des Droits de l'homme »
de Maximilien Robespierre. Tous les peuples sont
frères, dit-il, mais à la condition qu'ils soient républicains. On ne peut pas admettre qu'un peuple
se prostitue à la monarchie, et lorsque la République
sera proclamée partout, les nations républicaines
devront s'allier pour empêcher qu'aucune d'elles ne
retourne à la monarchie. (Cette assurance mutuelle
des républiques est acclamée à *l'Élysée-Montmartre*
comme une idée neuve; mais n'est-elle pas une
vieille connaissance pour nos lecteurs? l'Europe
monarchique et absolutiste ne l'a-t-elle pas prati-
quée sous le nom de « Sainte-Alliance? » Hélas!
il n'y a rien de nouveau sous le soleil.) Un débat
animé et prolongé s'engage encore sur la question
religieuse. Deux orateurs se prononcent pour la suppression de toute espèce de culte. Un troisième s'é-
lève contre l'emploi de la force en cette matière, et il
cite, comme exemple de l'inefficacité des persécu-

tions religieuses, la révocation de l'édit de Nantes;
mais il est en parfait accord avec ses contradicteurs
sur l'immoralité des religions et en particulier du
catholicisme. Il va même plus loin qu'eux, et il
voudrait que toutes les églises fussent transformées
en clubs. Il est à tel point convaincu que la religion
est une peste morale, qu'il considère certains lieux
dont il est fort question dans les satires de Mathu-
rin Regnier comme moins nuisibles à la moralité
publique que les maisons religieuses. En suivant
le même ordre d'idées, il propose à l'auditoire
divers cas de conscience qui auraient pu figurer
avec honneur dans *les Provinciales*. Premier cas.
Un jeune homme « libre penseur » peut-il se
marier à l'église? — Réponse : Oui, mais à la condition de stipuler que les enfants à naître de ce
mariage ne seront pas baptisés. Second cas. Une
femme qui va à confesse à l'insu de son mari ne
l'outrage-t-elle pas plus gravement qu'elle ne
pourrait le faire en commettant une infidélité con-
jugale, et cette sorte d'offense ne doit-elle pas être
plus sensible à un libre penseur que ne pourrait
l'être l'autre? L'orateur, nous allions dire le casuiste
de *l'Élysée*, penche pour l'affirmative. (*Chuchotements des citoyennes.*) Un auditeur se lève en faisant
remarquer que cette question ne lui semble pas se
rattacher directement à celle de la défense nationale. On prie cet interrupteur incommode de sortir.

(Un commissaire orné d'un brassard rouge le conduit poliment à la porte.) Il est près de dix heures.
Le président prie les membres actifs de ne pas
quitter la salle, car il a une communication à leur
faire, puis il lève la séance publique au cri de
Vive la Commune!

CLUB DES FOLIES-BERGÈRE.

Séance du 16 décembre.

Les clubs deviennent rares. Hier soir, le club
des *Porcherons*, rue Rochechouart, était fermé, et
la salle du ci-devant club de la *Vengeance*, trans-
formé en club de la *Liberté*, sous l'influence
néfaste de la réaction, avait repris sa destination
primitive de café-concert. On y chantait le *Tocsin
des tyrans*; mais quoique le prix des consommations
eût été diminué (il s'agit, hélas! de consommations
à l'état liquide), « le Tocsin des tyrans » tintait
dans le vide. A la *Reine-Blanche*, les membres
actifs des « clubs révolutionnaires » du 18e arrondissement étaient seuls admis sur la présentation
de leurs cartes; ce n'est plus un club, c'est un
conciliabule. Ah! si « les réactionnaires » en faisaient autant, que ne dirait-on pas à Belleville, et
même à la *Reine-Blanche?* La difficulté des commu-

nications est bien pour quelque chose dans cette
décadence des clubs, car on ne saurait admettre
que leurs orateurs soient devenus moins éloquents,
et que le public ait fini par les trouver monotones. Mais c'est maintenant tout un voyage
d'aller aux barrières, où les clubs les plus nota-
bles ont élu domicile. Les omnibus ne partent
plus que tous les quarts d'heure, et le dernier
départ a été avancé de deux heures. Des voitures,
on n'en voit plus guère; de loin en loin, dans
la pénombre des rues plongées dans les « ténèbres visibles » que nous a faites le rationnement
du gaz, s'avance péniblement un fantôme de cheval,
dont on tirera demain peut-être des fantômes
d'entre-côtes et de filets sautés. De rares passants
se glissent d'un pas furtif dans ces « longs corridors
sombres » qui étaient, il y a quelques mois à peine,
des avenues pleines de lumière, de mouvement et
de bruit. Triste! triste! Dans la salle des *Folies-
Bergère* cependant, le public afflue comme d'habitude, — un public singulièrement mêlé, car nous
sommes ici non loin du trottoir du boulevard
Montmartre; — mais l'éclairage est rationné
comme partout, et l'on n'aperçoit les orateurs qu'à
travers une vapeur épaisse produite par le dégel,
sans oublier quelques centaines de pipes et de
cigares en pleine activité. Une foule de questions
sont à l'ordre du jour. On s'occupe d'abord de

l'indemnité réclamée pour les maires et les adjoints. Un orateur propose de leur allouer 1 fr. 50 c. par jour comme aux gardes nationaux. Cette proposition est accueillie avec enthousiasme ; la question finit toutefois par être sérieusement discutée, et le principe de l'indemnité trouve d'assez nombreux partisans ; mais sur l'observation d'un orateur que, les maires et les adjoints ayant été nommés sous le régime de la gratuité, ils étaient bien avertis qu'il s'agissait de fonctions gratuites et non de places rétribuées, l'assemblée proteste contre l'indemnité et elle charge le bureau de communiquer sa protestation au gouvernement. Vient ensuite la grosse question des réquisitions et du rationnement. Une proposition en faveur du réquisitionnement général des subsistances et même des vêtements avait été déposée avant-hier ; mais cette mesure radicale n'est que faiblement soutenue par son auteur, et elle est énergiquement combattue aux applaudissements de la grande majorité de l'assemblée. A ce propos, on agite la question de savoir s'il y aura toujours des pauvres et des riches. — Il y en aura toujours sous la monarchie, s'écrie un orateur, mais sous la République, c'est bien différent ! (*Une voix :* Oui ! il n'y aura plus que des pauvres. *Protestations. Tumulte.*) Un autre orateur, plein de bon sens celui-là, déclare que la forme du gouvernement ne fait rien à l'affaire ; qu'il y a des pauvres et des riches aux États-Unis et en Suisse sous la République, aussi bien qu'en Angleterre et en Belgique sous la monarchie ; il ajoute que le communisme est un état contre nature, et que l'inégalité des conditions renferme un stimulant qui pousse chacun à avancer pour rattraper son voisin plus intelligent, plus laborieux et plus heureux ; que le nivellement communiste arrêterait tout progrès. (*Applaudissements énergiques et prolongés.*)

Le débat se traîne sans offrir grand intérêt, quand apparaissent deux délégués du club de *Belleville*, les citoyens Bologne et Gaillard. Ils viennent proposer à l'assemblée d'appuyer une motion du club *Favié* en faveur de la réquisition universelle et du rationnement général et obligatoire. Le citoyen Bologne fait l'éloge du patriotisme et du courage qui caractérisent particulièrement les habitants de Belleville. (*Voix* : Ils n'en ont pas le monopole ! Et les tirailleurs !) Le citoyen Bologne finit par se fâcher, et sa colère devient malheureusement contagieuse ; de très-gros mots sont échangés entre les orateurs et même les simples auditeurs des *Folies-Bergère* et le député de Belleville. Un citoyen déclare qu'un de ses amis, excellent républicain, a cessé de fréquenter le club *Favié*, parce qu'il avait peur, disait-il, d'y devenir réactionnaire. (*Rires et applaudissements.*) Le citoyen Falcet, tout en faisant l'éloge du patriotisme de Belleville, dénonce les « meneurs » qui

ont poussé l'honnête, mais trop excitable population
de ce faubourg à commettre l'attentat du 31 octobre. (*Applaudissements redoublés.*) Les délégués de
Belleville font des gestes d'indignation; le calme
renaît cependant peu à peu, et le délégué Gaillard
explique le système de réquisition et de rationnement tel qu'on l'entend à Belleville; on réquisi-
tionnerait toutes les subsistances chez les particuliers aussi bien que chez les marchands; puis on
les distribuerait, par « rations égales », gratis aux
pauvres, contre argent aux riches. Le délégué
Gaillard ajoute que, si ce système n'est pas mis en
vigueur sans retard, la population se soulèvera
avant quinze jours. (*Protestations; tumulte inexprimable.*) Le délégué Bologne, qui a sur le cœur
l'expression de « meneur » que lui a décochée le
citoyen Falcet, adresse à ce dernier les personna-
lités les plus offensantes; le citoyen Falcet réplique
avec non moins d'énergie. L'auditoire applaudit à
tout rompre le citoyen Falcet, et c'est ainsi que se
termine la mission fraternelle des délégués de Belleville auprès du club des *Folies-Bergère.* Ah! on
ne sera pas content au club *Favié!*

CLUB FAVIÉ,

A BELLEVILLE.

Séance du 19 décembre.

On demande plus que jamais « la Commune » à Belleville. Et comment ne la demanderait-on pas? Il a été demontré ce soir au club *Favié* que la Commune a sauvé la République et la France le 31 octobre, quoiqu'on n'ait pas réussi à l'avoir ; que serait-ce donc si on l'avait eue? Si Belleville n'avait pas fait le 31 octobre, s'est écrié un orateur, aux applaudissements de l'assemblée, les réactionnaires et les traîtres auraient conclu un armistice, la paix serait faite et la République serait perdue : Trochu aurait reçu 30 millions et Favre 20 millions. C'est le 31 octobre qui a donné l'impulsion à la résistance en obligeant le gouvernement à sortir de son inaction, mais ce gouvernement de réactionnaires et de jésuites n'en a pas moins commis faute sur faute et trahison sur trahison. — Ici la tirade suffisamment connue de nos lecteurs sur les méfaits de tout genre dont le gouvernement s'est rendu coupable. — Parmi ces méfaits, il en est un cependant dont nous l'entendons accuser pour la première fois; il s'agit de sa « rapacité ». L'orateur affirme que chacun des membres du gouvernement se fait allouer une indemnité de 60,000 fr. à laquelle vient s'ajouter un traitement de 100,000 fr. que touchent religieusement ceux qui sont ministres. (*Marques d'indignation.*) L'orateur cite, en manière de contraste, les grands conventionnels de 93, qui venaient déposer sur l'autel de la patrie leurs économies nouées dans le coin de leur mouchoir. (*Applaudissements.*) Mais le plus grand crime du gouvernement, c'est d'avoir livré la République à la réaction, et laissé les armées sous le commandement des généraux bonapartistes. Si l'armée de la Loire n'avait pas eu à sa tête un d'Aurelle et un Bourbaki, un Bourbaki surtout que *le Siècle* lui-même, qui n'est certainement pas un journal républicain (*voix :* Ah ! non, par exemple !), accusait d'être le complice du traître Bazaine, si l'armée de la Loire avait été commandée par des généraux républicains comme on en avait en 93, Paris serait déjà débloqué. (*Nouveaux et énergiques applaudissements.*) Voilà pourquoi nous avons besoin de la Commune ; elle nous rendra 93, et 93 nous rendra la victoire. (*Voix dans l'auditoire :* Oui ! il nous faut la guillotine en permanence !) — Un autre orateur pense que la Commune n'est pas moins nécessaire au point de vue politique. — Vous n'ignorez pas, dit-il, que les intrigues diplomatiques vont leur train ; en ce moment, de Beust et Clarendon sont assis autour d'un tapis vert, et ils s'occupent de nous donner un roi (*mouvement d'indignation et rires ironiques*) ; mais celui-là, je le plains (*rire général*) ; ce sera un second Maximilien. (*Nouveaux applaudissements.*) Seulement il nous faut un gouvernement vraiment républicain pour déjouer ces intrigues monarchiques (*c'est vrai!*), il nous faut la Commune (*tonnerre d'applaudissements*) ; et quand nous aurons la Commune, c'est-à-dire la République, les États-Unis, qui hésitent encore à venir à notre aide, parce qu'ils ne savent pas si nous sommes une république, ou une suite de l'empire, les États-Unis seront avec nous, et leur exemple entraînera l'Angleterre, la « juive » Angleterre, à cause de son commerce. (*Assentiment général*). Un troisième orateur consent à donner encore quinze jours à Trochu pour débloquer Paris. (Non! non! c'est trop! Huit jours! trois jours! quinze heures!) La majorité modérée de l'auditoire paraît incliner du côté du délai de huit jours, malgré les protestations énergiques et persistantes d'un certain nombre d'interrupteurs. L'orateur se range à l'opinion de la majorité, et il ajoute que, si Paris n'est pas débloqué dans huit jours, il faudra marcher en masse sur l'Hôtel de ville. (Oui, oui, c'est entendu!)

Cependant il s'agit de savoir comment on constituera la « Commune ». On peut, dit un orateur, recourir à trois modes de nomination différents :

1° on peut faire élire les membres de la Commune
dans chaque arrondissement ; mais il est bien clair
qu'avec ce mode d'élection la Commune ne man-
querait pas d'être confisquée par les réactionnaires
et les jésuites, les Thiers et les Jules Favre (non !
non ! il n'en faut pas !) ; 2° on peut les faire élire
au scrutin de liste ; et dans ce cas, les républicains
pourraient avoir la majorité. Ils l'auraient, si on
consulte les chiffres du plébiscite de mai ; en revanche, ils ne l'auraient pas, si l'on consulte les
chiffres du plébiscite de novembre. Or il faut son-
ger que les destinées de la France et de la civilisation sont en cause en ce moment. Peut-on les abandonner aux hasards d'un scrutin ? On ne le peut
pas, cela est évident ! Il faudra donc recourir au
troisième mode de nomination, c'est-à-dire à l'élection par voie révolutionnaire. Il faudra que nous
choisissions nous-mêmes quatre-vingts républicains purs, qui formeront la Commune et qui sauveront la République, comme on l'a sauvée en 93.
(Oui, oui, c'est cela ! la Commune révolutionnaire !)
— Que ce troisième procédé soit le plus sûr de
tous, et même le seul qui offre quelque sécurité
aux vrais républicains, un orateur s'est chargé de
le démontrer surabondamment, en entretenant l'assemblée de la triste situation de la presse véritablement républicaine. C'est un fait curieux et
douloureux à la fois, dit-il, que plus les journaux

sont réactionnaires, plus ils ont de lecteurs ; plus ils sont « bons », au contraire, moins ils se vendent. Quels sont maintenant nos journaux, à nous? Il y a *le Rappel*, qui se vend un peu plus que les autres; mais *le Rappel* n'a pas de principes, il n'a que des phrases. (*Applaudissements et rires.*) Il y a encore *le Combat* et *le Réveil*, qui sont des journaux respectables et vraiment républicains; mais sont-ils à notre hauteur? (Non ! non !) Nous n'avions en réalité qu'un seul journal, *la Patrie en danger*, et il est mort. Et pourtant, il y a bien 50,000 démocrates à Paris; mais ils sont trop mous. (C'est vrai !) *La Patrie en danger* tirait à 5,000; comptez 1,000 exemplaires qui étaient achetés tous les jours par les réactionnaires; il en reste 4,000 pour les vrais démocrates. Nous ne serions donc que 4,000... Il est vrai que si nous n'avons pas le nombre, nous avons l'intelligence et la foi; mais il nous faut un organe. *La Patrie en danger* est morte; il faut qu'elle renaisse. (*Voix dans l'assemblée : Elle renaîtra!*) Elle renaîtra, si vous voulez; mais nous avons besoin d'argent pour la faire renaître. L'orateur rappelle qu'une souscription a été ouverte dans une précédente séance pour ressusciter *la Patrie en danger*. Cette souscription a produit 26 fr. 30 c. le premier jour, et 12 fr. 80 c. le second jour, plus encore 3 fr. 40 c. recueillis parmi les membres du bureau; total, 40 fr. 50 c. Ce chiffre étant notoirement insuffisant, l'orateur demande qu'une quête ait lieu à la fin de chaque séance en faveur de *la Patrie en danger*. Cette proposition est adoptée par acclamations. L'orateur conclut en faisant l'éloge, nous devrions dire l'apothéose du citoyen Blanqui, le seul écrivain démocrate, ajoute-t-il assez singulièrement, qui soit resté pur depuis Jean-Jacques Rousseau. Blanqui et Garibaldi, voilà les deux hommes qui sauveront la République ! (*Applaudissements enthousiastes*.) A l'issue de la séance, deux quêteurs présentent avec acharnement leurs sébiles aux citoyens qui viennent de faire une manifestation si énergique et si unanime en faveur de *la Patrie en danger*, mais il se fait tard, et les citoyens paraissent très-pressés de rentrer chez eux ; les gros sous n'affluent pas dans les sébiles, et nous avons peur que *la Patrie en danger* ne ressuscite pas de sitôt.

CLUB DE LA REINE-BLANCHE.

Séance du 20 décembre.

Au club de la *Reine-Blanche*, boulevard de Clichy, la réunion est nombreuse et agitée. On y dénonce beaucoup, car la délation, qui est un vice sous la monarchie, est une vertu sous la République.

et tous les citoyens sont tenus de la pratiquer
comme un devoir civique et social. Première dénonciation : Un citoyen a accusé, dans une séance
précédente, le citoyen Clémenceau, maire du 18e arrondissement, de réaliser un bénéfice illicite de
5,000 francs par jour sur la vente de la viande et
des autres denrées dans les boucheries. Le club a
envoyé une députation au maire Clémenceau pour
l'inviter à se justifier. Il est résulté des explications
du maire que la municipalité réalise en effet un
bénéfice sur la vente dans les boucheries, car, au
lieu d'allouer aux bouchers l'indemnité de 20 centimes par kilogramme que leur attribue le décret
relatif aux boucheries municipales, elle leur paye un
salaire, à eux et à leur personnel. (Qui aurait cru
qu'un maire démocrate et socialiste s'aviserait de
rétablir le « salariat » dans son arrondissement?
Que deviennent donc les principes?) Ajoutons tou-
tefois·que la caisse municipale ne se trouve pas trop
mal de cette dérogation aux principes. Elle réalise
de ce chef une économie qui n'est pas de 5,000
francs, à la vérité, mais qui vaut cependant la peine
d'être faite : 700 francs environ qui servent à allé-
ger les souffrances des nécessiteux, ce que le maire
offre de justifier. L'incident est vidé, et on passe à
la seconde dénonciation. Un citoyen garde national
dénonce nominativement trois jeunes « messieurs »
célibataires, âgés de moins de trente ans, qui ne

font partie ni de l'armée, ni de la garde mobile, ni
des bataillons de marche. L'un de ces jeunes messieurs est le fils du banquier H..., qui est dénoncé
par surcroît comme un agioteur et un exploiteur.
(*Interruption.* Parbleu ! tous les banquiers sont des
agioteurs et des exploiteurs. *Applaudissements.*)
Cependant un autre citoyen garde national s'élève
contre ces révélations, qu'il va jusqu'à qualifier
de « délations ». « Si des citoyens, dit-il, essayent
de se soustraire frauduleusement aux obligations
du service militaire, ils commettent un crime
(*bravos*); mais, en ce cas, il faut s'assurer scrupuleusement du fait, et ce n'est pas au club, mais
bien à la mairie qu'il faut le signaler. » (*Applaudissements; murmures.*) Un orateur à longue barbe,
et dont la voix a des notes extrêmement perçantes,
dénonce cet adversaire des dénonciations comme
un réactionnaire avéré. Protestation énergique du
prétendu réactionnaire; il dénonce à son tour l'o-
rateur à longue barbe comme un calomniateur non
moins avéré. Plusieurs autres orateurs se succèdent encore pour dénoncer, celui-ci « les brancardiers », qui sont pour la plupart des hommes
robustes et vigoureux dont il faudrait faire des soldats, sauf à les remplacer par les éclopés et les
bossus (l'orateur oublie les culs-de-jatte); celui-là,
les Frères de la Doctrine chrétienne, qui enterrent
les morts, et dont il ne veut dire aucun mal, mais

qui seraient beaucoup mieux à leur place dans les rangs de l'armée ou de la mobile avec un fusil sur l'épaule. (*Applaudissements.*) Un orateur, qui a été aujourd'hui même en députation chez M. Clément Thomas, dénonce naturellement M. Clément Thomas, un général que l'on a tiré des « oubliettes » pour le mettre à la tête de la garde nationale, et qui ne lui a pas permis de placer un mot dans la conversation. (*Rires.*) Un autre dénonce la « discipline ». « C'est une armée disciplinée, dit-il, qui a capitulé à Sedan ; ce sont des armées indisciplinées qui ont sauvé la France en 92. Comment veut-on qu'un républicain se laisse asservir à l'esclavage de la discipline ? » (*Applaudissements ; quelques protestations.*)

Enfin tous les orateurs s'accordent pour dénoncer le gouvernement, qui trahit décidément la République. L'un d'eux signale comme une preuve notoire de trahison la nomination de l'intendant qui avait approvisionné Sedan. (*Long murmure d'indignation.*) Un second appelle l'attention de l'assemblée sur la Note du *Journal officiel* de ce matin. « Le gouvernement, dit-il, nous annonce qu'il est prêt à combattre ou à traiter de la paix à des conditions honorables. (*Nouveaux et violents murmures.*) Est-ce là le langage d'un gouvernement républicain ? (Non ! non ! C'est le langage de la trahison !) Un gouvernement républicain doit décréter la victoire ou la

mort. » (Oui! oui! *Tonnerre d'applaudissements*.)
L'orateur à longue barbe, qui reparaît fréquemment
à la tribune, déclare que le gouvernement aurait
dû, s'il avait voulu sérieusement défendre la République, décréter la levée en masse de tous les
hommes de dix-huit à soixante ans, à l'exception de ceux qui sont infirmes ou affligés d'une
excessive obésité. L'orateur étant d'une corpulence
respectable, quelques auditeurs l'interpellent avec
vivacité ; il proteste avec énergie contre l'interpré-
tation injurieuse pour son patriotisme et son courage que les interrupteurs paraissent donner à ses
paroles. Il a juré, ajoute-t-il, et il en prend l'assemblée à témoin, de ne point survivre à l'entrée
des Prussiens dans Paris (*tonnerre d'applaudissements*); mais il faut les empêcher d'y entrer, et
pour cela il faut combattre avant que la faim n'ait
affaibli nos corps et émoussé nos courages. Nous
donnons au gouvernement huit jours pour nous débloquer. (Non! non! c'est trop! pas huit jours,
quarante-huit heures!) Le délai de quarante-huit
heures paraît rencontrer l'assentiment unanime
de l'assemblée. Le délai écoulé, on devra se porter
en masse sur l'Hôtel de ville, à la suite des maires
républicains revêtus de leur écharpe, et y proclamer la Commune. (Oui! oui! *Applaudissements
prolongés*.) Un membre du bureau apprend à l'assemblée que les membres de la Commune pour le

17ᵉ arrondissement viennent d'être nommés par les
soins du comité de vigilance. (*Cette nouvelle est accueillie par les acclamations de l'assemblée.*) Trois
autres arrondissements s'étaient déjà mis en règle,
et il y en a plusieurs où la besogne est en train de
se faire. Un dernier orateur, qui arrive de l'*Élysée-
Montmartre*, annonce qu'on y a décidé que la Commune adopterait le drapeau rouge. (*Mouvements
divers.*) L'orateur saisit cette occasion pour réha-
biliter la couleur rouge que les réactionnaires ont
calomniée. « Le rouge, dit-il, est la couleur du soleil, du feu, de la nature et de la civilisation. Dans
les religions de l'antiquité (*marques d'étonnement*;
murmures), le rouge est la couleur divine. Les
Guèbres adorent le rouge, et si vous consultez les
étymologies des langues orientales, vous trouverez
que la même expression signifie à la fois *rouge* et
beau; dans les langues slaves, par exemple, *krassné*,
rouge, est synonyme de beau. » L'orateur explique
encore, à cette occasion, le mythe de Prométhée,
qui avait dérobé le feu du ciel, c'est-à-dire qui
avait enseigné aux hommes l'art de faire du feu, et
qui les avait fait passer ainsi de la phase animale
à la phase sociale. Le rouge, couleur du feu, est
donc aussi l'emblème de la civilisation. Apollon...
(*Ici l'auditoire manifeste une certaine impatience.*)
L'orateur passe en conséquence à la Révolution
française, et il explique que, dans le drapeau trico-

lore, le blanc signifiait le roi; le bleu la loi, et le rouge le peuple. Eh bien, nous n'avons plus le roi, et c'est le peuple qui fait la loi. Le rouge est donc la couleur naturelle du drapeau de la République. (*Cette explication ingénieuse est favorablement accueillie, quoique sans enthousiasme.*) Le président y ajoute, dans un langage moins élevé, mais plus accessible, que le rouge ne fait plus peur aujourd'hui qu'aux bestiaux et aux dindons. (*Rires et applaudissements.*) La séance est levée aux cris redoublés de *Vive la Commune!* A la porte on quête pour « le fusil à eau chaude », mais cet engin destructeur, destiné à vomir des balles, ne semble pas attirer les gros sous.

CLUB FERMÉ DE LA RUE DE CHARONNE.
CLUB DES MONTAGNARDS,

BOULEVARD DE STRASBOURG.

Séance du 21 décembre.

Les clubs révolutionnaires n'ont qu'un goût des plus modérés pour la publicité. A *l'Élysée-Montmartre* et à la *Reine-Blanche* il y a deux sortes de séances, les unes publiques comme dans les clubs « réactionnaires », les autres secrètes; seuls, les membres actifs qui ont adhéré au programme du club sont admis, sur la présentation de leur carte nominative, à ces conciliabules. Au *club révolutionnaire* de la rue de Charonne, 100, on a encore perfectionné ce système : il n'y a plus que des séances secrètes. Ce soir, notamment, la consigne était des plus sévères. Il fallait absolument montrer « patte blanche », et voilà pourquoi nous ne pouvons rien dire de ce qui s'est passé au *club révolutionnaire* de la rue de Charonne. Notons seulement pour mémoire que ce club fermé se tient au fond d'une cour obscure; on monte plusieurs escaliers escarpés et l'on se trouve dans une salle à demi éclairée, où se pressaient ce soir deux cents membres environ, presque tous en uniformes de gardes nationaux. On faisait l'appel nominal au moment où le « loup dévorant » que nous sommes essayait en vain de pénétrer dans ce bercail de la république démocratique et sociale. Et dire pourtant que nous sommes des « réactionnaires », et que ces démocrates à portes closes sont par excellence les apôtres du progrès ! Étonnant abus des mots !

Au club des *Montagnards*, boulevard de Strasbourg, 30, du moins les portes sont ouvertes, et même on y entend un bon discours. Le président, le citoyen Marchand, fait un appel énergique à la conciliation. Ce n'est pas le moment d'attaquer le gouvernement, s'écrie le citoyen Marchand d'un accent ému; c'est le moment de se serrer autour de lui et de l'aider de toutes nos forces à repousser l'ennemi. (*Triple salve d'applaudissements.*) Toutefois le citoyen Paulet fait ses réserves. Il veut bien consentir à suspendre son opposition; mais il n'a pas confiance dans le gouvernement (*murmures*) et il redoute un désastre. (*Protestations énergiques. — Violentes interruptions.*) Le citoyen Paulet insiste, et il déclare que le moment lui paraît venu, au contraire, de préparer l'avénement d'un pouvoir plus capable de sauver la patrie et la civilisation, autrement dit l'avénement de la Commune. (*Nouvelle interruption. Voix :* Vous nous divisez; vous prêchez la guerre civile!) Le citoyen Paulet conclut en demandant que le club des *Montagnards* demeure fidèle à son titre, et qu'il s'organise à l'instar des autres clubs révolutionnaires, — de manière à contribuer, pour sa part, au choix des membres de la Commune. Mais cette proposition n'obtient pas le moindre succès; les rumeurs de l'auditoire obligent l'orateur à abréger sensiblement son discours. Le citoyen Sans montre plus d'habileté; il annonce son départ, fréquemment annoncé, mais cette fois définitif, pour le théâtre de la lutte. (*Applaudissements prolongés.*) Il a la ferme confiance que nous serons vainqueurs; cependant, — il y a un cependant, — il faut tout prévoir. Si le gouvernement, malgré tout son bon vouloir et son courage, ne réussissait point à nous tirer d'affaire, il faudrait bien confier la défense de Paris à des mains plus capables et plus énergiques; il faudrait instituer un pouvoir qui n'hésitât point à faire marcher tout le monde contre l'ennemi, un pouvoir qui mît en vigueur le système des réquisitions et du rationnement général et obligatoire, en allant prendre les denrées alimentaires où elles sont, dans les caves et les garde-manger, de manière à permettre à Paris de lutter jusqu'au bout. Bref, c'est à la « Commune » que veut aboutir le citoyen Sans; seulement il l'appelle « le comité Carnot chargé d'organiser la victoire », et sous ce titre passablement entortillé, la Commune a fini par trouver grâce devant l'auditoire du club du boulevard de Strasbourg, mais ce n'a pas été sans peine !

CLUB DE L'ÉLYSÉE-MONTMARTRE.

Séance du 23 décembre.

Ce soir, à *l'Élysée-Montmartre*, la séance du 3 nivôse an LXXIX de la République, une et indivisible, s'est ouverte par un froid de plusieurs degrés au-dessous de zéro, car on avait totalement négligé de chauffer la salle. Le public était clairsemé, et le cri de *Vive la Commune!* qui inaugure les débats aux clubs de la démocratie socialiste comme la sonnerie du clairon donne le signal des batailles, n'a pas été poussé avec le nerf et l'entrain accoutumés. Cependant les affaires de la Commune sont en bonne voie. Non-seulement le *soi-disant* gouvernement de la défense nationale (style local) a comblé la mesure de ses méfaits et de ses trahisons, mais encore la Commune est en train de s'organiser dans la plupart des arrondissements. Dans le 18ᵉ, le *comité de vigilance* chargé de la préparer s'est entièrement reconstitué, et il a nommé dans une de ses dernières séances quatre délégués au « comité central républicain », qui sera appelé à jouer un rôle décisif quand le moment sera venu, — et il ne tardera guère, — de marcher sur l'Hôtel de ville. Seulement il faut se méfier des contrefaçons. Il y a de « fausses communes » qui essayent de s'insinuer dans la circulation. Un membre du bureau raconte à l'assemblée qu'il a été convoqué tout récemment à une réunion d'un certain « club républicain lyonnais », où l'on s'occupe aussi de constituer une commune; mais, au premier coup d'œil jeté sur la réunion, où affluaient les avocats et les hommes de lettres, il a reconnu qu'il ne s'agissait point de la vraie Commune, et il s'est retiré avant la fin de la séance. « C'est toujours la même histoire, citoyens : au moment où le peuple est sur le point de s'emparer

du pouvoir, des intrigants se faufilent derrière lui,
ils lui font tirer les marrons du feu et ils les cro-
quent. Mais cette fois le peuple est bien averti, et
nous ne nous laisserons pas escamoter notre Commune » (*Nous,* c'est-à-dire apparemment le comité
de vigilance du 18e arrondissement ou le comité
central républicain, car, pour les démocrates des
clubs, le peuple c'est nous, comme pour Louis XIV
l'État c'était *moi.*) Le peuple applaudit de confiance,
et l'on passe à une question palpitante d'actualité,
mais extrêmement délicate ; nous voulons parler
du retour inattendu du 32e bataillon de Montmartre, dans la journée d'hier. Il paraît que ce
retour un peu précipité a causé un vif émoi dans
le quartier. Les commères du boulevard Ornano ont
apostrophé les revenants à la manière des femmes
spartiates ; elles les ont accusés d'avoir éprouvé
près du champ de bataille une indisposition nulle-
ment héroïque, mais à laquelle toutefois Henri IV
lui-même était sujet, s'il faut ajouter foi aux *His-
toriettes* de Tallemant des Réaux. Ces propos mal-
séants des commères du boulevard Ornano ont-ils
quelque fondement ; ou bien le commandant
seul est-il coupable ; ou bien enfin le commandant
serait-il innocent, et la retraite précipitée du 32e
devrait-elle être attribuée à un dessein préconçu
de démoraliser la défense? Ces diverses hypothèses
ont été successivement agitées, et elles ont donné

lieu à un vif débat, entrecoupé de violentes interruptions. Un orateur a prétendu que les gardes nationaux du 32ᵉ n'auraient pas dû obéir à l'ordre de se replier sur Montmartre, en supposant que cet ordre leur ait été donné par leur commandant. Un interrupteur a ajouté que leur devoir le plus clair était de lui loger du plomb dans la cervelle. (*Applaudissements, protestations.*) Un autre a abordé, à cette occasion, la question, toujours pendante dans les clubs, des droits et des devoirs des citoyens soldats ou des soldats citoyens. Un soldat a-t-il le droit de raisonner les ordres qu'on lui donne, ou n'a-t-il que le devoir d'y obéir? L'orateur prétend qu'un soldat français et républicain ne peut se comporter comme une machine, et qu'il doit agir toujours suivant les inspirations de sa conscience. Cette thèse est réfutée, nous sommes charmé de le dire, avec beaucoup de vigueur et de bon sens par un autre orateur, ancien militaire, qui explique patiemment à l'auditoire qu'en permettant à chaque soldat de suivre les inspirations de sa conscience on s'exposerait à ce que la conscience des uns les poussât en avant, tandis que la conscience des autres les engagerait au contraire à se replier. Ce petit plaidoyer en faveur de la discipline est favorablement accueilli, et, qui le croirait? il est applaudi surtout par les citoyennes assez nombreuses dans l'assemblée. — On en revient ensuite à la « Commune ». Le citoyen Schneider examine ce que la « Commune » aura à faire dès qu'elle sera installée à l'Hôtel de ville, ce qui naturellement ne peut plus tarder. Elle devra d'abord s'occuper de chasser les Prussiens, c'est bien entendu ; mais on est généralement d'accord, à *l'Élysée-Montmartre* comme dans les autres clubs des barrières, qu'il suffira pour cela de sa seule présence. Les Prussiens chassés, la « Commune », comme tous les gouvernements de ce monde, aura besoin d'argent. D'après l'orateur, il lui en faudra moins qu'aux autres, parce qu'elle aura soin de décréter l'égalité des appointements et des salaires ; mais encore lui en faudra-t-il. Où le prendra-t-elle ? Elle le prendra dans différents endroits : d'abord dans les églises, où abondent les ornements d'or et d'argent dont elle fera de la monnaie ; elle pourra aussi transformer les cloches en gros sous, — s'il est bien reconnu toutefois que nous avons assez de canons ; enfin, elle confisquera les biens du clergé, des congrégations religieuses, des bonapartistes et des fuyards. Avec le produit de ces diverses confiscations, elle nourrira le peuple et elle commanditera des associations ouvrières qui remplaceront les patrons, les grandes Compagnies, et en particulier les Compagnies de chemins de fer, dont elle congédiera les actionnaires, les administrateurs et autres parasites. Bref, la Commune, la « vraie

Commune » (se méfier des contrefaçons et avoir l'œil sur le comité lyonnais), chassera les Prussiens et elle organisera la République démocratique et sociale. En conséquence, la séance est levée comme elle a été ouverte, au cri de *Vive la Commune!*

CLUB FAVIÉ,

A BELLEVILLE.

Séance du 23 décembre.

Le club est-il, en vertu de sa nature, une institution gratuite, sinon obligatoire? En d'autres termes, peut-on y entrer *gratis*, malgré l'opposition du citoyen préposé aux recettes? Telle était la question qui partageait ce soir l'auditoire du club *Favié*, à Belleville. Selon les uns, le club est le temple de la démocratie, et ce serait commettre un crime « social » que d'empêcher un prolétaire dépourvu de monnaie d'y entendre la parole vivifiante des apôtres de la révolution et du socialisme; selon les autres, le citoyen propriétaire *Favié* ayant conservé la mauvaise habitude de faire payer la location de sa salle, sans parler des frais d'éclairage et de chauffage (réclamations et rires des citoyennes qui battent activement la semelle pour suppléer à l'absence totale de combustible), et le *comité de*

vigilance, qui s'est chargé de l'organisation du club,
n'ayant point fait d'économies, il faut absolument
que les citoyens se résignent à couvrir les frais du
club ou à se passer du club. Un orateur remarque
en outre que ceux qui essayent de se soustraire au
payement de la modeste entrée de 10 c. se recon-
naissent à ce signe particulier qu'ils ont le nez
fortement rougi (*hilarité générale*); enfin le président déclare au nom du « comité de vigilance.»
que l'entrée sera désormais demandée sans être
exigée, et ce moyen terme, qui concilie « les principes » avec « les nécessités », satisfait tout le
monde. — Cet incident vidé, on aborde la question
de la défense nationale. Un orateur débute en
rappelant que c'est aujourd'hui la veillée de Noël,
et il raconte de quelle façon plantureuse les Anglais
fêtent le *Christmas.* Ce ne sont partout, dit-il, que
quartiers de bœuf, jambons, oies grasses, car
l'Angleterre est par excellence le pays des appétits
matériels. (Soupirs et gémissements à demi com-
primés sur les bancs des citoyennes.) A Berlin, on
célèbre aussi la fête de Noël; mais on ne sort pas
de chez soi, on reste en famille, et comme les
Prussiens sont très-dévots, on s'abstient de tout
travail depuis le samedi jusqu'au lundi. C'est pourquoi on a pu remarquer à Drancy que les batteries
prussiennes n'ont pas répondu aux nôtres. Eh bien,
nos généraux, qui devraient connaître les mœurs

des Prussiens, n'auraient-ils pas dû profiter de cette occasion pour faire une sortie en masse et nous débloquer? Cela nous aurait fait un joyeux Noël. (*Applaudissements et rires.*) Malheureusement, il devient chaque jour plus clair qu'on ne veut pas débloquer Paris et que Trochu ne songe qu'à faire une paix honteuse. — Un autre orateur déclare que Trochu est entouré d'ignorantins et de jésuites. Sous prétexte de relever les blessés et d'enterrer les morts, ces gens-là s'approchent des avant-postes prussiens, et ils leur communiquent des renseignements qu'ils tiennent de bonne source sur nos opérations militaires. Comment s'expliquer autrement que les Prussiens aient été prévenus à onze heures du soir de l'attaque du Bourget qui a eu lieu à deux heures du matin? Nous sommes trahis par les ignorantins et les jésuites, de conni- vence avec Trochu. (C'est évident! nous sommes trahis!) Un citoyen essaye de protester. On le traite de « mouchard », de « culotte de peau moi- sie », et, comme ces épithètes ne semblent point calmer ce perturbateur, on se le passe de main en main jusqu'à la porte.

La séance, un instant interrompue par ce châti- ment sommaire, est reprise, et un orateur établit entre la conduite de Gambetta et celle de Trochu un parallèle qui n'est pas à l'avantage de Trochu. Gambetta, dit-il, a organisé les armées de province; il a fait lever la France depuis les Alpes jusqu'aux Pyrénées; il n'a pas hésité à destituer le traître Aurelle de Paladines; enfin il a agi révolutionnairement. Qu'a fait Trochu? (*Murmures ironiques.*) L'orateur ne croit pas nécessaire d'insister sur les faits et gestes de Trochu; son incapacité, ses hésitations et ses trahisons ne sont que trop avérées. (C'est vrai! il nous fait mourir à petit feu!) Aussi quand Paris sera débloqué par l'énergie de la garde nationale, quand les deux fractions séparées du gouvernement se retrouveront en présence, il n'est pas difficile de prédire que Trochu devra céder le pas à Gambetta. — Un autre orateur, qui partage l'opinion du précédent à l'égard de Trochu, se sépare, en revanche, complétement de lui au sujet de Gambetta. Il est faux que Gambetta ait agi révolutionnairement. N'a-t-il pas dissous la Commune de Lyon? N'a-t-il pas donné un commandement au bonapartiste Bourbaki? On dit qu'il a destitué le traître d'Aurelle, soit! mais il l'a destitué après sa trahison. Est-ce ainsi qu'agissaient nos pères de 93? Marat n'attendait pas que Custine eût trahi pour le dénoncer. Marat faisait guillotiner les traîtres avant même que la pensée de la trahison eût germé dans leur esprit, et c'est ainsi que nos pères sauvèrent la République. (*Bruyantes acclamations.*) Un troisième orateur essaye de mettre les deux autres

d'accord en disant que Gambetta est révolutionnaire sans l'être; que c'est un ambitieux qui sert
la République parce qu'il se croit intéressé à la
servir, et qu'il faut lui rendre la pareille en se
servant de lui en attendant mieux. Cependant ce
moyen terme ne satisfait pas l'assemblée, et un
orateur, qui fait partie de la « Ligue garibaldienne
de la défense à outrance », répond d'une manière
plus correcte au sentiment général en déclarant
que le moment des atermoiements est passé; que
nos ennemis les plus redoutables ne sont pas
autour de Paris, mais dans Paris; que la situation
s'aggrave tous les jours; que les femmes et les
enfants meurent de froid et de faim, et qu'il est
temps d'en finir avec le gouvernement de l'incapacité et de la trahison. Au surplus, la Ligue de la
délivrance est en bonne voie d'organisation;
50 ou 60,000 citoyens seront bientôt prêts à marcher; une commune de 160 membres, à raison de
20 membres par arrondissement, sera installée à
l'Hôtel de ville; elle se divisera en comités spéciaux; il y aura un comité de la défense et du
débloquement qui nommera Garibaldi général en
chef, et un comité des subsistances qui se char-
gera de faire reparaître les jambons et les saucissons qui sont accumulés en quantités immenses
dans des endroits secrets; bref, la Commune agira
révolutionnairement, et elle sauvera la France et

la République comme elle les a sauvées en 93.
(*Tonnerre d'applaudissements.*)

Cependant le froid devient de plus en plus
piquant. Quoique l'orateur qui succède au membre
de la Ligue garibaldienne annonce qu'il se propose
de dévoiler la série des « turpitudes » du gouvernement de la défense nationale, l'auditoire déserte
en masse. On renvoie donc à la prochaine séance
la divulgation des turpitudes du gouvernement.

CLUB DE LA REINE-BLANCHE.

Séance du 26 décembre.

Au club de la *Reine-Blanche*, la séance est inau-
gurée aujourd'hui comme d'habitude par quelques
menues dénonciations; on dénonce nominativement (*le nom et la rue, sans oublier le numéro*) une
dame qui nourrit ses quatre chiens avec du pain
(*murmures d'indignation*); le président en dénonce
une autre, qu'il s'abstient toutefois de nommer,
qui faisait queue à l'intention de ses chiens et de
ses chats. On dénonce encore un conducteur de la
Compagnie des omnibus qui a fait payer place entière à un artilleur de la garde nationale, sous le
prétexte qu'il n'avait pas son fusil; mais le fusil
des artilleurs, c'est un canon; faut-il donc appor-

ter son canon avec soi pour avoir droit à la demi-
place? (*Hilarité.*) Au surplus, la Compagnie des
omnibus est privilégiée, et on ne doit lui savoir
aucun gré des prétendues faveurs qu'elle accorde
d'une main avare aux gardes nationaux. Un orateur
la compare aux prêtres et aux frères ignorantins
qui vont relever les blessés et enterrer les morts;
ce n'est pas l'humanité qui les guide, c'est tout
bonnement l'intérêt; ces gens-là veulent conserver
leurs priviléges, voilà tout. (*Applaudissements.*)
On dénonce enfin le général Clément Thomas et
son état-major, qui se pavanent dans les apparte-
ments somptueux du palais de l'Élysée, où ils
prennent leurs aises et où ils ont même fait placer
de nouveaux billards. (*Murmures d'indignation.*)
Mais le général Clément Thomas, ce « vieux réactionnaire infect de 1848 », comme le nomme un orateur, a commis des crimes plus notoires; il a voulu
déconsidérer la garde nationale en accusant certains
bataillons, composés précisément des meilleurs
républicains, de s'être repliés avec trop de précipi-
tation et d'avoir manqué de discipline; il l'a désor-
ganisée en s'attribuant la nomination des lieute-
nants-colonels et en reconstituant à sa façon les
conseils de famille. En conséquence, le club de la
Reine-Blanche accueille avec acclamation une résolution du club de *l'École de médecine* qui lui
est apportée par le citoyen Maurice Joly et qui a

pour objet de réclamer le retrait des décrets relatifs à la nomination des officiers supérieurs et aux conseils de famille, ainsi que la destitution du général Clément Thomas.

On aborde ensuite la question politique. Le citoyen Maurice Joly a la parole. Il n'est point, dit-il, l'adversaire du gouvernement; il ne croit point que le gouvernement soit composé de traîtres. (Si! si!) Mais il le considère comme profondément et radicalement incapable. Que veut-il et où va-t-il? Il n'en sait rien lui-même. On a fait grand bruit depuis trois mois du plan du général Trochu; mais ce plan, qui est déposé chez un notaire comme un testament (*hilarité générale*), où nous a-t-il conduits? Nous sommes investis aussi étroitement que jamais, et les munitions de bouche diminuent tous les jours. On a annoncé que nous serions délivrés par les armées de province; eh bien, que sont devenues les armées de province? L'armée de la Loire a été coupée en deux, et, à moins que l'armée du prince Frédéric-Charles ne soit submergée par les inondations combinées de la Loire et du Cher, comment Chanzy et Bourbaki viendraient-ils à notre secours? On nous leurre perpétuellement d'espérances qui ne se réalisent jamais. A Paris même, qu'a-t-on fait? On a livré sans résultat les batailles sanglantes de Villiers et de Champigny; on a essayé de reprendre le Bourget; aujourd'hui on suspend les opérations à cause de la gelée, comme si nos pères n'avaient pas fait sur la glace la campagne de Hollande, comme si nous n'avions pas assiégé Sébastopol pendant l'hiver! Avons-nous donc dégénéré au point de ne pouvoir plus supporter le froid quand il s'agit de sauver la patrie? Savez-vous ce que disent les « malveillants? » — et l'orateur a soin de déclarer, du reste, qu'il ne partage point leur opinion; — ils disent que le gouvernement veut nous conduire tout doucement à la capitulation. (*Violents murmures.* C'est vrai!) Il veut nous fatiguer, nous démoraliser par son inaction et ses tergiversations continuelles, de telle façon qu'un jour la population, lassée et épuisée, vienne elle-même le solliciter de capituler. (*Mouvement général.*) Voilà ce qu'on commence à dire partout. L'orateur ne croit point que le gouvernement agisse ainsi à dessein. (Si! si! Il nous trahit! Il veut capituler!) L'orateur reprend : Non, cela n'est pas possible, car il serait plus infâme encore que le gouvernement des Bonaparte. (*Voix :* Il l'est!) Le gouvernement est incapable, il manque même de l'intelligence nécessaire pour organiser une si noire trahison. D'ailleurs, son intérêt n'est pas de nous livrer aux Prussiens, son intérêt est de nous sauver, et l'orateur ajoute qu'il pardonnera pour sa part au gouvernement toutes ses indécisions et toutes ses fautes si Paris finit par

être délivré. Mais les Prussiens ne s'en iront pas
d'eux-mêmes, comme le gouvernement a l'air de le
croire. (*Nouveaux rires.*) Le général Trochu, qui
est catholique et Breton, attend apparemment la
venue de quelque nouvelle Jeanne Darc; mais il n'y
a plus de Jeanne Darc. (*Hilarité.*) Y a-t-il ici une
Jeanne Darc? (*Les citoyennes gardent un profond
silence.*) Il faut donc agir sans retard par nous-
mêmes et ne plus compter sur le gouvernement.
Le seul moyen de nous sauver, conclut l'orateur,
c'est de nommer à Paris une assemblée de trois
cents membres qu'il est inutile d'appeler « la Commune », puisque cette dénomination épouvante les
trembleurs, mais qui prendra la direction des affaires, qui sera à la fois une convention et une
commune, qui désignera enfin dans son sein une
commission exécutive qu'il est également inutile
d'appeler « Comité de salut public ». Cette conclusion n'est que faiblement applaudie.

Un autre orateur, le citoyen Gase, déclare qu'il
n'aime point ces euphémismes et ces circonlocu-
tions. Il faut constituer une commune et la nommer de son vrai nom, « la Commune ». Le citoyen
Gase est d'avis aussi que le gouvernement de la
défense nationale n'a pas d'autre intention que
de capituler. C'est son intérêt, dit-il; car il peut
s'entendre avec les Prussiens, il ne s'entendra
jamais avec le socialisme, qui est derrière la ré-

volution. Il sait bien que le socialisme guilloti-
nera les traîtres. (*Cette expression paraît effarou-
cher la partie modérée de l'auditoire; quelques
protestations se font entendre.*) L'orateur reprend :
Il les fusillera, si vous le préférez. (*Mouvement
d'adhésion.*) Le gouvernement a donc intérêt à traiter avec les Prussiens et à préparer le retour d'une
restauration monarchique. Car le gouvernement se
compose d'anciens députés qui ont joué pendant
vingt ans au régime parlementaire et qui veulent
y jouer encore. C'est si commode! On fait ses
affaires, celles de ses parents et de ses amis, et on
se fait, par-dessus le marché, une réputation. Eh
bien, ils redeviendront ce qu'ils étaient, des députés de l'opposition, et ils préfèrent cela, croyez-le
bien, à l'avénement du socialisme. (*Applaudissements.*) L'orateur se prononce, au surplus, comme
le citoyen Maurice Joly, en faveur de l'établissement immédiat de la Commune, sauf quelques dif-
férences dans la forme et les moyens d'exécution.
Un débat assez aigre s'engage toutefois entre ces
deux partisans de la Commune et des « moyens révolutionnaires ». Le citoyen Maurice Joly prétend
que, lorsqu'on veut faire de la Terreur, on ne le dit
pas d'avance. Le citoyen Gase est d'avis, au contraire, qu'il est plus loyal et plus honnête d'afficher
son programme et d'appeler les choses par leur
nom. Le débat menace de s'envenimer; mais le

président y coupe court en mettant aux voix la
motion du club de *l'École de médecine*, et la séance
est levée aux cris de *Vive la Commune!*

CLUB DE LA RUE D'ARRAS.

Séance du 27 décembre.

On a scié aujourd'hui des arbres dans le voisi-
nage du parc Monceau ; ailleurs on a enlevé les
charpentes des maisons en construction ; au bas de
la rue Mouffetard, des barrières ont été arrachées ;
enfin, un citoyen racontait ce soir, au club de la rue
d'Arras, qu'il avait fait du feu avec une vieille
porte, et il dénonçait la « petitesse » du propriétaire de la porte en question, qui avait mis des
« mouchards » à ses trousses, et qui l'avait fait
assigner devant le commissaire de police. Ce propriétaire sans pudeur réclamait 14 francs pour sa
porte, ni plus ni moins que si elle avait été en pa-
lissandre ; le citoyen lui a offert généreusement de
lui restituer les morceaux qui n'étaient pas encore
brûlés. Mais il avait compté sans l'avidité des
exploiteurs du peuple ; le propriétaire n'a pas été
content, et il a refusé d'acquiescer à cet arrangement à l'amiable. Ce récit excite au plus haut point
l'intérêt de l'auditoire du ci-devant club *Blanqui*, et

il provoque diverses communications relatives à la question, hélas! plus brûlante dans les clubs que dans nos foyers, du bois de chauffage. Un citoyen annonce que la mairie du 5ᵉ arrondissement vient de prendre les arrangements nécessaires pour faire arracher immédiatement les souches des arbres coupés dans les communes suburbaines de son secteur; une moitié en sera mise en vente au prix de 3 francs les 100 livres, une autre moitié sera distribuée aux citoyens nécessiteux, par ration de 100 livres par semaine et par tête. Un autre citoyen communique un appel de la mairie aux bûcherons pour aller abattre les arbres du bois de Vincennes. Ces communications sont accueillies avec faveur, et un citoyen à barbe blanche et d'allures modérées exprime l'espoir qu'elles mettront fin au chapardage. — Mais un membre du bureau s'applique à démontrer à ce vieillard arriéré l'utilité du chapardage. — Si le peuple n'avait pas abattu les arbres et les clôtures, s'il n'avait pas démoli quelques « baraques », est-ce que l'autorité se serait avisée de lui procurer du bois? Ce qu'on a fait aujourd'hui pour le bois nous apprend ce que nous aurions dû faire depuis longtemps pour les subsistances. Ces gens de l'Hôtel de ville, il faut les pousser si l'on veut qu'ils agissent, car ils ne pensent à rien et à personne qu'à eux-mêmes. L'orateur aborde ensuite la question des loyers. On a proposé, dit-il,

de payer aux propriétaires la moitié du loyer et
d'inviter le gouvernement à leur prêter une partie
du reste, moyennant quoi ils nous donneraient quit-
tance. Est-ce que nous pouvons souscrire décemm-
ment à une proposition pareille? Les propriétaires
nous ont exploités sans pudeur pendant vingt ans,
ils ont été les complices de Bonaparte, et c'est nous
qui leur devrions quelque chose! Allons donc! nous
ne leur devons rien, rien, entendez-vous, et s'ils ont
l'audace de nous présenter leurs quittances, ce que
nous avons de mieux à faire, c'est de les pendre.
L'orateur, passant à une autre question qui se rat-
tache cependant à celle-là, annonce que les Prussiens ont commencé à bombarder un fort. C'est la
préface du bombardement de Paris. Il ne s'en afflige
pas, au contraire; car le bombardement décidera
peut-être les propriétaires à s'occuper sérieusement
de la défense. Il est possible, à la vérité, que cela
les effraye au lieu de les exaspérer, car c'est une
race abâtardie, et qu'ils veuillent traiter avec les
Prussiens pour sauver leurs immeubles; mais nous
sommes là pour les surveiller, et s'ils s'avisaient de
livrer Paris pour préserver leurs chères propriétés,
nous y mettrions le feu nous-mêmes, qu'ils se le
tiennent pour dit. — Une citoyenne, qui a été en
députation à l'Hôtel de ville pour demander la liberté
des captifs du 31 octobre, succède à ces adversaires irréconciliables des propriétaires et des quit-

tances de loyers. Cette citoyenne rapporte d'abord
qu'en vertu d'instructions spéciales émanées du
sieur Jules Ferry, les brancardiers ont reçu pour
consigne de relever seulement les officiers blessés
sur les champs de bataille, et d'y laisser les soldats
pour ne pas encombrer les ambulances. (*Murmures
d'indignation*. Un « mouchard » donne quelques
signes d'incrédulité. On le signale.) La citoyenne
rapporte encore que les Sœurs de charité qui tiennent une ambulance dans son quartier ont transporté la nuit, dans la cour, des soldats grièvement
blessés qui les gênaient, et qu'ils y sont morts de
froid. (*Nouvelle explosion d'indignation*; le « mouchard » continue à s'agiter, et il laisse échapper
quelques exclamations. On le fait taire.) Enfin la
citoyenne raconte ses tribulations à l'Hôtel de ville.
Elle a été empoignée par quatre-vingts mobiles bretons qui l'ont presque étranglée avec son foulard, et
qui l'ont fourrée au poste. Elle ajoute que Jules
Favre et Jules Ferry ont fait preuve d'une insigne
lâcheté. Ils sont montés jusque sur les toits comme
des chats (*rires*) pour se dérober à cette manifestation patriotique. La citoyenne donne à entendre
même qu'ils pourraient bien n'être pas étrangers à
une tentative d'assassinat à laquelle elle a été en
butte. Comme elle passait devant une ambulance,
on lui a tiré un coup de revolver. En ce moment,
le « mouchard » s'agite plus que jamais; il proteste

contre les révélations extraordinaires de la citoyenne, et il va même jusqu'à lui montrer le poing. On l'entoure et on le houspille d'importance. Un citoyen déclare le reconnaître pour l'avoir vu en 1848 derrière les barricades, où il vendait ses frères. (*Explosion d'indignation.* Le mouchard essaye en vain de se justifier. On l'expulse honteusement au milieu d'un tumulte inexprimable.) Bref, le club de la rue d'Arras a été bien dur ce soir pour les propriétaires et pour les « mouchards ».

CLUB DE L'ÉCOLE DE MÉDECINE.

Séance du 28 décembre.

Napoléon s'occupait à Moscou de l'organisation du Théâtre-Français. Le club de *l'École de Médecine*, s'inspirant apparemment de cet exemple célèbre, avait mis ce soir à son ordre du jour « l'organisation du travail », et il ne s'est occupé, en conséquence, ni des Prussiens, ni du gouvernement, ni de la question du bois de chauffage. On se serait cru dans la salle de la *Redoute* à l'époque où l'on inaugurait les réunions publiques. Si le commissaire de police et ses deux assesseurs obligés n'avaient point fait défaut, l'illusion aurait été complète. Le citoyen Armand Lévy a ouvert le dé-

bat en exposant son système de réorganisation industrielle. Il s'agirait de rétablir les anciennes cor-
porations, en leur donnant pour base le suffrage
universel. Il y aurait une chambre syndicale des
patrons et une autre chambre syndicale des ouvriers, puis un double pouvoir exécutif, et finalement un pouvoir judiciaire ou *prud'homie*. Bref,
chaque corps de métier formerait une petite république dans la grande. La propriété appartiendrait
à la collectivité, et c'est ainsi qu'on en finirait avec
l'exploitation autoritaire et capitaliste. L'orateur a
saisi cette occasion pour reprocher, non sans amertume, au gouvernement de la bourgeoisie d'avoir
emprisonné les ouvriers charpentiers en 1845 ; mais
ce méfait rétrospectif n'a pas paru exciter à un haut
degré l'indignation de l'auditoire. Il y avait, à la
vérité, dans la salle un grand nombre de citoyens
enrhumés du cerveau, en sorte qu'il était assez difficile de suivre l'argumentation de l'orateur. Au citoyen Armand Lévy a succédé un orateur qui a
préconisé particulièrement les idées de l'*Association internationale des travailleurs*. Quand nous
aurons la République, s'est-il écrié, car nous ne
l'avons pas (c'est vrai! — *Vif assentiment*), le travail sera organisé conformément aux doctrines de
l'*Internationale*. Ces doctrines sont aujourd'hui acceptées par l'universalité des travailleurs (*applaudissements ; quelques protestations*), et elles sont

destinées à régir le monde économique. — Un autre
citoyen n'est pas aussi affirmatif; il craint même
que la « question sociale » ne soit pas encore entièrement résolue, et il propose de confier à une
« commission » le soin d'en préparer la solution
définitive. Il se présentera, dit-il, mercredi prochain à la réunion (le mercredi est, à ce qu'il semble, spécialement consacré à la question sociale),
et il invitera les auditeurs qui désireront faire partie
de cette commission à déposer dans son chapeau
leur nom avec leur adresse. Enfin un orateur réfute avec une certaine vigueur le système du citoyen
Armand Lévy. Vous prétendez, dit-il, réorganiser
l'industrie sur une base nouvelle, et que faites-
vous? vous recomposez purement et simplement la
vieille organisation corporative que nos pères ont
détruite en 1789; vous ressuscitez les maîtrises et
les jurandes; il est vrai que vous y introduisez le
suffrage universel; mais avez-vous bien réfléchi aux
conséquences de l'application du suffrage universel
à l'industrie? L'orateur ne paraît pas être un chaud
partisan de ce système électoral. A son avis, la
souveraineté du nombre donne infailliblement le
pouvoir aux hommes les moins dignes de l'exercer;
l'empire n'a-t-il pas été par excellence le gouvernement du suffrage universel? Il cite encore les
élections de la garde nationale. (*Quelques protestations se font entendre.*) On a fait quelques bons

choix, sans doute ; mais combien de gens avons-nous nommés que nous ne connaissions pas et qui étaient indignes de nous commander ! N'avons-nous pas vu traduire devant des conseils de guerre d'anciens condamnés en rupture de ban qui avaient réussi à se faire élire officiers ? Le suffrage universel, voyez-vous, citoyens, n'est autre chose qu'une immense duperie. (*Mouvements divers. Protestations ; applaudissements.*) L'orateur conclut, et cette fois sans soulever aucune protestation, que ce n'est guère le moment de s'occuper de l'organisation du travail, et il engage le bureau à renvoyer la continuation des débats sur la question sociale après le départ des Prussiens. (*Mouvement général d'approbation.*) La séance continue, mais la salle se vide et l'auditoire se désorganise à vue d'œil.

CLUB FAVIÉ,

A BELLEVILLE.

Séance du 29 décembre.

Les sorciers nègres ont des fétiches et des gris-gris qui guérissent toute sorte de maladies et qui ressuscitent même les morts, pourvu que ceux-ci ne se montrent pas trop obstinés. Les meneurs des clubs révolutionnaires ont « la Commune », qui n'est pas une panacée moins merveilleuse. Ce soir donc,

au club *Favié*, à Belleville, où l'effervescence va
croissant, on a demandé plus que jamais la Commune, comme le seul moyen, nous allions dire le
seul gris-gris, qui puisse, suivant l'expression pittoresque d'un orateur, faire reparaître instantané-
ment les haricots et les lentilles. Mais d'abord on
s'est occupé de la question des loyers. Un orateur
a proposé une « résolution » ayant pour objet d'inviter le gouvernement — un citoyen a demandé par
voie d'amendement de substituer le mot *sommer*
au mot *inviter*, qui a une tournure réactionnaire,
— ayant pour objet, disons-nous, d'adresser au
gouvernement l'invitation ou la sommation de suspendre indéfiniment le payement des loyers, des
fermages et des intérêts, parce qu'il n'est pas juste
de maintenir les priviléges des capitaux dans la
crise où nous sommes. Les locataires jouiront donc
gratis des immeubles des propriétaires, et les em-
prunteurs de l'argent des prêteurs, ce qui, naturellement, ne sera point un privilége. La résolution a
été adoptée à l'unanimité, et elle sera communi-
quée à tous les autres clubs, qui seront invités à
la ratifier. On a abordé ensuite la question des subsistances et du bois de chauffage. Au dire d'un orateur, nous avons encore des provisions « pour quatre
mois »; seulement il faut aller les prendre où elles
sont, c'est-à-dire dans les « cachettes » des accapareurs et surtout dans les garde-manger des cor-

porations religieuses et des curés. Il est à la connaissance personnelle de l'orateur que des « curés en retraite » mangent du porc frais tous les jours. (*Mouvement d'indignation.*) Un autre citoyen s'occupe de la question du combustible. On accuse le peuple, dit-il, d'avoir scié des arbres, pillé des chantiers et volé des planches. Mais nécessité n'a pas de loi, et, pour ma part, je déclare tout net que, si on me convoque pour maintenir l'ordre, comme ils disent, et empêcher les malheureux de prendre de quoi se chauffer, eh bien, je dirai au premier que je rencontrerai : — Je vas t'aider, mon vieux ! (*Applaudissements énergiques.*) On a dévalisé un chantier dans le 11ᵉ arrondissement ; mais pourquoi ? parce que Jules Ferry avait réquisitionné le bois, tandis que le maire Mottu voulait au contraire le garder pour les pauvres de l'arrondissement. Alors, le peuple s'est emparé du bois, et il a bien fait. Il s'est rendu coupable d'un vol, dit Jules Ferry dans sa circulaire. Cet avocat ne sait donc pas que le vol est quelquefois la revendication du droit ? (*Nouveaux applaudissements.*) Mais c'est le système du gouvernement de nous laisser mourir de froid et de faim. Il veut nous conduire à la capitulation, et, au point où il a laissé venir les choses, s'il faisait un plébiscite, la majorité dans les quartiers du centre serait pour la paix. (*C'est vrai !*) — D'autres orateurs abordent la question militaire.

L'un d'entre eux assure qu'en vertu du droit des gens de tous les peuples civilisés, la garnison d'une ville assiégée est autorisée, après le centième jour de siége, à employer tous les moyens, même les plus destructeurs et les plus barbares, pour se délivrer. C'est une loi bien connue des jurisconsultes, et le gouvernement ne peut pas l'ignorer. Ainsi il pourrait faire usage du feu grégeois. Il est vrai qu'on a mis en doute la puissance destructive du feu grégeois; mais on vient de le perfectionner, et une fusée peut tuer des milliers de Prussiens, pourvu seulement qu'ils se touchent. A cette condition, c'est infaillible! On a offert aussi au gouvernement une bombe incendiaire qui éclate non pas une fois... mais trois fois! eh bien, le gouvernement a renvoyé l'inventeur au Comité d'artillerie; on sait ce que cela veut dire. (*Murmures d'indignation.*). Le gouvernement ne veut pas nous défendre. Le gouvernement veut nous livrer aux Prussiens; il n'y a que la Commune qui puisse nous sauver, mais il n'est que temps. Nous avons déjà trop tardé; si nous ne marchons pas sur l'Hôtel de ville demain ou après-demain, nous sommes perdus, car ce n'est pas ce « perroquet » de Jules Favre qui nous sauvera, et encore moins Trochu, qui a fait mettre des fleurs de lis sur les képis des mobiles bretons. (Il s'agit probablement des hermines, que l'orateur a prises pour des fleurs de lis.) Il y a des bonapar-

tistes dans les forts, et pas plus tard qu'hier on a
essayé de livrer le mont Valérien. (Cette nouvelle
paraît invraisemblable, même à l'auditoire de la
salle *Favié*; *dénégations*.) L'orateur n'insiste pas,
mais il déclare que le moment est venu de faire la
Commune, et que, si les hommes hésitent, ce sont
les femmes qui leur montreront le chemin de
l'Hôtel de ville. (*Voix perçantes :* Oui! oui! nous
irons les premières!) Le gouvernement fera avancer
ses bataillons réactionnaires, nous le savons bien,
mais cette fois, ce ne sera pas comme au 31 octobre, et on verra si les républicains ont du cœur.
(*Tonnerre d'applaudissements. Cris redoublés de*
Vive la Commune!) Un autre citoyen déclare que
la Commune, tout en exterminant les Prussiens
avec le feu grégeois et les bombes à triple éclat,
fera reparaître l'abondance en supprimant la monnaie d'or et d'argent. Elle décrétera que toute
monnaie d'or ou d'argent sera réputée fausse monnaie et que tous ceux qui l'accepteront en échange
de denrées alimentaires seront punis de mort. A la
place, on mettra des assignats et on en distribuera
au peuple en quantité suffisante pour satisfaire à
tous ses besoins. (Il y a apparence que ces assignats
seront comestibles, mais l'orateur néglige de donner des éclaircissements à cet égard.) En un mot,
la Commune ne reculera devant aucun moyen révolutionnaire; elle fera « la jacquerie » si c'est né-

cessaire, et la Terreur de 93 ne sera rien auprès
de celle qu'elle prépare aux réactionnaires et aux
traîtres.

Quelques « nouvelles militaires » sont commu-
niquées à l'assemblée. Un citoyen annonce qu'un
pigeon vient d'arriver. Ce pigeon ne portait pas de
dépêche, mais ses plumes étaient taillées en forme
de chiffres ou de lettres, et on a pu « déchiffrer le
pigeon ». Une armée de secours de 80,000 hommes
serait arrivée à Creil et elle marcherait sur Paris.
(*Cris de joie; acclamations.*) Un autre citoyen vient
confirmer cette bonne nouvelle, en affirmant que
les éclaireurs de l'armée de secours ont réussi à
percer les lignes prussiennes et qu'ils sont arrivés
ce soir même à Paris (*nouvelles acclamations*); mais
un troisième citoyen révoque formellement en doute
l'authenticité de ces communications. N'oublions
pas, dit-il, citoyens, que nous avons évacué ce matin le plateau d'Avron, et que les hommes qui nous
gouvernent suivent la tradition de Bonaparte. C'est
une nouvelle illusion dont ils veulent nous bercer
pour atténuer l'effet d'un échec. (Ces paroles pro-
duisent un découragement visible; les physionomies, un moment joyeuses, s'assombrissent.) Ne
nous laissons donc pas leurrer encore une fois et
crions : « Vive la Commune! » D'autres communications viennent encore assombrir les esprits et les
ramener aux tristes préoccupations du jour. Un

auditeur annonce que deux personnes sont mortes de faim dans la rue Dénoyez. Cette lugubre nouvelle cause une sensation facile à concevoir; des femmes pleurent, d'autres poussent des cris; le bureau envoie immédiatement aux informations. Les délégués reviennent au bout d'une heure. Deux personnes, un homme et une femme, sont mortes en effet rue Dénoyez; ils ont vu les cadavres; la femme n'était couverte que d'un morceau de crinoline; le médecin a prétendu qu'elle était phthisique, et que l'homme s'était empoisonné avec des allumettes chimiques; mais les délégués révoquent en doute le témoignage de ce médecin qui est réactionnaire. (*Murmures d'indignation; mouvements divers.*) Comme dans les drames de Shakspeare, le burlesque se mêle à la tragédie. Un citoyen affirme qu'un fait analogue vient de se produire dans le 11ᵉ arrondissement, et il veut entrer dans des détails, mais le bureau lui impose silence par le motif que, le 11ᵉ arrondissement étant administré par le citoyen Mottu, personne ne peut y mourir de faim. Un autre fait, qui paraît malheureusement hors de doute, — car il est formellement et sérieusement attesté par plusieurs auditeurs, — c'est qu'une femme qui avait fait queue ce matin pendant de longues heures avec un enfant dans ses bras pour avoir du bois de chauffage n'a pu réussir à réveiller ce pauvre petit être, dont les membres étaient glacés... Il ne faut pas oublier que la population de Belleville, composée en grande majorité d'ouvriers sans ouvrage, est plus qu'aucune autre peut-être en proie au besoin; faute de ressources locales, on n'a pu y multiplier suffisamment les *cantines*, et il n'y avait aujourd'hui qu'un seul endroit affecté à la distribution du bois de chauffage. Comment cette population si éprouvée ne serait-elle pas accessible aux excitations démagogiques? Que l'administration redouble donc d'activité et de zèle pour soulager tant et de si navrantes misères, car *jam proximus ardet Ucalegon.*

CLUB DE LA SALLE VALENTINO.

Séance du 30 décembre.

Tandis que dans certains clubs démagogiques on désespère absolument de la situation à moins que « la Commune » n'intervienne sans aucun retard comme le *Deus ex machina* pour nous tirer d'affaire, au club de la salle *Valentino* on est rempli d'espoir. Tout le monde, à commencer par le président, M. Vrignault, croit au succès final. Le citoyen Henricy y croit aussi, et cette conviction est chez lui d'autant plus méritoire qu'il n'a malheureusement qu'une bien faible confiance dans le

gouvernement de la défense nationale. Le citoyen
Henricy n'hésite pas cependant à soutenir le gouvernement, mais c'est un peu, faut-il le dire?
comme la corde soutient le pendu. Il lui reconnaît
de l'honnêteté, de bonnes intentions et même un
certain talent d'organisation; seulement il l'accuse de manquer d'énergie et de ne compter dans
son sein aucun homme de génie. A la vérité, ce
n'est pas tout à fait sa faute, car « il n'y a plus
d'hommes en France », et il n'y en aura, d'après
l'orateur, que dans quinze ou vingt ans. L'assemblée a trouvé ce délai un peu long, et elle a
écouté avec plus de plaisir M. Simonin qui lui a
donné des nouvelles rassurantes du fort de Rosny,
que les Prussiens ont couvert d'une pluie d'obus,
en faisant plus de bruit que de besogne. D'après
l'orateur, il ne faudrait pas moins de six mois à
l'assiégeant pour s'emparer de la double ligne
des forts et de l'enceinte continue. Nous pouvons
donc être en repos de ce côté, et il nous importe
en réalité assez peu de savoir si ce bombardement
du fort de Rosny manque ou non de « logique »,
comme l'a recherché un troisième orateur. Le gouvernement, a-t-il dit, aux applaudissements de
l'auditoire, a fait de Paris la première forteresse
du monde, et l'on ne saurait équitablement l'accuser d'être dépourvu d'énergie, comme l'a prétendu
M. Henricy; tout au plus pourrait-on lui reprocher

un peu de mollesse. L'auditoire a souri, en son-
geant peut-être à la fable de *l'Ours et l'Amateur
des jardins*; puis M. Prevet a appelé l'attention
de l'assemblée sur les violations de domicile dont
certains gardes nationaux se sont rendus coupables,
en vue de découvrir des jambons ou des fromages
« cachés ». M. Prevet a vigoureusement protesté au
nom de la liberté individuelle, et sa protestation a
été accueillie par d'énergiques applaudissements.
Que dirons-nous encore de la motion d'un honnête
citoyen engageant les journalistes à pardonner aux
Allemands, qui sont un simple troupeau d'esclaves,
et à s'en prendre exclusivement à Guillaume, à Bismark et à leurs suppôts? Cette motion n'a pas été
du goût d'un autre citoyen, qui non-seulement ne
pardonne pas aux Allemands, mais qui ne leur pardonnera jamais. Ce citoyen, qui est tapissier de son
état, s'est engagé solennellement à ne plus entretenir de relations d'amitié ou d'affaires avec les Prussiens et leurs alliés saxons, bavarois ou wurtembergeois. Ce serment, qui demeurera consigné dans
les archives du club, ne rappelle-t-il pas de loin le
serment d'Annibal? Au moins s'il pouvait nous
valoir un Annibal! L'assemblée a applaudi avec
modération, et la séance a été levée.

CLUB DE LA RÉPUBLIQUE,

RUE CADET.

Séance du 5 Janvier 1871.

Le club des *Folies-Bergère* a émigré au Casino
de la rue Cadet, sous le nom de *club de la République*; c'est le même public, ce sont les mêmes
orateurs. Hier soir, un grand nombre de questions
y ont été successivement débattues; le citoyen Crémieux a proposé d'abord de créer une « légion du
silence », composée de gardes nationaux armés de
poignards et de revolvers, qui se tiendraient trois
par trois derrière les combattants, et auraient la
triple mission de relever les blessés, de les remplacer sur le champ de bataille et de casser la tête
aux fuyards à coups de revolver ou de les percer de
leurs poignards. Nous devons dire, à l'éloge du
club de la *République*, que cette motion a été
repoussée à l'unanimité. Le citoyen Chabert a en-
tretenu ensuite la réunion de la nécessité de
reconstituer la Pologne, puis il a invité l'assemblée
à s'occuper des moyens d'améliorer les conseils de
famille de la garde nationale. Mais sur l'observation d'un citoyen, que les obus tombaient peut-
être en ce moment dans le quartier du Panthéon,
et qu'à la rigueur la question des conseils de

famille pouvait subir un ajournement, on s'est occupé de la question de la défense nationale et de celle de la Commune. Un orateur, dans un discours plein de bon sens, et qui a obtenu l'assentiment presque unanime de l'auditoire, a combattu énergiquement la Commune en insistant sur la nécessité de ne point affaiblir le pouvoir au moment suprême où nous sommes. Le citoyen Morel a fait ensuite une revue rétrospective des actes du gouvernement et des « illusions de l'opinion publique ». A ses yeux, le gouvernement a commis toute une série de fautes qui ont affaibli la défense et qui nous ont conduits à une situation presque désespérée; le gouvernement a eu tort de s'installer à Paris et d'envoyer deux de ses membres les moins autorisés et les plus débiles organiser la défense en province, sauf à leur adjoindre plus tard M. Gambetta, dont les actes sont encore trop peu connus pour être jugés; il a eu tort, après avoir accepté les services de Garibaldi et les conseils de Mazzini, de refuser le concours des princes d'Orléans, mettant ainsi le salut de la République avant le salut de la France; il a eu tort de ne point souscrire à la proposition d'armistice qui lui était faite par les puissances neutres et qui lui aurait permis de convoquer une Assemblée nationale ayant l'autorité nécessaire soit pour faire la paix, si elle avait jugé la prolongation de la résistance impossible, soit

12

pour continuer la guerre, en faisant appel à toutes
les forces vives du pays; il a eu tort encore et
par-dessus tout de ne jamais oser dire résolûment
toute la vérité à la population parisienne, de la
laisser se bercer d'illusions aboutissant invariablement à des déceptions; en ce moment même, le
gouvernement n'ose rien dire et n'ose rien prévoir, dans la crainte de blesser les susceptibilités
nerveuses de cette opinion nourrie d'illusions.
Si, par exemple, les armées de province ne pouvaient pas venir à notre secours en temps utile, si
l'armée du prince Frédéric-Charles, dont on nous
annonce incessamment la destruction, et qui a
continué cependant sa marche vers Tours et même
vers Poitiers, ce qui n'est pas précisément la direction qu'aurait dû prendre une armée battue, si
l'armée du prince Frédéric-Charles oppose une
barrière infranchissable aux efforts courageux,
mais tardifs, de Chanzy et de Bourbaki, si Paris
tombe... (*Protestations violentes, tumulte, cris:* Paris
ne tombera pas! Paris ne peut pas tomber! La
séance est un moment interrompue, l'orateur quitte
la tribune; cependant le tumulte s'apaise, et le
citoyen Morel est invité à formuler ses conclusions.)
Si le sort des armes persiste à nous être contraire,
reprend-il, que fera-t-on, que résoudra-t-on? Car
enfin nos vivres s'épuisent chaque jour, et toute
ville assiégée qui n'est point secourue finit inévi-

tablement par être une ville prise. Eh bien, a-t-on
songé même à demander à la Prusse quelles sont
ses conditions? Non! on ne l'a pas osé une seule
fois, on ne l'ose pas encore, dans la crainte de
déplaire à ce membre anonyme du gouvernement
qu'il faudrait avoir le courage d'en exclure, et
qu'on appelle l'opinion de Paris. En 1866, l'Au-
triche aussi a été vaincue, et, quoique sa situation
fût moins grave que celle de la France, quoique
l'ennemi n'assiégeât point encore sa capitale, il
s'est rencontré un citoyen courageux qui est allé
trouver le roi de Prusse à Nikolsbourg pour lui
demander à quelles conditions il consentait à
traiter... Ici le tumulte renaît, les interpellations
se croisent en tous sens. Un citoyen s'élance à la
tribune, d'où l'orateur vient de descendre, pour
faire part à l'auditoire des sentiments d'indignation
qui soulèvent sa poitrine; mais, soit que ce citoyen
ne se trouve pas aussi abondamment pourvu d'éloquence que d'indignation, ou que l'auditoire soit
fatigué, les bancs se dégarnissent, et la séance est
levée au milieu d'une vive agitation.

CLUB FAVIÉ,

A BELLEVILLE.

Séance du 6 janvier.

Ce soir, le club *Favié*, à Belleville, était encore
plus nombreux et plus agité que d'habitude. Dans
la journée, une énorme affiche rouge, adressée
« au peuple de Paris » par les délégués des vingt
arrondissements, au nombre de cent quarante,
avait été placardée sur les murs, et on se racontait dans l'assemblée que cette affiche annonçant l'avénement de la Commune avait été lacérée
dans différents endroits ; que des femmes et des
enfants avaient été soudoyés pour faire cette « sale
besogne » par des réactionnaires trop lâches pour
s'en charger eux-mêmes. Un orateur rapporte cependant qu'il a surpris un lieutenant de la garde
nationale au moment où il portait une main sacri-
lége sur cette « émanation » des vœux du peuple.
« Je lui ai dit : Citoyen, pourquoi vous permettez-
vous de déchirer notre affiche? Savez-vous ce qu'il
a eu l'audace de me répondre? Il m'a répondu : Je
la déchire *parce que je ne peux pas voir les noms de
ces crapules de Belleville qui ont mangé les harengs.* »
(*Cette allusion insolente à l'épisode pantagruélique
de la nuit du 31 octobre excite au plus haut degré*

l'indignation de l'auditoire; cris : Le lâche! il fal-
fait le pendre!) L'émotion se calme; mais tout le
monde s'accorde à dire que la mesure des infamies
est comble et qu'il est temps d'agir. Un autre orateur demande cependant s'il ne faudrait pas d'a-
bord aller trouver Trochu pour lui signifier les volontés du peuple. (Non! non! il les connaît, c'est
inutile! assez causé avec Trochu!) L'orateur remarque que nous approchons de la date funeste du
21 janvier. (Funeste! allons donc! dites : Date glo-
rieuse!) Un citoyen fait remarquer, en effet, que,
dans cette journée immortelle du 21 janvier, la
République a fait justice de la tyrannie d'un roi despote (*applaudissements*), en léguant aux généra-
tions à venir un magnifique exemple à suivre.
(*Nouvelles acclamations.*) Nous ne resterons pas au-
dessous de nos pères et nous saurons nous débarrasser de nos tyrans. Quand nous retournerons à
l'Hôtel de ville, ce ne sera pas comme au 31 octobre, et nous dirons comme Mirabeau : « Nous
sommes ici par la volonté du peuple, et nous n'en
sortirons que la force des baïonnettes ! » (Non! non!
nous n'en sortirons pas, nous y resterons!) Trochu
essaye encore de nous amadouer dans sa proclamation d'aujourd'hui. (*Interruption; cri :* Il caponne!)
Il nous dit que rien ne fera tomber les armes de
ses mains et qu'il ne capitulera pas. Oui! il garde
ses armes contre nous et il ne capitulera pas de-

vant Belleville. Voilà ce qu'il a voulu dire. (C'est
vrai! c'est un jésuite! il porte un scapulaire!) Un
autre citoyen rappelle qu'il y a deux mois Gustave
Flourens a dit à cette tribune même que la capitulation n'était qu'une question d'argent; Trochu et
Jules Favre ont demandé 60 millions; Bismark s'est
fait tirer l'oreille, mais quand il lâchera ses millions, Paris sera livré aux Prussiens, Trochu capitulera. (Oui! oui! nous sommes trahis!) D'ailleurs
pouvez-vous encore croire un mot de tout ce que
disent ces gens-là? Est-ce qu'ils ne vous ont pas
menti tous les jours? Ils vous disaient que Paris ne
serait pas et ne pouvait pas être bombardé; depuis
hier les bombes et les obus pleuvent sur la rive
gauche. Ils vous annoncent depuis deux mois que
les armées de province viennent nous délivrer; y
croyez-vous? (Non! non!) Ils font répandre le bruit
que l'armée du prince Frédéric-Charles a été détruite. (*Nouvelles dénégations*; *cris :* C'est une
blague!) Ils ne savent que mentir, il faut en finir
avec eux. Cette opinion est aussi celle d'une citoyenne qui énonce d'une voix claire et perçante
ses griefs contre les hommes de l'Hôtel de ville.
« Ils s'entêtent, dit la citoyenne, à suivre une
voie qui nous conduit à notre perte; ce sont des
mulets. (*Rires.*) Eh bien, on a mis les mulets en
réquisition; il faut que nous allions réquisitionner
aussi ceux de l'Hôtel de ville. » La citoyenne omet

d'ajouter si cette réquisition sera faite pour le service des ambulances ou pour la boucherie, mais elle conclut, aux applaudissements de l'auditoire, en disant : « Le temps des paroles est passé, le moment est venu d'agir. » Au dire d'un citoyen qui paraît bien informé, tout est prêt pour l'action. La Commune est faite ! C'est une commune occulte, si l'on veut, mais nous connaissons maintenant tous ses membres. Le « Comité central républicain » a cédé modestement et patriotiquement sa place aux délégués ; il ne nous reste plus qu'à les installer.

En ce moment, une agitation tumultueuse se produit dans un coin de la salle. On vient de découvrir un individu qui prend des notes sur un calepin. Cet auditeur déclare être le *reporter* du journal *la Vérité*. Des citoyens pleins de zèle se disposent à l'expulser sommairement de la salle. Un membre du bureau s'élance à la tribune et les arrête du geste : « Si c'est un *reporter*, dit-il d'une voix lente et solennelle, il ne faut pas l'inquiéter, il faut se contenter de le vérifier. Nous ne craignons pas la lumière, car nous ne sommes pas des perturbateurs à Belleville, nous sommes des organisateurs et des législateurs. (*Applaudissements.*) Travaillez donc en paix, citoyen *reporter*, et allez dire la vérité à *la Vérité*. » Quoique ce jeu de mots ne soit pas précisément en harmonie avec l'attitude et le ton majestueux de l'orateur, on applaudit de nouveau et

le bureau invite les autres *reporters* qui pourraient
être présents à monter sur l'estrade. (*Interruptions.*
Il a raison ! On pourra les surveiller et on leur cas-
sera la g.....s'ils se *moquent* de nous !) Les *reporters*
ne paraissent pas complétement rassurés, car ils
s'abstiennent de se rendre à la gracieuse invitation
du bureau. L'incident est vidé. La séance continue.

On prétend, dit un orateur, que la Commune arrivera trop tard pour sauver Paris ; eh bien, après...?
S'il est trop tard pour le sauver, nous le brûlerons,
et nous ferons justice des réactionnaires égoïstes,
des propriétaires qui nous exploitent et de tous les
boutiquiers qui sont les *punaises* du peuple ; nous
brûlerons les Prussiens du dedans avec ceux du dehors. Ensuite nous quitterons Paris pour n'y plus
revenir. L'orateur déclare, en ce qui le concerne,
qu'il a l'intention de se retirer à la campagne, dans
le village où il est né ; il y mènera une vie obscure,
mais l'amertume de ses souvenirs politiques sera
adoucie par la pensée du dernier service qu'il aura
rendu à la patrie et à la République, en dérobant
Paris à une capitulation honteuse. Un autre citoyen
est d'avis qu'il n'est point trop tard pour sauver
Paris. « Si même, s'écrie-t-il avec conviction, les
Prussiens entraient par une barrière, nous aurions
encore le temps d'aller mettre la Commune à l'Hôtel de ville et de venir chasser les Prussiens. Avec
la Commune, tout sera possible ! » Cependant, un

troisième citoyen fait observer qu'avant de se lever
pour établir la Commune, il serait peut-être utile
d'expliquer à la population ce qu'il faut entendre
par la Commune. « Je parie, dit-il, qu'ici même, au
club *Favié*, les trois quarts de l'auditoire ne savent
pas ce que c'est que la Commune. » (*Protestations ;
dénégations ; tumulte ; cris :* C'est un mouchard !
Autres : Eh bien, dites-nous ce que c'est !) L'orateur se rend à cette invitation : « La Commune,
c'est le droit du peuple, c'est le rationnement égal,
c'est la levée en masse et la punition des traîtres, la
Commune enfin... c'est la Commune ! » (*Applaudissements. Marques d'impatience.* Oui ! oui ! on sait
cela !) Un quatrième citoyen pense que l'opinion du
club est faite sur toutes ces questions, mais que la
Commune ne s'installera pas toute seule. « Un grand
pas a été fait dans la journée, malgré les réactionnaires qui ont déchiré les affiches. Le peuple a fait
connaître sa volonté ; maintenant il faut qu'il l'exé-
cute. (C'est cela !) Il faut aller à l'Hôtel de ville.
(Oui ! oui ! allons-y ce soir !) Non ! pas ce soir, car
il faut se défier des résolutions précipitées. Le
29 octobre, on disait aussi au club, je m'en sou-
viens : Allons à l'Hôtel de ville ! nous irons tous !
et le 31, il n'en est pas venu un sur quatre ! Il ne
faut pas que nous recommencions le 31 octobre ; il
faut que nous fassions un 4 septembre, et nous ne
le ferons qu'en nous entendant avec les républicains

de tous les autres arrondissements sur le jour et sur l'heure. Quand nous nous serons entendus, nous marcherons, car, si Belleville marchait seul, il s'exposerait à être écrasé par la réaction. (Non! pas de ça!) Mais le moment approche; ce sera peut-être demain... Alors nous irons tous. (Oui! tous! tous!) Seulement, irons-nous en armes ou sans armes? (*Immense clameur :* En armes! en armes!) Vous avez raison, citoyens; les réactionnaires sont lâches, c'est vrai, mais ils sont nombreux, et ils sont capables de résister à la volonté du peuple. S'ils l'essayent, nous les écraserons. En armes donc! en armes!» (*Tonnerre d'acclamations*; *cris redoublés :* En armes! en armes!) La séance est levée au milieu d'une violente excitation; cependant, faut-il le dire? cette excitation a quelque chose de factice. L'assemblée se disperse de la manière la plus paisible; on s'est grisé de mots, mais les fumées capiteuses de la phraséologie révolutionnaire ne tardent pas à se dissiper au grand air; on cause des bons de chauffage, des obus et des *harengs*, et les citoyens qui font partie des groupes pourraient bien appartenir à ces « trois quarts » de l'auditoire qui criaient : Tous! tous! le 29 octobre, et qui manquaient à l'appel le 31, quoique à cette époque on pût encore trouver des harengs à l'Hôtel de ville.

CLUB CENTRAL RÉPUBLICAIN,

SALLE DE LA REDOUTE.

Séance du 7 janvier.

Le *club central républicain* se réunit depuis
quelque temps trois fois par semaine dans la
célèbre salle de la *Redoute*, rue Jean-Jacques-
Rousseau. Ce soir, les membres du bureau et
les « communeux », en nombre dans l'auditoire,
avaient l'air morne et l'attitude décontenancée.
Des réactionnaires qui s'étaient glissés dans la
réunion attribuaient ces signes manifestes de
découragement à l'absence totale de succès de
« l'affiche rouge » des cent quarante et à la mesure
de rigueur que le gouvernement avait prise le matin
en faisant arrêter quatre signataires de l'affiche.
Au commencement de la séance, le président a
donné lecture d'un billet du citoyen Eugène Châ-
telain, annonçant son arrestation, en vertu de l'article 91 du Code pénal, qui *punit de mort* « l'attentat dont le but sera, soit d'exciter la guerre
civile en armant ou en portant les citoyens ou
habitants à s'armer les uns contre les autres, soit
de porter la dévastation, le massacre ou le pillage
dans une ou plusieurs communes. » La lecture de
ce billet excite divers mouvements d'indignation.

En même temps on annonce que le citoyen Delescluze, maire du 19ᵉ arrondissement, et ses deux
adjoints, ont donné leur démission, pour protester
contre cette mesure liberticide. — Un orateur
invite tous les maires à suivre ce noble exemple,
et il avertit ceux qui ne le suivraient pas qu'ils
seront rayés de la liste des membres de la Commune, où on avait cru devoir les porter, par défé-
rence pour le corps électoral. Il se félicite, au surplus, des arrestations qui viennent d'être faites. Il
regrette qu'on n'en ait pas fait davantage (*quelques
applaudissements énigmatiques se font entendre*); il
voudrait qu'on eût arrêté les cent quarante signataires de l'affiche, et il ne serait pas fâché même
qu'on l'arrêtât avec eux (*nouveaux applaudissements*), car le peuple dort, et il n'y a que la persé-
cution qui puisse le réveiller. — D'après un autre
orateur, le gouvernement aura beau faire, l'avénement de la Commune approche, et il faut que tous
les citoyens qui vont être appelés à diriger les
affaires publiques s'y préparent sérieusement par la
méditation. Pour ce qui le concerne, il s'est occupé
spécialement de la partie militaire de l'œuvre de
la Commune, et il expose quelques-unes de ses
vues sur la nouvelle tactique qu'il s'agira d'opposer
aux Prussiens. Il faudra combattre avec la pelle et
la pioche autant qu'avec le chassepot, improviser
des fortifications de campagne, etc. L'orateur croit,

au surplus, que notre ennemi le plus dangereux
c'est la famine. Pour combattre cet ennemi implacable, dit-il, il ne faudra point reculer devant les
sacrifices les plus extrêmes. Nous mangeons déjà
les rats, qui sont, du reste, nos ennemis ; nous
mangeons aussi les chats, qui sont, au contraire,
nos amis et qui partagent les mets de notre table.
Peut-être devrons-nous finir par manger de la
chair humaine. (Cette conjecture fait courir un
léger frisson dans l'assemblée. *Exclamations des
citoyennes. Cri masculin :* Nous commencerons
par manger des Prussiens ! Malgré cet amendement,
la proposition ou la suggestion patriotique et anthro-
pophagique de l'orateur n'obtient aucun succès, et
l'on se hâte de passer à l'ordre du jour.) Le président, qui a lu les remarquables rapports du colonel Stoffel, publiés par le *Journal des Débats*,
entame une dissertation sur les causes de la supériorité de l'état-major prussien, puis il se livre à
une digression qui ne manque point d'intérêt, mais
qui n'a qu'un rapport éloigné avec la « Commune »,
sur la conquête de l'Algérie et sur les mauvaises
habitudes que les petites expéditions et les razzias
algériennes ont données à notre armée. Enfin on
revient à la question brûlante de la Commune et de
la démission du maire Delescluze et de ses adjoints.
— Un citoyen, loin d'admirer la conduite du maire
démissionnaire, prétend qu'il n'avait pas le droit

de déserter son poste (*exclamations*, *applaudis-sements*, *protestations*); qu'ayant des attributions purement administratives, son devoir était de veiller à la bonne gestion des services publics, à la distribution du bois de chauffage, etc.; qu'il n'avait pas à s'occuper, comme maire, des actes poli-tiques du gouvernement, mais qu'il devait attester par son exemple l'aptitude administrative des ré-publicains. Le citoyen Delescluze, conclut-il, a manqué à son devoir en abandonnant une position où la confiance publique l'avait appelé et où il pouvait rendre des services. (*Mouvements divers.*) Cette opinion réactionnaire est vivement combattue par un orateur qui félicite le citoyen Delescluze d'avoir refusé de se laisser enfermer dans le cercle étroit où on prétendait le confiner. Le mandat des maires est purement administratif, dit-on, soit! mais ce mandat, il dépend des électeurs de le chan-ger, et de renvoyer le citoyen Delescluze dans sa mairie avec des attributions politiques. (*Applaudis-sements. Faibles protestations.*) L'orateur conclut en engageant les électeurs du 19e arrondissement à donner au citoyen Delescluze le « mandat impé-ratif » d'établir la Commune. Enfin un orateur qui prétend avoir assisté hier à une réunion d'officiers supérieurs y a appris, d'une part, que nous n'avons plus de vivres que jusqu'à la fin du mois; d'une autre part, que l'armée ne voit plus de chances sérieuses de salut que dans l'établissement immédiat de la Commune. Cette dernière nouvelle est acceptée comme indubitable par la majorité de l'auditoire, et la séance est levée au cri de *Vive la Commune!* Mais, est-ce un défaut d'acoustique de la salle ou une illusion réactionnaire de notre esprit? ce cri nous a paru moins assuré et moins vibrant que d'habitude.

CLUB DE LA REINE-BLANCHE.

Séance du 10 janvier.

La première moitié de la séance du club de la *Reine-Blanche*, à Montmartre, a été consacrée à une revue rétrospective des méfaits de la bourgeoisie et à une dissertation philosophique sur la propriété. La veille, on avait débattu des questions non moins palpitantes d'actualité, à propos des hommes de 92 et de leurs œuvres, à savoir s'il faut démolir d'une main et reconstruire de l'autre, ou s'il faut d'abord démolir des deux mains, sauf à reconstruire ensuite, s'il reste enfin peu ou beaucoup à faire aux démolisseurs pour achever l'œuvre des grands révolutionnaires de 92 et 93. D'après un orateur, il resterait encore immensément à faire. La première Révolution nous a débarrassés de

l'aristocratie de naissance et elle a cru nous débarrasser du clergé ; le clergé a repoussé comme une
mauvaise herbe, et à la place de l'ancienne noblesse,
qui du moins ne manquait pas de courage, nous
avons vu croître au milieu des détritus des réactions la bourgeoisie, qui s'est enrichie « en se
grattant le ventre au coin du feu. » Le clergé et la
bourgeoisie, voilà donc ce qui nous reste à démolir.
Un citoyen qui aborde pour la première fois la
tribune de la *Reine-Blanche*, mais qui promet d'y
venir exposer dans une série de conférences la
question sociale, se borne pour le moment à creuser
le célèbre aphorisme de Proudhon : *la propriété,
c'est le vol*. Il constate que la plupart des grands
propriétaires fonciers descendent des Romains qui
avaient spolié les Gaulois ; quant aux autres, et en
particulier aux détenteurs de la propriété mobilière,
ils se sont enrichis par l'usure, par les tripotages
financiers et l'exploitation des travailleurs. Il faut
se débarrasser des uns et des autres, mais il ne
sera pas nécessaire pour cela de recourir à la violence ; il suffira d'employer les procédés scientifiques
que l'orateur se réserve d'exposer dans les séances
suivantes. — Un troisième orateur, qui ne manque
pas d'humour, fait remarquer qu'il y a des institutions qu'on peut démolir sans rien mettre à la
place, le budget des cultes, par exemple. (*Applaudissements et rires*. Plusieurs citoyens fortement

enrhumés du cerveau toussent d'une manière retentissante.) Vous toussez, reprend l'orateur ; eh bien,
quand vous vous débarrassez de votre toux, mettez-
vous quelque chose à la place? Quand vous videz
les égouts, remplacez-vous ce que vous ôtez?
L'orateur, abordant ensuite la question du droit
électoral, déclare que la République ne peut être
séparée du suffrage universel, à moins de devenir
une oligarchie ou une dictature. (*Applaudissements; protestations*. En ce moment, on entend le
bruit sourd de la canonnade. Ce bruit fait tort aux
questions théoriques. L'orateur comprend la nécessité d'en revenir aux questions pratiques, et il passe
à l'examen de la conduite de Gambetta.) En sa qualité d'ami de Gambetta, il est peut-être partial à son
égard, mais il trouve que Gambetta, en soulevant la
province, en remplaçant les vieux généraux incapa-
bles par des chefs jeunes et énergiques, s'est montré un digne successeur des hommes de 92. (*Quelques applaudissements; murmures accentués.*) —
Un autre citoyen s'élance à la tribune. Il ne nie pas
que Gambetta ait rendu quelques services, mais
Gambetta n'est pas complet. Si Gambetta était complet, se serait-il contenté de destituer le traître
d'Aurelle? n'aurait-il pas fait pendre le traître
Fourichon? D'ailleurs, on ne doit pas oublier que
Gambetta n'a commencé à déployer un peu d'énergie qu'après avoir été condamné à mort par la

Commune de Marseille. Au surplus, c'est bien de
Gambetta qu'il s'agit! (En ce moment le bruit de
la canonnade redouble). Citoyens, reprend l'orateur,
la voix du canon ne doit-elle pas vous rappeler au
sentiment de la situation? Un journal qui n'est pas
suspect d'un excès d'amour pour la République
démocratique, *le Siècle*, déclarait hier que nous
n'avons plus que pour quinze jours de pain.
Qu'est-ce que cela signifie, citoyens? Cela signifie
qu'avant quinze jours nous serons livrés aux Prussiens, si nous ne nous sauvons pas nous-mêmes en
proclamant la Commune. Voulez-vous être livrés
aux Prussiens? (Non! non! jamais!) Eh bien, alors,
proclamons la Commune ; nous n'avons pas un jour,
pas une heure à perdre. On nous parle d'élections,
de suffrage universel ; c'est bien de cela qu'il faut
s'occuper aujourd'hui! Le suffrage universel sera bon
quand la France aura cessé d'être élevée par les petits frères, quand tout le monde aura reçu l'instruction gratuite et obligatoire ; mais à l'heure où nous
sommes, ce qu'il nous faut pour nous sauver, c'est
la Commune révolutionnaire. (*Acclamations.* C'est
cela!) On nous demande ce que fera la Commune
pour sauver Paris? Ce qu'elle fera, je vais vous le
dire. Elle fera trois choses : elle assurera d'abord
largement la résistance de la population pour deux
mois, en décrétant le réquisitionnement général
des vivres, et en faisant opérer toutes les perquisi-

tions nécessaires dans les couvents et chez les bourgeois enrichis qui ont entassé des provisions pour un an et qui se gobergent pendant que le peuple meurt de faim (*nouveaux applaudissements*); la Commune nous débarrassera ensuite de la dictature militaire; elle divisera le commandement entre plusieurs généraux, et derrière chacun d'eux elle placera un commissaire de la République chargé de lui brûler la cervelle en cas de trahison (*mouvement d'approbation*); enfin la Commune fera justice des lâches et des traîtres qui essayeraient d'entraver son œuvre de salut; elle n'aura pas besoin pour cela de dresser des guillotines sur les places publiques, comme les réactionnaires l'ont insinué; elle emploiera des procédés qui ne seront pas moins efficaces et qui auront l'avantage d'être plus expéditifs... L'orateur ne croit pas nécessaire d'entrer dans des explications détaillées sur les procédés en question, et il termine en faisant un nouvel et chaleureux appel en faveur de la Commune.

Le président donne communication à l'assemblée d'un certain nombre de *faits divers*. Premier fait. Le citoyen Jaclard vient d'être mis en liberté, mais plusieurs autres citoyens ont été emprisonnés, notamment le citoyen Dupont, bien connu de l'auditoire (*murmures d'indignation*), pour faire compensation. Second fait. Le général

Prim vient d'être tué par une balle vengeresse.
(*Voix dans l'auditoire :* C'est d'un bon exemple!)
Troisième fait. Un conseil de guerre a été tenu au
Louvre par plusieurs généraux, parmi lesquels on
a reconnu un curé déguisé en général. (*Rires.*)
Le lendemain, les Prussiens étaient, comme d'habitude, exactement informés du résultat des délibérations. (*Nouveaux murmures.*) Un dernier
orateur, après avoir constaté l'impuissance des
hommes de l'Hôtel de ville, l'incapacité et l'inertie
de la direction militaire, s'écrie : S'ils continuent à
nous laisser bombarder par les Prussiens, nous
irons les bombarder à l'Hôtel de ville. (*Applaudissements.* La séance est levée aux cris accoutumés
de *Vive la Commune!*)

CLUB DE LA MARSEILLAISE,

A LA VILLETTE.

Séance du 11 janvier.

Les lauriers de Belleville empêchaient la Villette de dormir. C'est pourquoi la Villette a voulu
avoir son club central, démocratique et social,
comme Belleville a le sien. Hier soir donc, on inaugurait dans l'ancienne salle de la *Marseillaise,* rue de
Flandre, cette concurrence au club de la salle *Favié.*

A certains égards, le club de la *Marseillaise* est
plus démocratique : la salle est un vaste hangar
dont le plafond est fait de solives à peine équar-
ries ; pour parquet, on a le sol nu, et l'on s'assied
sur des bancs en bois blanc non rabotés. Les
« sans-culottes » eux-mêmes, malgré leur horreur
du sybaritisme, ne s'y trouveraient positivement
pas à leur aise. Le club *Favié*, installé comme il
l'est dans une ci-devant salle de bal, avec des pein-
tures à la détrempe, des lustres et même des
glaces, a une apparence aristocratique, en comparaison, mais c'est le club *Favié!* A en juger par
ses débuts, le club de la *Marseillaise* promet ; en
une seule séance, on y a dévoilé assez de trahisons
pour alimenter pendant plusieurs soirées un club
de second ordre, tel que le club du fond des Batignolles, par exemple. La trahison ! elle nous enveloppe comme un filet depuis le commencement
de la campagne, et il n'y a que « la Commune »
qui puisse rompre les mailles serrées de la vaste
conspiration ourdie contre la République et les
républicains. Cette conspiration a été organisée de
longue main entre les empereurs, les rois, les accapareurs et les autres exploiteurs du peuple. La
guerre de Prusse était préméditée entre eux, et
c'est une grave erreur de croire que nous ayons
été battus à Reichshoffen, à Sedan et ailleurs. Non !
s'écrie un orateur avec conviction, nous n'avons

pas été battus, nous avons été trahis. (Oui! c'est vrai! il a raison! *Applaudissements énergiques.*) Nous avons été trahis et nous le sommes encore. Les hommes de l'Hôtel de ville continuent Bonaparte, et ils s'entendent comme lui avec les Prussiens pour mettre le peuple en esclavage, après avoir livré la patrie. A qui donc avoir recours pour nous sauver dans ce péril suprême? Faut-il s'adresser aux légitimistes et aux orléanistes? (*Cris :* Non! non!) L'orateur n'hésiterait pas, lui, il le déclare tout haut, malgré ses convictions républicaines, à recourir aux légitimistes et aux orléanistes s'ils pouvaient nous délivrer des Prussiens. (*Nouveaux cris :* C'est impossible!) Oui, c'est impossible, il le reconnaît, et d'autant plus que les légitimistes et les orléanistes font partie de la conspiration; il n'y a donc que le peuple qui puisse se sauver, en établissant la Commune, et c'est la raison de l'acharnement avec lequel la police de l'Hôtel de ville et les réactionnaires ont déchiré « l'affiche ». La Commune donc! la Commune, voilà le remède, voilà le salut! (*Applaudissements.*) — Cependant un autre orateur abandonne un moment ces questions brûlantes de la conspiration et de la Commune pour s'occuper de la démission du citoyen Delescluze, maire du 19e arrondissement, et de ses adjoints. D'après cet orateur, on ne peut sans doute accuser le patriote Delescluze de trahison, mais on ne doit

pas moins le blâmer sévèrement d'avoir abandonné
le poste où la confiance du peuple l'avait placé :
c'était le peuple qui lui avait donné son mandat;
avait-il le droit de résigner ce mandat entre les
mains des hommes de l'Hôtel de ville, dans les
circonstances critiques où nous sommes, dans un
moment où le flot de la misère monte, où les maires
ont une mission de salut à remplir? Quel a été le
résultat de cet acte de défaillance? C'est que les
hommes de l'Hôtel de ville ont nommé une commission provisoire pour administrer le 19ᵉ arrondissement, absolument comme cela se faisait sous
Bonaparte. Voilà ce que nous a valu, à nous autres
citoyens du 19ᵉ arrondissement, la désertion de
Delescluze. (*Applaudissements, mouvements divers.*) Un citoyen s'élance aussitôt à la tribune pour
justifier le maire démissionnaire et ses adjoints. Il
convient qu'au premier abord on comprend diffici-
lement qu'un magistrat nommé par le peuple ré-
signe son mandat au moment où le peuple a le plus
besoin de ses services; mais, — et nous rentrons
ici dans cette ténébreuse affaire de la conspiration,
— s'il a donné sa démission, c'est parce qu'il n'a
pas voulu se rendre complice de la trahison; c'est
parce que dans une réunion présidée par le « talon
rouge » Jules Favre, savez-vous ce qu'on a demandé aux maires? (*Ici l'orateur se recueille un
instant en reprenant sa respiration. Mouvement de*

curiosité intense dans l'auditoire.) On leur a demandé de s'associer à la capitulation. (*Violents murmures.* C'est infâme!) Eh bien, Delescluze n'a pas
voulu tremper dans cette infamie, et il s'est retiré.
D'ailleurs, il y avait encore autre chose. Dans la
répartition des secours alloués aux citoyens nécessiteux, on n'avait voulu comprendre le 19ᵉ arrondissement que pour 4,000 indigents, tandis qu'il
y en a plus de 50,000; on espérait ainsi ruiner le
maire républicain dans l'esprit de ses administrés,
et peut-être susciter des émeutes que l'on se serait
fait un plaisir d'écraser. (La divulgation de cette
trame ourdie contre l'ex-maire du 19ᵉ arrondissement excite une profonde sensation et des réflexions
en sens divers. Nous recueillons au vol un : C'est
égal, il n'aurait pas dû s'en aller.) Cet incident vidé,
on en revient à la question de la conspiration et
des trahisons de l'Hôtel de ville, sans oublier celles
de l'état-major. — Il est bien connu, dit un citoyen,
et *le Réveil* lui-même a révélé le fait, qu'une sortie
avait été résolue dans un conseil composé de
quatre généraux et présidé par Trochu, et que le
lendemain les Prussiens en étaient avertis. Qui les
avait prévenus? qui avait trahi? Était-ce Trochu?
était-ce Schmitz ou un autre? (*Une voix : C'était
l'homme qui mange des faisans. Mouvement d'indignation.*) En tout cas, c'est Trochu qui est res-

ponsable de la trahison, s'il n'est pas lui-même le
traître. (Oui! oui! c'est Trochu!)

Un autre citoyen inconnu à l'assemblée, mais qui
déclare être domicilié dans la rue Chapon, a reçu
par hasard une confidence qui pourrait jeter peut-
être quelque lumière sur cette affaire. Ce citoyen
a des amis dont les amis (*légères interruptions*)
sont les amis de « Dru-Rollin », que d'autres ap-
pellent « Duc-Rollin ». Donc un ami du citoyen
« Dru-Rollin » lui a entendu dire que Trochu aurait dit qu'il ne croyait pas à la possibilité de défendre Paris; qu'il ferait tuer 30,000 hommes pour
l'acquit de sa conscience, et qu'après cela il capitulerait. (*Murmures d'indignation.*) Le citoyen de
la rue Chapon possède encore un autre renseignement qui corrobore celui-là : il tient d'un « voisin »
de Trochu que tout serait préparé pour la capitulation, et il croit être bientôt en mesure de communiquer au club un troisième renseignement encore
plus décisif; mais en attendant, il supplie les énergiques citoyens de Belleville (*exclamations, mouvement de contrariété.* Vous n'êtes pas à Belleville
ici!); pardon! les citoyens de la Villette et des
autres faubourgs républicains de surveiller les me-
nées du gouvernement, car il ne faut pas compter
sur les quartiers du centre et, en particulier, sur
la rue Chapon, qu'il connaît bien; on y est totalement énervé. C'est Belleville (*mouvement d'impa-*

tience plus marqué), non! c'est la Villette avec Belleville et Montmartre qui sauveront Paris. (*Applaudissements.*) — Un troisième citoyen a entendu, en effet, prononcer déjà le mot odieux de capitulation; et comment en serait-il autrement? On fait tout ce qu'on peut pour nous y conduire. Nous autres, gardes nationaux, qui recevons notre solde de 1 fr. 50 c., on nous traite de « nécessiteux »; et que font-ils, les « voleurs » et les « mendiants » qui nous jettent cette injure à la face? Ils font des orgies dans les restaurants à la mode. On a fermé le Jardin des Plantes, savez-vous pourquoi? Parce qu'on a vendu à prix d'or aux restaurateurs du Palais-Royal les éléphants, les ours et les autres animaux rares, pour nourrir les agioteurs et les accapareurs qui exploitent la misère du peuple. Nous autres « nécessiteux », comme ils disent, que pouvons-nous faire avec nos 30 sous, quand un boisseau de pommes de terre coûte 30 fr. et un céleri 2 fr.? (*Murmures d'indignation.*) Maintenant ils parlent de capituler, parce qu'ils ont fait leur coup. Tout le monde sait bien que la guerre a été déclarée dans l'intérêt des agioteurs qui ont gagné des sommes immenses dans des fournitures et qui achèvent aujourd'hui de s'enrichir en nous affamant. Aussi longtemps qu'ils avaient des denrées à vendre dix fois le prix qu'elles leur avaient coûté, ils étaient pour « la résistance à outrance »;

maintenant ceux qui ont tout vendu et à qui il ne reste plus de profits à faire commencent à parler de capitulation. Ah! quand on pense à ces infamies, on se brûlerait *presque* la cervelle. (*Sourires, on applaudit.*)

Un quatrième citoyen reprend le même thème, avec non moins de conviction et d'énergie. Il connaît, dit-il, un restaurant où se réunissent les employés de la Banque, et où la semaine dernière encore on a mangé deux vaches avec un veau, tandis que dans l'ambulance en face on manquait de viande fraîche. (*Violents murmures.*) Voilà le système des hommes de l'Hôtel de ville et de Trochu. Ils nous affament et ils nous trahissent. Trochu a déclaré, à la vérité, qu'il ne capitulerait point; mais nous savons ce que cela veut dire. Quand il nous aura épuisés et énervés jusqu'au bout, il convoquera un nouveau plébiscite sur la question de la capitulation, et alors il dira que c'est la population qui a capitulé et pas lui! (C'est vrai! c'est un jésuite!) Il faut en finir avec les accapareurs et les traîtres. (Oui! oui! il est temps!) Il nous faut la Commune. Nous n'avons plus que pour dix-huit jours de vivres, sur lesquels il en faut quinze pour nous ravitailler. Si nous n'avons pas la Commune d'ici à trois jours, nous sommes perdus. (C'est vrai! La Commune! la Commune.) L'orateur explique comment la Commune s'y prendra pour sauver Paris

que les traîtres de l'Hôtel de ville et de l'état-major
sont en train de livrer aux Prussiens : elle ordon-
nera des visites domiciliaires non-seulement chez
les marchands, mais chez tous les particuliers qui
recèlent des subsistances. D'ailleurs, ajoute-t-il,
quand tous les chiens seront mangés, nous man-
gerons ces chiens-là. (*Hilarité*; *applaudissements.*) La Commune organisera en même temps
une sortie en masse dont le succès est infaillible.
Car il résulte des renseignements statistiques don-
nés par Gambetta sur les pertes des armées alle-
mandes qu'en décomptant l'effectif des armées
détachées de Frédéric-Charles, Manteuffel, etc., il
n'y a pas en ce moment plus de 75,000 Prussiens
devant Paris. Et c'est devant cette poignée d'Allemands que notre armée de 500,000 soldats parisiens demeurerait immobile! Allons donc! La Commune rompra ce prétendu cercle de fer, et elle
saura bien empêcher la trahison : elle aura deux
commissaires auprès de chaque général. (La veille,
à la *Reine-Blanche*, on se contentait d'un commissaire avec un revolver; à la *Marseillaise*, on en met
deux; ce soir, à la salle *Favié*, on ira probablement
jusqu'à trois pour distancer la Villette, et peut-
être au « club fermé » de la rue de Charonne pous-
sera-t-on jusqu'à quatre. Ah! ce n'est pas une
situation commode que celle d'un général de la
Commune!) Les commissaires, reprend l'orateur,

surveilleront tous les mouvements du général, et, au premier signe de défaillance, ils lui casseront la tête à coups de revolver. Inexorablement placé entre la victoire et la mort, il choisira naturellement la victoire. (*Mouvement général d'approbation.*) Il se fait tard, mais, avant de lever la séance, le président déclare que, l'heure approchant où les républicains devront « se serrer les coudes », les patriotes sont invités à donner leur nom et leur adresse pour qu'on puisse les trouver quand on aura besoin d'eux. Cette proposition est accueillie par acclamation. Un certain nombre de citoyens se font inscrire sur la liste d'enrôlement ; puis, la séance est levée au cri accentué, avec une légère variante, — on se pique à la Villette de ne pas copier Belleville, — de *Vive la Commune de Paris!*

CLUB DE LA REVENDICATION,

PASSAGE DU GÉNIE.

Séance du 12 janvier.

Vers l'extrémité de la rue du Faubourg-Saint-Antoine, à deux pas de la barrière du Trône, on découvre, en cherchant bien, une ruelle longue et obscure dont les allumeurs de réverbères et les

balayeurs paraissent ignorer absolument l'existence; c'est le *passage du Génie*. Au bout du passage du Génie, s'ouvre, dans une ci-devant salle de
café-chantant, étroite et pauvrement décorée, le
club de la *Revendication*. L'auditoire y est peu
nombreux. Les femmes et les enfants du quartier y
viennent cependant pour économiser la lumière et
trouver un peu de chaleur en se serrant les uns
contre les autres; leurs vêtements usés forment un
triste contraste avec les vareuses neuves et les cache-
nez de couleurs voyantes de la partie masculine de
l'assemblée. Tout le monde a sa part sans doute
dans les fatigues et les privations du siége; mais les
femmes et les enfants, sans oublier les malades et
les infirmes, en un mot les faibles, n'ont-ils pas à
porter au delà ce qui devrait leur revenir dans ce
lot de misères et de souffrances? Pauvres gens,
dont la destinée est comptée pour si peu, et aux
dépens de qui, hélas! s'écrivent trop souvent les
« pages d'histoire! » Quoique démocratique et même
social, le club du passage du Génie a des allures
paisibles, et il n'est révolutionnaire que tout juste.
Car Rome n'est plus dans Rome, et ce terrible faubourg Saint-Antoine, d'où partait jadis le signal des
« journées », a donné sa démission en faveur de
Belleville et de la Villette. La révolution est installée maintenant sur les hauteurs, depuis le club de
la rue Lemercier, aux Batignolles, à l'ouest, jus-

qu'au « club fermé » de la rue de Charonne, à l'est, avec quelques annexes sur la rive gauche, et dans les « quartiers énervés » du centre, comme on dit à Belleville.

Donc, hier soir, on s'occupait au club de la *Revendication,* comme partout, des misères de la situation et de l'urgente nécessité de recourir à « la Commune » pour y mettre fin. Un orateur plein d'enthousiasme patriotique pousse l'exaltation jusqu'à déclarer qu'il « méprise » les jambons et les saucissons et qu'il préfère se nourrir de l'air de la liberté. (*Quelques exclamations, légers soupirs des citoyennes.*) Un autre est d'avis que les saucissons et les jambons ne reviendront qu'avec la Commune, et il accuse le gouvernement d'avoir perpétué tous les abus. Nous payons toujours, dit-il, le budget des cultes et les gros traitements comme sous Bonaparte, au lieu d'avoir réduit tous les gros mangeurs à la solde de 1 fr. 50 c. L'orateur se sert, pour rendre sa pensée, d'une comparaison savoureuse. Supposons, dit-il, que je sois un paysan et que j'aie élevé une volaille grasse (*nouvelles exclamations*); si l'on m'oblige à donner les ailes au clergé, les cuisses aux fonctionnaires et la carcasse aux grosses épaulettes, que m'en restera-t-il? Eh bien, voilà où nous en sommes; nous élevons la volaille et d'autres la mangent. Nous aimerions mieux la garder pour nous, pas vrai? (Oui! oui!

— *Vif mouvement d'approbation.*) L'orateur accuse encore le gouvernement de n'avoir rien fait
pour nous débarrasser des Prussiens et de nous
réduire à capituler, à moins que nous ne réussissions à vivre de « l'air de la liberté ». Un Polonais, le
citoyen Strassnowski, entreprend de justifier la
conduite du gouvernement, et il parvient à se faire
écouter, non toutefois sans quelque impatience.
Vous vous plaignez, dit-il, de ce que le gouvernement n'a pas fait fondre des canons tout de suite,
mais avait-il des artilleurs pour les servir? (*Interruption.* Et nous donc?) Vous? mais il y a trois
mois, vous étiez des ouvriers et des artisans, vous
n'étiez pas des soldats. C'est en vous faisant tourner et virer sur la place du Trône et sur les remparts qu'on a fini par vous mettre en état de
lutter avec les Prussiens. Le gouvernement a donc
bien fait d'attendre. (*Nouveaux murmures.*) L'orateur n'en veut pas du reste au peuple allemand, il
n'en veut qu'aux potentats qui poussent les
peuples à s'entr'égorger, et il espère qu'un jour
viendra où les nations européennes se tendront une main fraternelle par-dessus les Pyrénées, les Alpes, les Carpathes et les Balkans.
(*Faibles applaudissements. — Murmures.*)

Un citoyen du quartier prie l'auditoire d'excuser
le citoyen Strassnowski, qui est un brave homme
et qui s'est enrôlé dans les bataillons de marche,

malgré ses six enfants, puis il se retourne de son
côté et il lui reproche amicalement d'avoir pris la
défense d'un gouvernement dont l'incapacité est
notoire. Voyons, dit-il, citoyen Strassnowski,
qu'a-t-il fait, ce gouvernement de la prétendue
défense nationale, pour mériter vos éloges? Il nous
a exercés et il a fini par nous armer, c'est vrai,
mais dans quel but? Est-ce pour que nous livrions
nos canons et nos fusils aux Prussiens après nous
avoir fait prendre des rhumes de cerveau sur les
remparts? A-t-il essayé sérieusement d'utiliser
l'instruction militaire qu'il nous a fait donner?
Non! il est demeuré inerte pendant que les Prussiens entouraient Paris d'une triple ceinture de
citadelles. Il nous dit tous les jours que nous allons
être délivrés par les armées de province, mais nous
ne voyons rien venir... Il nous berce avec des
contes de « ma mère l'oie », citoyen Strassnowski.
Il ne nous donne pas même la sécurité dans Paris.
Les bruits les plus ridicules se répandent. Hier, il
y avait presque une émeute parce qu'on répandait
des bruits de trahison; on criait : A bas Schmitz!
et on disait qu'une grosse actrice avait fait arrêter
un espion dont la cuisinière connaissait la cuisinière d'un membre du gouvernement, et autres
billevesées; d'où cela vient-il, citoyen Strassnowski? Cela vient de ce que le gouvernement
manque d'autorité morale et de ce qu'on n'a pas

confiance en lui. En attendant, les vivres diminuent,
et ce matin, à huit heures, on ne pouvait plus avoir
de pain dans aucune boulangerie du 12ᵉ arrondissement. (*Voix féminines :* C'est vrai! on faisait
queue depuis cinq heures.) Encore le pain qu'on
nous fait ressemble-t-il à du plâtre plutôt qu'à du
pain. Dans le 3ᵉ arrondissement, au contraire, on
dit qu'il y a du pain en abondance. Voilà comment
le gouvernement a organisé tous les services : nous
faisons queue pour avoir de la viande, queue pour
avoir du bois, queue pour avoir du pain; est-ce
que cela peut durer longtemps ainsi, citoyen
Strassnowski? L'orateur conclut en demandant
que le peuple prenne lui-même la direction de
sesaffaires. (Oui! oui! *Quelques cris de* Vive la
Commune!) — Le citoyen Strassnowski ne juge
pas à propos de répliquer, et la séance est levée.
Le président engage toutefois les membres de
l'assemblée à ne point se séparer sans apporter
leur souscription à une Société fraternelle ayant
pour objet l'enseignement civique mutuel. Nous ne
sommes pas, dit-il, des conspirateurs, nous sommes
des citoyens paisibles qui voulons nous instruire,
et c'est dans ce but que nous avons fondé notre
« Société fraternelle ». On applaudit; mais les
souscripteurs sont encore moins nombreux que les
auditeurs.

CLUB DE LA RUE D'ARRAS.

Séance du 13 janvier.

Placé entre la rue Monge et la rue des Écoles, le club de la rue d'Arras est exposé à recevoir des visiteurs plus incommodes encore que les « reporters » de la réaction. Aussi le public commence-t-il à y devenir rare. Hier soir, la salle n'était qu'à moitié remplie, et, chose assez curieuse, mais que nous nous garderons naturellement d'attribuer à la crainte des obus, il n'y avait pas de bureau du tout. Les organisateurs, les promoteurs ou les meneurs ordinaires du club étaient absents, et nous n'avons pu savoir de leurs nouvelles. Probablement ils étaient en train d'exécuter une sortie, peut-être même une « trouée », du côté de la rive droite. On a été obligé de faire appel aux citoyens de bonne volonté pour les remplacer. Trois jeunes citoyens entièrement imberbes se sont présentés, l'un d'entre eux s'est emparé de la sonnette et du fauteuil présidentiels, les deux autres se sont assis à ses côtés comme assesseurs, et la séance a commencé. Les orateurs faisant défaut, le jeune président a quitté

son fauteuil et il a occupé la tribune pendant plus
d'une heure.,

Cet âge est sans pitié.

Le jeune orateur ne manquait pas de verve, mais
il manquait tout à fait d'indulgence : il était impitoyable non-seulement pour le gouvernement de la
défense nationale, qu'il qualifiait dédaigneusement
de gouvernement, d'avocats-généraux et de géné-
raux-avocats, mais encore il jugeait bien sévèrement les républicains de l'ancienne génération, et
en général tous les « vieux ». Ce mot célèbre de
Royer-Collard : « La France a perdu le respect, »
nous revenait à la mémoire pendant que l'orateur
imberbe, fauchait les réputations avec sa verve
tranchante et cruelle, et mettait sans façon à la
retraite toutes les « ganaches » qui ont atteint l'âge
de la conscription. L'orateur a en outre des griefs
particuliers contre le gouvernement. Il s'était enrôlé
dans les pupilles de la République à cause de son
âge, et on a refusé des fusils à sa compagnie,
parce qu'elle était signalée pour ses opinions avan-
cées; on s'est contenté de l'envoyer à la recherche
des pommes de terre, après quoi, malgré l'aptitude
et le dévouement dont elle avait donné des preuves
dans ce service spécial, on l'a dissoute. Le jeune
orateur dresse un acte d'accusation complet contre
le gouvernement depuis le 4 septembre; il dénonce

sa coupable impéritie, ses hésitations, ses défaillances. Si le gouvernement a fini par se résoudre à faire quelque chose pour nous défendre, dit-il, c'est parce qu'il y a été poussé par les clubs. C'est aux clubs, qu'il fait calomnier tous les jours par ses écrivains à gages, que nous devons l'armement de la population, la mise en état des fortifications, la fonte des canons, en un mot, tout ce qui a été fait de sérieux depuis trois mois. Le gouvernement nous accuse d'être des bavards; mais qu'est-il donc lui-même, sinon un gouvernement de bavards? Il bavarde dans l'*Officiel*, il bavarde dans les proclamations qu'il affiche sur les murailles, il bavarde partout et toujours, quand il devrait agir. M. Jules Favre devait aller bavarder à la conférence de Londres, mais il y a renoncé, dit-on, parce qu'il ne veut pas priver la défense de Paris de son précieux concours. Il est certain que le départ de cet « avocat » aurait sensiblement affaibli la défense (*rires ironiques*), et que nous lui devons des remercîments pour les mesures énergiques et prévoyantes que ses collègues et lui ont prises en vue de nous préserver d'un bombardement. (*Nouveaux rires.*) Ils nous accusent encore d'être des alarmistes, parce que nous ne croyons pas à leurs fausses nouvelles; mais les vrais alarmistes ne sont-ils pas ceux qui préparent chaque jour des déceptions à la population en lui donnant des espérances qui ne se réali-

14

sent jamais? les vrais alarmistes ne sont-ils pas ceux
qui se jouent de notre crédulité et qui nous éner-
vent avec leurs mensonges? L'orateur avait eu
d'abord, lui aussi, confiance dans le gouvernement;
mais ses illusions se sont bien vite dissipées
quand il a vu le gouvernement s'encroûter dans la
routine et refuser l'auxiliaire de la science pour la
défense de Paris; on lui a fait plus de vingt mille
propositions d'engins destructeurs. Combien en
a-t-il examinées? Deux cents peut-être. Combien en
a-t-il acceptées? Aucune. Les illusions de l'orateur
se sont dissipées encore quand il a vu Trochu faire
tuer inutilement des milliers d'hommes au Bourget
et à Champigny. Ah! Trochu, il aura de terribles
comptes à rendre, celui-là. On a exécuté Dumol-
lard, qui avait du moins l'excuse de la misère et
du défaut d'éducation; mais quelle excuse peut
invoquer Trochu? La situation est bien près d'être
désespérée; la Commune seule peut encore nous
sauver. La Commune fera appel à la science et à
la jeunesse, et elle repoussera les Prussiens;
cependant, tout en déployant une indomptable
énergie, elle sera généreuse; elle dira aux Prussiens,
après les avoir mis à sa discrétion : Je vous donne
le choix entre la République démocratique et
sociale ou la mort. Les Prussiens n'hésiteront pas;
alors nous leur tendrons une main fraternelle et
nous inaugurerons l'ère du bonheur des peuples. La

Commune donc ! la Commune ! (*Applaudissements redoublés.*) Toutefois, quoique le temps presse, le jeune orateur ne veut pas établir la Commune par voie d'émeute. Nous pourrions employer la force si nous voulions, dit-il, car nous sommes à Paris trente mille « hommes » prêts à marcher au premier signal, mais nous ne voulons pas de guerre civile, nous ne voulons pas faire couler le sang français (*quelques bravos*); ce que nous voulons, c'est une révolution pacifique faite par le peuple tout entier comme au 4 septembre, et nous y viendrons, malgré les déchireurs d'affiches, malgré Jules Favre, malgré Trochu. (Ce discours, débité avec une facilité singulière et une verve endiablée, cause une sensation extraordinaire. *Triple salve d'applaudissements.*) — Un citoyen qui appartient à une génération grisonnante adresse ses félicitations au jeune orateur, en rappelant les vers de la *Marseillaise :*

> « Nous entrerons dans la carrière,
> Quand nos aînés n'y seront plus. »

— Vous y êtes dans la carrière, jeune citoyen, et il ne nous reste plus à nous autres « vieilles pelisses » qu'à vous y suivre. (*Nouveaux applaudissements.*) Ce citoyen a été, dit-il, un des fondateurs du club de la rue d'Arras, et il se félicite de le voir en de si

bonnes mains ; il croit devoir faire toutefois sa con-
fession tout entière : il n'était pas partisan de la Commune et il avait confiance dans le gouvernement
(*murmures*); mais à présent, c'est fini! Ses yeux se
sont ouverts, et il ne doute plus de la trahison qui
nous enveloppe dans ses filets. Il cherche à appro-
fondir « l'affaire des quatre généraux ». Qui a
trahi? dit-il, est-ce Trochu, est-ce Vinoy, est-ce
Ducrot ou Schmitz? Ses soupçons ne s'arrêtent pas
sur les trois premiers, et il n'a pas cessé même
d'avoir confiance en Ducrot; mais Schmitz n'était-
il pas un favori de l'empire? Schmitz n'a-t-il pas
un fils qui a été baptisé par l'auteur de nos maux?
(*Sensation.*) Est-il nécessaire de chercher d'autres
preuves de sa trahison? — Un second citoyen
s'élance à la tribune. Défiez-vous, dit-il d'une
voix rauque, en lançant des regards peu fraternels
à son devancier, défiez-vous des convertis de la
dernière heure, et des « vieilles pelisses ». En
voici un qui a soutenu le gouvernement de la prétendue défense nationale, et qui fait semblant
aujourd'hui de tourner casaque; mais qui nous
garantit qu'il ne trahira pas la Commune après
avoir lâché Trochu? D'ailleurs, avez-vous remarqué, citoyens, qu'il a ménagé Ducrot? Ducrot a son
estime. Ducrot a ses sympathies. On la connaît,
celle-là. Moi, je me méfie des gens qui ont toujours « un bonhomme » dans leur sac; hier,

c'était Trochu, aujourd'hui c'est Ducrot. Nous
n'en avons pas besoin de leurs bons hommes ; ce
qu'il nous faut, c'est « l'anarchie ». Les chefs nous
ont perdus, il n'y a que l'anarchie qui puisse
nous sauver. (*Applaudissements. Interruptions.*)
La « vieille pelisse » reparaît à la tribune, en proie
à une émotion violente, mais contenue. — Le
citoyen qui met en doute ma sincérité, dit-il, permettra bien que j'examine de mon côté sa conduite
politique. Il était membre du comité de vigilance du
quartier; n'a-t-il pas été expulsé par ses collègues
à cause de ses dénonciations et de ses calomnies?
N'a-t-il pas fait des bénéfices scandaleux sur des
chaussures dont il avait obtenu la fourniture à la
mairie? (*Interruption violente.* Le citoyen accusé :
Vous en avez menti!) C'est ce qu'on verra! A mon
tour, je vous déclare, citoyen cordonnier (*exclamations dans l'auditoire :* Ça n'est pas un crime!
Il gagne sa vie, cet homme!), je vous déclare que
je ne suis pas un séide de Ducrot et que vous en
avez menti... (Nouveau tumulte; les interpellations
sifflent et éclatent comme des obus dans la salle; le
jeune président fait tinter violemment sa sonnette;
un calme relatif se rétablit.) Le citoyen cordonnier, dont la voix devient de plus en plus rauque,
affirme qu'on ne l'a point exclu du comité de vigilance et qu'on ne lui a point commandé de chaussures, que la « vieille pelisse » n'est qu'un calom-

14.

niateur et un « propriétaire ». Après cette dernière et sanglante injure, il ne restait plus qu'à en venir aux coups; on sépare à grand'peine les deux adversaires, et la séance ne tarde pas à être levée au milieu d'une grande excitation. Il est dix heures et demie. Les abords de la salle sont déserts; un brouillard épais intercepte la lumière vacillante des rares lanternes, des gardes nationaux qui descendent la rue Monge se racontent que les obus ont recommencé à pleuvoir dans la rue Mouffetard; mais c'est égal, les affaires de la Commune vont bien dans la rue d'Arras.

CLUB FAVIÉ,

A BELLEVILLE.

Séance du 16 janvier.

Hier soir, le club *Favié* ressemblait à une ruche bourdonnante. On s'entretenait avec animation du rationnement du pain qui avait été inauguré le matin même dans l'arrondissement, et les femmes, en particulier, se distinguaient par la véhémence de leurs plaintes. Les gens de l'Hôtel de ville en prennent à leur aise, disait-on dans les groupes; ils mangent de la viande à discrétion, eux et les riches

qui les soutiennent; ils ont des jambons dans leurs
caves et ils vont faire des orgies dans les restaurants avec des « demoiselles ». Ils ne souffrent pas
du rationnement du pain, et ça leur est commode
de faire du patriotisme et de « la défense à outrance » aux dépens de nos estomacs. Mais nous,
qui n'avons plus que du pain à manger, est-ce
que nous pouvons vivre avec une livre ou même
400 grammes de pain par jour? Ils veulent donc nous
faire « crever » de faim et se débarrasser ainsi de
Belleville qui les gêne encore plus que les Prussiens? Des femmes ajoutent qu'on les a maltrai-
tées pendant qu'elles faisaient « la queue du pain »,
qu'une mère de famille a été brutalisée par un
garde du corps civique, dans la rue de Meaux,
parce qu'elle avait amené un enfant avec elle. Qu'en
aurait-elle fait? La malheureuse est tombée sur le
trottoir et s'est cassé un bras. Les langues se délient,
les esprits s'échauffent, et c'est à grand'peine que
le bureau obtient le silence nécessaire pour ouvrir
la séance. — Un premier orateur, abordant la question qui cause l'émotion de l'auditoire, déclare que
les gardes civiques chargés de maintenir l'ordre
dans les queues se montrent plus grossiers et plus
brutaux que les agents de Piétri; ils n'ont pas, dit-
il, le cœur et la « sensibilité » des vrais gardes nationaux. — Un second orateur, qui arrive du dehors,
s'étonne de retrouver les choses dans l'état où il

les a laissées il y a dix jours, seulement un peu
pires : les « captifs » ne sont pas délivrés, et il ne
paraît pas qu'on s'occupe beaucoup de leur sort;
s'est-on informé, du moins, s'ils ne manquent de
rien? Les citoyennes ont-elles été leur porter des
consolations et des douceurs, puisque les citoyens
paraissent avoir décidément renoncé à les délivrer?
Pour lui, il est toujours prêt à marcher, mais il
faut se hâter, car il se passe des choses étranges, la
trahison nous enveloppe, un artilleur de la légion
Schœlcher vient de lui dire qu'on enterre des canons pendant la nuit dans les caves de Notre-Dame.
(*Mouvement de stupeur.* — *Cris:* C'est infâme!)
Le moment est venu de prendre une résolution
énergique. — Un troisième orateur se charge d'expliquer au précédent pourquoi les « captifs » n'ont
pas été délivrés et pourquoi la situation a empiré
depuis dix jours au point d'être désespérée. « C'est,
dit-il, parce que le peuple est lâche (*réclamations*);
oui, le peuple est lâche et corrompu ; il a été gâté
par le contact de la bourgeoisie exploitante et tra-
fiquante comme un fruit sain par le contact d'un
fruit pourri. Il trafique, il vend ses bons de chauffage et ses cartes de pain. Ah ! il ne vaut pas grand'-
chose aujourd'hui le peuple, sauf une partie honnête qui préfère voler, comme disent les riches,
quand le besoin la presse, plutôt que de trafiquer.
Aujourd'hui encore on a abattu des arbres et on a

dévalisé un chantier, et on a bien fait. L'orateur
lui-même se vante d'avoir donné le bon exemple
en abattant un arbre sur le boulevard. Il porte un
poignard et un revolver, et il brûlera la cervelle au
premier qui essayera d'empêcher le peuple honnête
de voler ce qui lui est nécessaire pour ne pas mourir. Mais la majorité n'en est pas moins lâche et
avilie, et c'est pourquoi les captifs n'ont pas été
délivrés et on a laissé passer le moment de faire la
Commune. Savez-vous qui a déchiré notre affiche?
Ce ne sont pas les gardiens de la paix ou les gardes
nationaux réactionnaires, comme on l'a dit, non!
c'est le peuple lui-même, personne n'osera me dé-
mentir, ce sont des femmes, des enfants, des
hommes de la Villette, du quartier du Temple, de
Belleville même. (*Exclamations. — Cris :* Oui, oui,
il dit la vérité !) N'est-ce pas une honte? Rabelais
appelait les gens du peuple de son temps des « moutons de Panurge »; il n'ont pas changé, c'est toujours la même race. Ils se nourrissent des billevesées que le premier venu invente et qu'ils se
répètent les uns aux autres comme des niais. Aujourd'hui, on raconte que Bourbaki et Garibaldi
ont envahi le pays de Bade, et qu'on envoie la flotte
dans la mer Baltique avec 50,000 hommes pour
soulever nos prisonniers en Allemagne. D'où vien-
nent-elles ces nouvelles suspectes? On ne le sait
pas, on les a lues dans un journal, et ça suffit pour

qu'on les croie. Demain, ce sera une autre inven-
tion. En ce moment, on a confiance en Gambetta,
et on dit : « Ah ! si Gambetta était à Paris !... » Eh
bien? après?... Il y a été, à Paris; qu'a-t-il fait?
Gambetta vaut Trochu, et Trochu vaut Gambetta.
(*Rires.*) Le peuple n'a pas voulu faire ses affaires
lui-même ; il a été trop lâche pour établir la Commune quand la Commune pouvait encore nous sauver; il a préféré croire aux sauveurs Gambetta ou
Trochu, et maintenant le pain tire à sa fin et les
Prussiens nous bombardent. On a commencé à
bombarder le faubourg Saint-Germain; une bombe
est tombée sur le ministère du commerce; l'orateur ne s'en désole pas, au contraire! car il y a là
des gens qui mettent tous les jours 120,000 fr. dans
leurs poches en bénéficiant sur le pain et 80,000 fr.
sur la viande (*murmures d'indignation*) ; c'est avec
plaisir qu'il verra brûler ce repaire d'exploiteurs ;
il n'approchera pas de trop près pour ne pas recevoir un éclat d'obus, car il serait désolé de mourir
avec ces gens-là. — Un citoyen s'élance haletant à
la tribune. « N'y a-t-il donc plus, dit-il, aucun
moyen de nous sauver? Je supplie chaque orateur
de nous indiquer le sien... (*Interruption. — Cris :*
Dites-nous le vôtre !) Le mien, c'est le feu grégeois.
(*Rires* . — Connu ! — Ce n'était pas la peine de
vous deranger! — Si! si! — Non! non!)

M. Briosne demande la parole. (*Mouvement gé-*

néral d'attention. M. Briosne est un orateur, *rara
avis*; il a du souffle et le don d'émouvoir profondément un auditoire populaire, l'allure inspirée d'un
prophète et la voix caverneuse d'un traître de l'*Am-
bigu*.) D'après M. Briosne, la situation est désespérée; et pourquoi? parce que le gouvernement,
suivant en cela l'exemple funeste de ses devanciers,
nous a constamment caché la vérité; parce qu'il
nous a nourris d'illusions; parce qu'il s'est évertué
à nous dissimuler la puissance de l'ennemi auquel
nous avons affaire. Cet ennemi a sur nous l'avantage de la discipline et de la science; on a voulu
nous persuader que nous pouvions l'emporter sur
lui grâce à la supériorité de notre courage. Vaine
illusion! triste mensonge! Notre ennemi est aussi
courageux que nous, et, au lieu de le déprécier,
nous aurions mieux fait d'acquérir ce qui nous
manque pour l'égaler et le vaincre. Il y a trente-
cinq jours, époque de la dernière visite de l'orateur
au club *Favié*, on pouvait encore tout sauver. On
avait 600,000 hommes et des vivres; on pouvait
organiser une action énergique et décisive de con-
cert avec la province; aujourd'hui on est à bout, le
temps manque, et bientôt tout va manquer! Qui
parle encore de faire la Commune? Qui serait assez
insensé pour assumer sur lui la responsabilité de
la situation où nous sommes? La Commune! son
heure est passée. (*Exclamations*. C'est vrai! il est

trop tard!) Auriez-vous le temps d'organiser un gouvernement, d'imprimer à tous les services l'impulsion nécessaire pour assurer la résistance? Non! il est trop tard. Mais à qui la faute? Sur qui doit peser la responsabilité de la situation? Est-ce sur le peuple? Non! le peuple ne gouverne pas; il est mené et exploité comme il l'a toujours été; c'est la bourgeoisie, la bourgeoisie qui a la science, la richesse et le pouvoir, c'est elle qui sera responsable du désastre de Paris. Mais ce désastre sera plus grand et plus complet qu'elle ne se l'imagine. Ah! elle croit qu'il lui aura suffi de faire un semblant de résistance, d'aller aux remparts et de faire des reconnaissances où on ne voit pas les Prussiens, et d'où l'on revient en se disant : Nous avons été admirables! elle croit, cette caste égoïste et vaniteuse, que cela lui suffira pour couvrir sa responsabilité devant le peuple et devant l'histoire! Non! non! nous ne le permettrons pas. Paris est la capitale du monde civilisé, il faut que sa chute soit digne de sa renommée. Quand Jérusalem est tombée, les femmes jetaient sur l'ennemi du haut des murailles, à défaut de pierres et de débris, les membres palpitants des défenseurs de la cité sainte; de Palmyre, la reine du désert, il n'est resté qu'une colonnade mutilée, et on a cherché pendant des siècles l'emplacement de Babylone et de Ninive. Eh bien, il faut que Paris aussi sache mourir. Si les Prussiens

entrent dans Paris, la province continuera la lutte,
et alors comment nous approvisionnerons-nous?
D'où nous viendront les vivres? Les Prussiens
pourront-ils se charger de nous nourrir? Tu ne
seras pas nourrie, bourgeoisie prévoyante, mais tu
seras pillée, car les Prussiens commenceront par
imposer à Paris une contribution de guerre de
2 ou 3 milliards, et ces milliards, ce n'est pas à Belleville qu'on viendra les chercher (*hilarité générale*);
non! comme on ne trouvera pas assez d'argent, on
prendra les chefs-d'œuvre des musées, on mettra
à contribution les riches ameublements des bourgeois, les tableaux de maîtres qui décorent leurs
salons, leurs bijoux finement ciselés... Ne vaut-il
pas mieux échapper à cette fin ignominieuse par
un suprême effort? Au lieu d'imiter l'autruche qui
se cache la tête sous le sable en attendant la mort,
imitons le lion acculé qui s'élance sur son ennemi
et lui fait sentir sa griffe dans une dernière con-
vulsion d'agonie; sortons tous, hommes, femmes,
enfants, peuple, bourgeois, oublions nos divisions,
nos griefs, nos haines, pardonnons à la bourgeoisie
si elle veut mourir avec nous; sortons à quinze
cent mille, à deux millions; les Prussiens ne pourront nous massacrer tous; ceux qui survivront iront
nous chercher des vengeurs, et si nous mourons,
nous aurons fait une fin digne de la capitale du
monde. (Ce discours, débité avec feu et avec de

véritables mouvements d'éloquence, produit une impression extraordinaire; des femmes s'agitent et pleurent, en proie à une crise nerveuse; le président propose même de lever la séance. Cependant l'émotion se calme peu à peu et la séance continue.) — Un jeune citoyen s'élance à la tribune. « J'admire, dit-il, l'éloquence du citoyen Briosne, mais comme l'acte de désespoir qu'il propose est impraticable, sa conclusion, c'est qu'il n'y a rien à faire et qu'il faut nous rendre aux Prussiens. » (*Exclamations.—Violent tumulte.*—Il ne l'a pas dit!) Le président saisit cette occasion pour ôter la parole à l'orateur et pour se l'accorder à lui-même. Il pense, comme le citoyen Briosne, que la situation est désespérée, et qu'il faudra que nous mourions tous. « Du reste, dit-il, ça commence déjà assez bien. Voyez les relevés de la mortalité de la semaine, et ce n'est qu'un début. On tousse beaucoup à Belleville, on tousse de plus en plus. On s'enrhume en faisant queue pour le pain, pour la viande ou pour le bois, on néglige son rhume, comment le soignerait-on? et on en mourra au printemps. Il vaut mieux en finir tout de suite; — mais avant d'en finir, il faut pourtant que nous réglions nos comptes avec les bourgeois; il ne faut pas que nous soyons seuls à supporter les tourments de la faim. On nous rationne, nous autres qui vivons de pain; il faut qu'on les réquisitionne, eux qui vivent de conserves et d'aliments fins. Avant de mourir, nous irons visiter leurs caves (*applaudissements et rires*), et nous dirons deux mots à leurs jambons. Après cela, nous mourrons tous ensemble, et puisqu'ils n'ont pas voulu de la communauté avec nous dans la vie, nous l'aurons avec eux dans la mort. » (*Applaudissements, protestations.*) — Un citoyen déclare que ce n'est pas au peuple à tendre la main au bourgeois, comme l'a dit Briosne, la victime ne tend pas la main au bourreau; il faut d'abord que le bourreau fasse amende honorable. — Un autre ne veut pas, lui, se réconcilier avec les bourgeois, il ne veut pas mourir avec eux, et il se réjouit de voir les bombes prussiennes tomber sur les églises et les palais que cette race d'exploiteurs a bâtis avec la sueur du peuple. D'ailleurs, est-il trop tard pour faire la « Commune? » Il y a d'autres quartiers où l'on a plus d'énergie qu'à Belleville (c'est vrai! nous sommes mous!), et où on devait se lever, ce soir même, pour marcher sur l'Hôtel de ville. Nous laisserons-nous devancer par la Villette et Montmartre? (Non! non!) Vous criez : Non! et quand le moment sera venu d'agir, on ne trouvera pas cinq cents hommes à Belleville. (Si! si! Les femmes se lèvent en criant : Nous irons les premières! nous irons leur demander du pain! *Agitation extrême.*) Un citoyen déclare qu'on ne peut pas marcher sans que les « comités » se soient entendus et aient donné le signal. (Non! non! pas de comités! — Si! si!) Le tumulte augmente, la voix des orateurs se perd dans le bruit; le président lève la séance, et l'assemblée se sépare aux cris de *Vive la République démocratique et sociale!*

CLUB DE LA RÉVOLUTION,

ÉLYSÉE-MONTMARTRE.

Séance du 18 janvier.

Au club de la *Révolution*, salle de l'Élysée-Montmartre, on croit encore à la Commune. A l'ouverture de la séance, on acclame, comme d'habitude, cette institution, mais le public est clairsemé et l'acclamation peu nourrie. Il faut dire, au surplus, que le bureau a cru devoir prendre ses précautions contre les « reporters » de la réaction, et qu'on est obligé aujourd'hui de donner son nom et son adresse (il n'est pas nécessaire d'apporter son certificat de vaccine) en entrant au club. Cette formalité, dont nous ne contestons point l'opportunité et encore moins l'efficacité, n'encourage pas malheureusement le public à entrer. D'ailleurs, le découragement du personnel des clubs est visible. Comme le disait la veille M. Briosne au club *Favié*, il est trop tard pour faire la Commune ; et puis, s'il faut l'avouer, le scepticisme, ce ver rongeur des sociétés modernes, a gagné les clubistes eux-mêmes ; on rencontre jusque dans les clubs de Belleville, de la Villette et de la barrière Rochechouart des gens qui doutent que la Commune ait la vertu de chasser d'une manière instantanée les Prussiens. Aujourd'hui l'on commence à douter de la Commune, demain on la « blaguera », comme on a « blagué » déjà le feu grégeois ; et à quoi donc aura servi cette bruyante canonnade que le parti révolutionnaire dirige depuis trois mois contre l'Hôtel de ville ? En attendant, le club de la *Révolution* continue son feu, quoiqu'il y ait peu de monde dans la batterie. Au début de la séance, le président donne lecture d'un article du *Réveil* concluant à la publication d'un Manifeste tiré à 100,000 exemplaires pour demander la Commune. Le président loue les intentions du *Réveil*; mais ce n'est point, dit-il, à coups de Manifestes que nous chasserons les hommes de l'Hôtel de ville. Le club passe à l'ordre du jour. Le président annonce encore que les agents de Cresson ont fait le matin même une visite domiciliaire dans le local du club ; ils ont enfoncé les portes et crocheté les serrures, mais ils n'ont pas trouvé grand'chose dans les tiroirs, car « on est aussi malin qu'eux ». (*Rires.*) Communication est faite d'une demande de mise en

accusation immédiate du gouvernement, pour cause
de haute trahison, etc., etc., formulée et adoptée
par le club de l'*École de médecine*. Quoique le
président trouve les considérants de cette pièce un
peu faibles, il y adhère au nom du club de la *Révolution*. Des explications sont échangées ensuite
au sujet d'une motion qui a été travestie d'une
manière odieuse par un « mouchard ». Cette motion était ainsi conçue : « Tout citoyen qui débarrassera le monde d'un despote ou d'un tyran, non-
seulement ne commettra pas un crime, mais encore
aura bien mérité de la patrie et de l'humanité. »
Le « mouchard » a prétendu que nous avions désigné Trochu et Jules Favre. Il a menti. Nous
n'avons désigné personne. S'il trouve que notre
motion s'applique à Jules Favre et à Trochu aussi
bien qu'à Guillaume et à Bismark, cela le regarde,
nous nous en lavons les mains. (*Approbation.*)

Le président déclare la discussion ouverte, mais
il y a peu d'empressement à prendre la parole. Un
premier orateur constate avec douleur que les esprits ont tourné comme des girouettes depuis huit
jours; alors on était tout feu, on voulait marcher
sur l'Hôtel de ville et faire la Commune. Aujour-
d'hui c'est une autre gamme. Vous leur parlez de
la Commune, ils vous répondent que ce n'est pas la
peine, que nous serons délivrés dans vingt-quatre
heures, qu'il est arrivé des pigeons et que Gam-

betta va donner la main à Trochu. Si vous entre-
prenez de les « raisonner », ils vous regardent de
travers et ils vous traitent de pessimiste et de Prussien; si vous leur dites qu'il n'y aura bientôt plus
de vivres, ils vous répondent : — Ah bah! quand
il n'y aura plus de vivres, on sonnera le tocsin. —
Mais, imbéciles, est-ce que ça fera venir les vivres,
de sonner le tocsin? — Il paraît que oui. Quand
une ville est assiégée et qu'il n'y a plus de vivres, on
sonne le tocsin, c'est l'habitude. Jusque-là on peut
être tranquille. — Et voilà les raisons qu'ils vous
donnent pour lâcher la Commune. N'est-ce pas à
désespérer du bon sens de l'humanité? — Un second orateur, qui a été en Afrique, où les Français
ont battu les Arabes à un contre cent, ne comprend
pas qu'on ne vienne pas à bout des Prussiens.
Sommes-nous dégénérés? dit-il. J'ai vu un seul
Français lutter pendant une journée contre « mille »
Arabes dans la plaine de la Mitidja, et réussir le
soir à se « disperser », et voilà qu'aujourd'hui nous
sommes deux ou trois contre un, et nous ne parvenons pas à débloquer Paris. — Le président interrompt l'orateur, qui menace de raconter ses campagnes en Afrique. — Moi aussi, dit-il, j'ai fait des
campagnes, j'ai été à Saint-Jean d'Ulloa et à la
Vera-Cruz, mais je n'en suis pas plus fier. Nous
nous plaignons aujourd'hui d'être envahis et pillés
par les Prussiens et nous avons raison, nous cher-

chons à les exterminer et nous faisons bien; mais
nous ne devons pas oublier que ce qu'on nous fait,
nous l'avons fait aux autres; que nous sommes allés
en Crimée, à Rome, au Mexique, attaquer des gens
qui ne demandaient qu'à vivre en paix avec nous.
Nous expions nos fautes et nos crimes; et, la guerre
finie, il faudra nous réconcilier avec tous les peuples, même avec les Allemands; — car l'orateur ne
partage pas l'opinion des bourgeois qui veulent
faire des guerres de race; — il faudra réserver
notre haine pour les despotes et les tyrans et proclamer la République universelle. — Le précédent
orateur déclare que c'est aussi son sentiment; que
la guerre est une monstruosité, et que les peuples
sont faits pour vivre en paix et échanger leurs pro-
duits. (*Marques d'assentiment.*) — Un troisième
orateur nous ramène à la question toujours palpitante de la trahison. Comment ne se méfierait-il
pas de Trochu? N'est-il pas avéré que Trochu
excite l'armée et la mobile contre la garde nationale? Ce matin même il a entendu des soldats crier
à un bataillon de gardes nationaux : « Voilà « la
trouée » qui passe! voilà les gardes à outrance! »
— Il se passe des choses encore plus graves, s'écrie
un quatrième orateur, qui est pourvu d'un fort accent auvergnat. Savez-vous de quoi est composé le
pain qu'on vous fait manger? je vais vous le dire :
1° de foin, 2° de résidus d'avoine, 3° de balayures

de meules, 4° de terre glaise, surtout de terre
glaise, on est en train, dans ce moment-ci, de vous
faire avaler les buttes Montmartre. (*Hilarité.*) Il ne
faut pas rire, car il y a autre chose encore dans le
pain, on y met un « poison lent », et la preuve, c'est
qu'après l'avoir mangé on a la gorge sèche, et qu'il
faut absolument boire son demi-setier. (L'orateur paraît faire un usage fréquent de ce contre-
poison.) C'est comme la fécule de pommes de terre
que nous vendent ces voleurs, ces bandits, ces
scélérats d'épiciers. C'est de l'amidon. (*Oui! oui!
c'est vrai!*) L'orateur s'y connaît, dit-il, car il est
« colleur ». (*Nouvelle hilarité.*) Mais il a fait une
découverte bien autrement importante. On a bombardé, depuis hier, le faubourg Saint-Germain.
Eh bien, savez-vous qui bombarde le faubourg
Saint-Germain? On croit que ce sont les Prussiens :
on se trompe ; c'est Trochu. (*Marques d'étonnement, quelques signes d'incrédulité.*) C'est Trochu,
vous dis-je, et savez-vous pourquoi Trochu fait
bombarder le faubourg Saint-Germain? C'est pour
exciter les propriétaires à aller à l'Hôtel de ville
demander la capitulation. A l'Hôtel de ville, on
dira : — Vous voyez bien, il faut capituler, c'est la
population elle-même qui le demande. — Si nous
protestons et si nous marchons de notre côté sur
l'Hôtel de ville, on tombera sur nous, on nous fera
fusiller par les Bretons. Car ces gens-là n'ont

qu'une idée : capituler! Et pourtant savez-vous
ce qui vous attend si vous capitulez? Quand les
Prussiens seront entrés, ils égorgeront tous les
enfants au-dessous de douze ans et tous les vieillards au-dessus de cinquante ans. (*Mouvement
d'horreur.*) Quant à la population valide, ils l'en-
verront casser des pierres en Allemagne, et ils gar-
deront pour eux les femmes qui seront de leurgoût.
(*Agitation parmi les citoyennes.*) Le président fait
remarquer qu'il y a certainement quelque exagéra-
tion dans les paroles de l'orateur, mais qu'elles
renferment cependant un fond de vérité. Les Prussiens demanderont probablement que la population
virile de Paris soit emmenée prisonnière en Allemagne, et il est facile de prévoir que Trochu et ses
collègues ne manqueront pas d'adhérer à cette condition, qui les débarrassera des républicains et leur
permettra de rétablir la monarchie. Sur cette réflexion peu consolante, la séance est levée aux
cris de *Vive la Commune!*

CLUB DE LA REINE-BLANCHE,

A MONTMARTRE.

Séance du 21 janvier.

Ce soir, l'émotion est extrême dans les clubs. A
la *Reine-Blanche*, à Montmartre, où l'affluence est

énorme, un orateur raconte les faits qui se sont
passés dans l'après-midi à l'enterrement du colonel
Rochebrune. Des compagnies de gardes nationaux
de Belleville sont descendues en criant : La déchéance! Vive la Commune! Le mouvement a
échoué parce qu'il n'était pas combiné. Maintenant
les clubs et les comités de vigilance se sont mis
d'accord. Rendez-vous est donné pour demain, à
midi, sur la place de l'Hôtel-de-Ville. (*Acclamation.*) Les gardes nationaux sont invités à s'y
rendre en armes, les femmes les accompagneront
pour protester contre le rationnement du pain et
les autres mesures destinées à affamer le peuple
(*Adhésion de la partie féminine de l'auditoire.*)
Des citoyens qui arrivent du club central républicain et du club de *l'École de médecine* déclarent
que le rendez-vous y a été convenu pour midi.
(*Nouveaux applaudissements.*) Un citoyen tient de
bonne source qu'il n'y a plus de pain, à raison
de 300 grammes par jour, que jusqu'au 4 février;
mais, ajoute-t-il, aussitôt que la Commune aura
remplacé et puni les traîtres, des visites domiciliaires
seront organisées; tout est déjà prêt, les endroits
sont désignés. (*Bravos.*) Un autre citoyen dit que le
gouvernement ne fera qu'un semblant de résistance,
car il est dans une impasse et il sera enchanté qu'on
lui force la main pour se décharger de sa responsabilité sur la Commune. Quant à la bourgeoisie,

elle est mécontente et divisée; un bataillon de marche des quartiers du centre a déclaré ce matin, devant la Bourse, qu'il ne tirerait point sur le peuple. Enfin, un citoyen du 17ᵉ arrondissement annonce que les républicains des Batignolles iront demain matin, à huit heures, à la mairie et qu'ils sommeront le maire et les adjoints de se rendre avec eux à l'Hôtel de ville, revêtus de leur écharpe (*Acclamations.*) Sur cette nouvelle, le club décide que trois délégués vont être envoyés à la mairie de Montmartre pour inviter le maire et les adjoints à suivre cet exemple. Les délégués sont désignés, et la séance est suspendue jusqu'à leur retour. Ils reviennent au bout d'une heure, et ils annoncent que le maire Clémenceau était absent, mais qu'un des adjoints s'est mis à leur disposition, à la seule condition qu'il y ait entente entre les quatre clubs et le comité de vigilance de l'arrondissement. (*Cris :* L'entente est faite!) On décide en conséquence qu'on se rendra demain, à dix heures, à la mairie, et, à midi, à l'Hôtel de ville. (*Nouvelles acclamations. Cris :* A demain! à demain!) La séance est levée aux cris véhéments et redoublés de *Vive la Commune!*

CLUB FAVIÉ,

A BELLEVILLE.

Séance du 22 janvier.

La tranquillité la plus complète régnait ce soir à Belleville; aucun attroupement dans la rue de Paris. Le club *Favié* est ouvert comme d'habitude; mais la salle ne se remplit que lentement. Cependant l'émotion y est grande. Au moment où nous entrons, un orateur, orné d'une vaste ceinture rouge, reproche avec amertume aux Bellevillois leur « fainéantise ».

Pendant deux jours, dit-il, nous vous avons appelés aux armes pour renverser le gouvernement infâme de l'Hôtel de ville. Chaque fois vous avez répondu : Tous! tous! et vous étiez bien mille ou douze cents. Combien en est-il venu ce matin à l'Hôtel de ville? Je vais vous le dire, car j'y étais. Nous n'étions pas quarante. (*Cris :* C'est une honte!) Ce n'est pas Belleville qui a donné, c'est le 13ᵉ arrondissement. Belleville, qui se vante d'être le cratère de la révolution, Belleville se déshonore, il abdique. (Oui, oui! — C'est vrai! nous sommes des lâches!) Un autre citoyen qui a été à l'Hôtel de ville à trois heures, mais qui a cru devoir se replier lorsque les mobiles ont menacé le peuple, déclare qu'il croyait trouver Belleville couvert de barricades. Qu'a-t-il vu? des citoyens et des citoyennes qui se promenaient bras dessus bras dessous comme des fainéants. Est-ce ainsi qu'on se délivre des tyrans et qu'on sauve la patrie? Ah! Belleville, vous savez parler, mais vous ne savez pas agir. (*Hilarité, applaudissements, faibles protestations.*) Un troisième citoyen prétend que tout le mal vient des clubs. Comment voulez-vous, dit-il, qu'on prenne des résolutions viriles au milieu d'un tas de femmes, d'enfants et de propres à rien qui viennent ici pour digérer leur dîner? (*Nouveaux rires.*) D'ailleurs, quand nous prenons une résolution, quand nous nous donnons rendez-vous publiquement, est-ce que nos ennemis n'en sont pas informés tout de suite? Ce sont les clubs qui nous perdent. Des sociétés de carbonari, voilà ce qu'il nous faut. (Il a raison! plus de clubs! des sociétés secrètes!) Alors nous pourrons nous concerter, donner des mots d'ordre, et, quand le moment sera venu d'agir, nous ne trouverons pas des mobiles à l'Hôtel de ville avec des mitrailleuses. (*Applaudissements.*) Un quatrième orateur est d'avis qu'il faut agir d'une manière ou d'une autre, car le temps presse. Si nous ne parvenons pas, dit-il, à nous débarrasser de la bande « trochienne », si nous ne réussissons pas à nous défaire des Prussiens des bords de la

Seine, comment chasserons-nous les Prussiens des
bords de la *Neva* (*sic*)? (*Applaudissements.*) Mais
comment agir? Que faut-il faire?—Il faut d'abord,
s'écrie un citoyen qui porte son fusil en bandou-
lière (une cinquantaine de gardes nationaux sont
venus en armes), il faut nous emparer de la mairie
qui a été occupée dans la journée par les douaniers, au mépris des droits du peuple. (*Cris :* Oui!
oui! allons-y!)—Vous dites : Allons-y! mais quand
il s'agira d'y aller, je vous connais (*rires*), vous
êtes mille à présent, vous ne serez pas cinquante!
(*Faibles protestations.* — *Applaudissements. Rires
ironiques.*) Non! vos *allons-y!* ne suffisent pas, il
faut que les citoyens de bonne volonté aillent chercher leurs armes et qu'ils me suivent. (Oui! oui!
C'est cela!) Nous nous compterons, et si nous
sommes en nombre, nous reprendrons notre mairie; sinon, non! mille fois non! Nous n'irons pas
nous faire fusiller bêtement parce que vous aurez
crié : Allons-y tous! tous!—C'est comme l'*Alliance
républicaine*, qui a publié hier un Manifeste (oui!
l'affiche rouge!) avec les signatures des citoyens Delescluze et Ledru-Rollin. Ces gens-là nous poussent,
mais quand il s'agit d'aller au rendez-vous, ils
restent chez eux. (*Voix :* C'est vrai! ce sont des
blagueurs!)

Un autre citoyen prétend que la municipalité
provisoire a déclaré qu'elle était prête à céder la

place aux élus du peuple. Eh bien, notre élu, nous
l'avons, il est en liberté, c'est le citoyen Flourens
(*immense acclamation*); portons-le à la mairie.
(Oui! oui! *Voix féminines :* Tout de suite! tout
de suite!) Le président intervient pour recommander la réflexion et le sang-froid. Il faut d'abord,
dit-il, nous assurer des dispositions réelles de la
municipalité provisoire. Il faut savoir, d'un autre
côté, si les douaniers sont disposés à nous rendre
notre mairie. Il faut enfin que nous sachions si le
citoyen Flourens consentira à se laisser porter à la
mairie dans la situation critique où il se trouve,
car Trochu, Vinoy et leur « clique » ont mis sa tête
à prix, et il peut être fusillé sans jugement en vertu
de l'état de siége. (*Sensation prolongée. Voix de
femmes :* C'est une horreur!) En conséquence, le
président propose de nommer deux commissions,
l'une pour aller trouver la municipalité provisoire
et les douaniers, et sonder leurs intentions, l'autre
pour s'enquérir de la décision de Flourens. — Un
citoyen fait remarquer assez judicieusement que la
première commission court le risque d'être « flan-
quée » au poste si elle n'est pas appuyée par des
forces suffisantes. Le président se rend à cette objection, et il demande au club de voter une résolution à cet égard. Le club vote, mais non sans une
hésitation sensible, qu'une force suffisante escor-
tera la commission chargée d'exprimer à la muni-

cipalité provisoire et aux douaniers la volonté du club. (*Applaudissements ; mouvements divers.*) Cependant, avant d'envoyer la commission, le président insiste : Nous ne pouvons nous contenter, dit-il, de paroles vagues et de votes qui n'engagent personne. Il faut que nous sachions sur qui nous pouvons compter. J'invite donc les citoyens qui s'engagent à aller en armes à la mairie à passer d'un côté de la salle. (Oui! oui! *Tumulte ; réclamations.* Ce n'est pas pratique! Ils fileront après!) Le président se rend de nouveau à ces objections. Eh bien, dit-il, le moyen le plus sûr, c'est de venir s'inscrire au bureau, et de donner son nom et son adresse. (C'est cela! Tous! tous!) La proposition est votée par acclamation. La séance est suspendue, et les citoyens disposés à se rendre en armes à la mairie, et de là au besoin à l'Hôtel de ville, montent successivement au bureau. Au bout de trois quarts d'heure, la séance est reprise. Le président déclare qu'il y a vingt-trois inscriptions. (*Mouvement de stupeur. Cris d'indignation des citoyennes et des citoyens armés.*) Au moment où le président découragé va lever la séance, un citoyen qui vient du dehors s'élance à la tribune. Il apporte, dit-il, une bonne nouvelle. Les douaniers qui occupaient la mairie viennent de l'évacuer, en déclarant qu'ils ne veulent point contrarier la volonté du peuple de Belleville. (*Immense acclamation.*) Le président remercie avec effusion le porteur de cette nouvelle vraie ou fausse. Maintenant, dit-il, que notre mairie est à nous, il faut empêcher qu'on ne nous la reprenne. Il faut que les citoyens et les citoyennes elles-mêmes fassent bonne garde toute la nuit autour de la mairie. (*Faibles cris :* Oui! oui! nous irons!) Pendant ce temps, les vingt-trois citoyens qui ont donné leur nom et leur adresse iront se concerter avec Flourens, et ils prendront des résolutions à la hauteur des événements. (*Marques générales d'approbation.*)

Il est près de onze heures. La salle se vide peu à peu. Dans la rue tout est calme; les citoyens, accompagnés des citoyennes, paraissent généralement plus disposés à rentrer chez eux qu'à aller monter la garde autour de la mairie.

———

Le 23 janvier, les clubs étaient fermés en vertu du décret suivant :

Le gouvernement de la défense nationale,

Considérant que, à la suite d'excitations criminelles dont certains clubs ont été le foyer, la guerre civile a été engagée par quelques agitateurs, désavoués par la population tout entière ;

Qu'il importe d'en finir avec ces détestables manœuvres qui, dans les circonstances actuelles, sont un danger pour la patrie et qui, si elles se renouvelaient, entacheraient l'honneur, irréprochable jusqu'ici, de la défense de Paris · décrète :

Art. 1er. Les clubs sont supprimés jusqu'à la fin du siége. Les locaux où ils tiennent leurs séances seront immédiatement fermés.

Les contrevenants seront punis conformément aux lois.

Art. 2. Le préfet de police est chargé de l'exécution du présent décret.

Fait à Paris, le 22 janvier 1871.

Général Trochu, Jules Favre, Emmanuel Arago, Jules Ferry, Jules Simon, Eugène Pelletan, Garnier-Pagès, Ernest Picard.

DEUXIÈME PARTIE

CLUBS EN PLEIN VENT ET RÉUNIONS ÉLECTORALES.

———

LES CLUBS EN PLEIN VENT.

LE BOULEVARD MONTMARTRE

Le 24 janvier 1871.

On a supprimé les clubs par un décret, mais dans les jours agités que nous traversons, le besoin de s'entretenir des questions qui préoccupent tous les esprits et qui passionnent toutes les âmes est décidément plus fort que tous les décrets. La salle *Favié*, la salle *Valentino*, l'*Élysée-Montmartre* sont fermés, mais le boulevard reste ouvert. On se rassemble donc sur le boulevard. Il y a le club de la rue Drouot qui se tient en permanence en face de la mairie, et ce soir il y avait encore le club du passage de l'Opéra, le club du passage Jouffroy, le club du carrefour Montmartre, bref plus de clubs sur un demi-kilomètre de boulevards qu'on n'en comptait il y a huit jours dans tout Paris. Il faisait un froid sec et piquant, la salle n'était pas chauffée, et le public debout se montrait encore plus excitable et impatient que le public assis des clubs domiciliés. Les discussions étaient ardentes, et nous n'avons pas besoin de dire en quoi consistait l'ordre du jour. Au club de la rue Drouot, on demandait un « homme ». — Nous n'avons pas d'homme, s'écriait un orateur, et voilà ce qui nous perd. Ah! si nous avions Gambetta... (*Exclamations.*) Gambetta a soulevé la province et organisé des armées. — Oui, mais où sont-elles les armées de Gambetta? Elles sont battues, détruites. Pourquoi a-t-il voulu faire le métier de général? C'est un avocat, ce n'est pas un militaire. C'est comme si un chaudronnier se mêlait de faire des souliers. Il a voulu *singer* 92 et il a tout gâté. (Non! non! — Si! si!) Maintenant, qu'avons-nous à faire? Il n'y a plus d'armées de province. — C'est le *Moniteur* des Prussiens qui dit cela. — C'est dans l'*Officiel*. Si ce n'était pas vrai, pourquoi l'*Officiel* reproduirait-il le *Moniteur de Seine-et-Oise?*—Nous la connaissons, celle-là. Vous êtes un *capitulard.* — Je ne suis pas un capitulard, et si vous voulez faire une trouée, j'en suis. — Eh bien, oui, il faut faire une trouée, car Paris ne peut pas capituler. (C'est vrai! Paris est imprenable!) — Vous avez raison, il faut faire une trouée, si la trouée est possible. Mais avons-nous ou n'avons-nous pas des armées de province? Si nous en avons encore, sortons tous, et peut-être, en faisant tuer cent mille hommes, nous parviendrons à les rejoindre et à battre les Prussiens tous ensemble. Mais si nous n'avons plus d'armées de province, que ferons-nous après la trouée? Il nous faudra d'abord traverser trente lieues d'un pays dévasté et sans ressources pour nous retrouver en présence des Prussiens de Frédéric-Charles ou de Manteuffel. Au moins si nous avions des vivres! Mais est-ce qu'il nous reste encore du pain pour huit jours? Vous savez ce qu'on a dit dans la réunion des maires? — On a menti, nous avons des vivres pour plus de six semaines. Il faut faire des perquisitions. — *Une voix :* Pourquoi n'avez-vous pas voulu de la Commune, vous autres *messieurs?* Elle les aurait faites, les perquisitions. — Allons donc, la Commune! Les *communeux* sont des Prussiens. Ils tiraient sur des Français pendant que les Prussiens nous bombardaient. — Alors que voulez-vous? les d'Orléans ou les Bonaparte? —Il ne s'agit ni des d'Orléans ni des Bonaparte. Il s'agit de nous. Y a-t-il encore des armées de province? Y a-t-il encore des vivres? Voilà la question. Si nous ne pouvons plus être secourus et si nous n'avons plus de pain, que pouvons-nous faire? Voyons, avez-vous un moyen? —

Pas moi, mais si on avait un homme ! —Cherchez-
le votre homme; mais, pour Dieu! trouvez-le tout
de suite, car nos femmes et nos enfants ont assez
de tout cela! S'il n'y avait que des hommes armés
dans Paris, on pourrait mourir plutôt que de se
rendre, mais avons-nous le droit de disposer de la
vie des femmes, des enfants et des vieillards?
(*Approbation, murmures; on se pousse, la voix de
l'orateur se perd dans le bruit.*)

Au club du passage Jouffroy, un orateur rappelle qu'il y a six mois, à cette même place, on
criait : A Berlin! à Berlin! — Pas nous toujours!
— Pas vous, mais bien d'autres, et « on gueulait »
la *Marseillaise*. Eh bien! pendant qu'on criait ici :
A Berlin! en Allemagne, on criait : A Paris! à
Paris! On a joué la partie, nous l'avons perdue.
— Nous avons été trahis. — Nous avons été trahis
si vous voulez, mais nous avons perdu la partie.
Nous n'avons plus d'atouts dans notre jeu, et il n'y
a plus qu'à jeter les cartes. Nous prendrons notre
revanche plus tard. — Ah! oui, pour cela nous la
prendrons. — Mais, en attendant, faut-il continuer à nous laisser massacrer? Faut-il condamner
la population de Paris à mourir de faim? Paris
n'a-t-il pas fait tout ce qu'il devait, plus qu'il ne
devait? On nous parle toujours de 92; mais a-t-on
souffert en 92 ce que nous souffrons aujourd'hui?
Il est mort la semaine passée 4,500 personnes; il

en mourra certainement davantage cette semaine.
— *Une femme* : Oui, on ne peut plus vivre ! —
L'orateur poursuivant : Tous les jours, les femmes
et les enfants s'épuisent ; et vous direz ce que
vous voudrez, pour moi la famille passe avant la
patrie. (*Exclamations.*) Vous dites : Ah ! ah ! mais
vous pensez comme moi au fond. (Non ! non ! Oui !
oui !) Si tout cela pouvait nous délivrer, je dirais
peut-être : Souffrons encore ! souffrons jusqu'au
bout ! mais si nous ne pouvons aller plus loin, si
nous n'avons plus de vivres, que voulez-vous faire,
encore une fois, dites-le ? (*Silence dans l'auditoire.*) Est-ce qu'on peut faire du pain quand
on n'a plus de blé et de farine ? Avez-vous un
moyen de vivre de l'air du temps ? Les Prussiens
nous ont battus, mais en sommes-nous moins
braves qu'eux? Ils s'organisaient depuis 1807; nous
étions désorganisés et *pourris* par l'empire ; pou-
vions-nous refaire en quatre mois des armées capables de lutter avec eux? Avions-nous la science
et la discipline? — C'est vrai! la discipline, voilà
ce qui nous manque ! Ah ! si nous avions la discipline ! — *Une femme* : Et ces gueux d'épiciers qui
ne veulent plus vendre leur sucre depuis qu'on a
mis la taxe. — C'est la faute de Ferry... — Ils se
valent tous ! — Haussmann était une canaille, mais
il ne nous aurait pas laissés crever de faim. —Et on
n'aurait pas fait queue. — Voilà bien les bonapar-

tistes! — Des bonapartistes, non, il n'en faut pas!
— Il n'en aurait jamais fallu! — Ils nous ont mis
dans le pétrin! — Nous en sortirons, mais Paris a
payé sa dette à la France, l'honneur est sauf, le
reste se retrouvera. Il est dix heures. La séance
continue.

RÉUNION ÉLECTORALE DE LA SALLE DE LA REDOUTE.

Séance du 31 janvier 1871.

L'*Association électorale de la fusion républicaine* a tenu ce soir sa première réunion dans la
salle de la *Redoute*. Au commencement de la séance,
le citoyen Andrieux, président provisoire, a exposé
le but que se propose l'Association. Il s'agit d'établir l'unité entre toutes les nuances du parti républicain, — à l'exclusion, bien entendu, des républicains gouvernementaux. (*Applaudissements.*)
Nous sommes débordés par les candidatures : il y
a déjà dix ou douze listes en circulation, tandis
que nos adversaires, les orléanistes et les cléricaux
coalisés, nous opposent une liste unique. Ils se
qualifient de *républicains libéraux* dans leur affiche
de couleur indécise (*rires*), et il n'est pas difficile
de deviner pourquoi. C'est parce qu'ils veulent être

les candidats officiels du gouvernement, qui ne pourrait pas appuyer décemment des orléanistes et des cléricaux mêlés, mais qui soutiendra des « républicains libéraux ». (*Nouvelle hilarité.*) Eh bien, à notre tour, soyons politiques! associons, fusionnons toutes les fractions de la République démocratique, en tenant compte de la valeur de chacune, et adoptons au besoin des noms qui n'ont point nos sympathies, mais qui peuvent rallier à notre cause une partie de la bourgeoisie. Nommons, par exemple, Victor Hugo (non! non! il n'en faut pas! Le *Rappel* a soutenu le gouvernement de la trahison nationale. A bas Victor Hugo! *Chuts, sifflets*), Louis Blanc (*applaudissements.* Oui! oui! c'est un socialiste!), Rochefort. (*Protestations, applaudissements.*) Rochefort s'est indignement comporté à l'égard de Félix Pyat, c'est vrai, mais il sait ce qui s'est tramé dans les conseils du gouvernement; il pourra dévoiler ce qu'il a vu. (Oui! oui! Non! non!) — Un autre citoyen s'élève contre les compromis politiques, il veut une liste de démocrates socialistes purs; il proteste en particulier contre les revenants de 1848 qui n'ont rien appris et rien oublié. (*Applaudissements énergiques.*) Le précédent orateur insiste, et il propose encore Ledru-Rollin. (*Nouvelles protestations.*) L'orateur ne se fait aucune illusion sur la valeur pratique de l'ancien ministre de l'intérieur de 1848, c'est un *gâteux* (*applaudissements et rires*), une « outre » dans laquelle Delescluze soufflait pour la gonfler. (*Nouveaux rires.*) Mais enfin son nom peut rallier encore une fraction importante du parti républicain. (Non! non! pas de ganaches!) En présence de cette opposition, l'orateur demande à l'assemblée de dresser elle-même une liste de noms dans laquelle elle choisira ensuite ses candidats par l'épreuve des mains. Cette proposition est adoptée par acclamation. Pendant que deux membres du bureau vont recueillir les noms, la discussion continue. Plusieurs orateurs s'accordent sur les deux points que voici. En premier lieu, que les candidats devront s'engager à continuer la guerre à outrance, sans se préoccuper de la situation de Paris. Il faut que les bourgeois égoïstes et repus en prennent leur parti. Nous avons juré de faire sauter Paris; nous tiendrons notre serment quand même. Les Prussiens brûleront Paris, soit! mais ils seront ensevelis sous ses ruines, et la République sera sauvée. Un orateur pense, au surplus, que la démoralisation se mettra auparavant dans l'armée allemande qui est fortement travaillée par la propagande démocratique et socialiste. (*Mouvements divers.*) En tout cas, il faut que les candidats républicains socialistes s'engagent à ne point voter une paix qui serait la perte de la République. (*Faibles applaudissements.*) En second lieu, les candidats s'engageront à faire justice des traîtres.

D'après un citoyen, qui se propose de partir incessamment pour la province, l'Assemblée devra se
transformer en Convention, et procéder immédiatement à la mise en jugement du gouvernement infâme qui a livré Paris aux Prussiens. (*Tonnerre
d'applaudissements.*) Ce citoyen propose encore de
choisir les quarante-trois candidats parmi les cent
quarante citoyens qui avaient été désignés pour
faire partie de la Commune. Cette proposition
rallie les suffrages d'une partie de l'auditoire:
Cependant on demande la lecture des noms recueillis par les délégués du bureau. Après quelque
hésitation, un secrétaire commence cette lecture.
Garibaldi (*immense acclamation*), Armand Lévy
(*chuts*. Non! non! On va aux voix : cette candidature est rejetée à la presque unanimité), Pascal
Duprat. (Non! non! il n'en faut pas.) Le président
propose de lire d'abord les noms, on les discutera,
puis on votera avec connaissance de cause. Adopté.
Le secrétaire reprend : Blanqui (*mouvement d'adhésion*), Félix Pyat, Millière, Clémenceau (*quelques
protestations*), Lacord (il s'agit du féroce cuisinier
qui demandait à faire des perquisitions dans le
ventre des accapareurs), Lefrançais, Chanzy (*mouvement de surprise*), Saisset (*quelques exclamations*),
Mazzini (*applaudissements*), docteur Jacoby (connais pas!), Briosne, etc., etc. Il y a près de deux
cents noms. On commencera à les discuter demain.

16.

En attendant, l'assemblée décide que les citoyens
soldats de la ligne pourront être admis aux séances
de la *Redoute* sans payer de rétribution. (*Applaudissements.*) Les citoyennes y sont également ad-
mises, mais sans exemption du droit d'entrée de
15 centimes et sans avoir le droit de prendre part
aux délibérations jusqu'à ce qu'on leur ait accordé
les droits politiques relatifs auxquels elles peuvent
prétendre.

RÉUNION DE LA COUR DES MIRACLES.

Séance du 1er février 1871.

La réunion électorale de la *Cour des miracles* a
été organisée par les délégués de l'*Association internationale des travailleurs,* et elle a un caractère
particulièrement socialiste. Car il y a, comme chacun sait, dans le parti révolutionnaire deux éléments bien distincts, celui des « politiques » qui
procèdent de Robespierre, et qui n'acceptent la
question sociale que sous bénéfice d'inventaire, et
celui des communistes et des socialistes qui procèdent de Babeuf. Mais « politiques » et socialistes, jacobins et communistes, se coalisent volontiers contre l'ennemi commun, le bourgeois libéral
et propriétaire, sauf naturellement à s'entre-guil-

lotiner après la victoire. La réunion de la *Cour des miracles* représente, disons-nous, spécialement l'élément socialiste ou communiste du parti, tandis que la réunion de la *Redoute*, par exemple, est plutôt jacobine. Ce soir, il y avait foule à la *Cour des miracles*. Le bureau donne d'abord lecture d'une profession de foi du citoyen Hendlé, qualifié de secrétaire du « soi-disant gouvernement de la défense nationale », ainsi que d'une liste qui s'y trouve annexée. Cette liste, dit le président, porte en tête les noms des membres du gouvernement. (*Interruption.* Ne lisez pas! on les connaît assez: — Si! si! *Le président :* Jules Favre (*cris, huées*), Gambetta, Dorian, Crémieux, Glais-Bizoin (*rires*), Jules Simon, Jules Ferry. (*Cris :* Pourquoi pas Ollivier? Et Badinguet? Assez de « cochonneries! » Assez! assez!) Les noms de Victor Hugo, de Louis Blanc, de Quinet et de Hérisson figurent aussi sur cette liste. L'orateur ne s'étonne pas de trouver le nom de Victor Hugo sur une liste réactionnaire. Victor Hugo est un poëte et un littérateur dont il ne conteste pas la valeur, mais c'est un républicain bourgeois, ce n'est pas un socialiste. (C'est vrai!) Il ne comprend pas, en revanche, que Quinet, Hérisson et Louis Blanc, Louis Blanc surtout, aient souffert que leurs noms fussent portés sur une liste gouvernementale. (*Une voix :* Hérisson est secrétaire de Jules Favre.) Louis Blanc est un socialiste, et nous

lui demandons de s'expliquer, car il ne peut être
à la fois candidat du gouvernement et candidat du
socialisme. (*Mouvement d'adhésion*.) Le président
donne ensuite lecture de la liste adoptée par la
réunion. Les délégués de l'*Internationale* et les ouvriers membres des sections parisiennes de l'Association y forment la majorité; puis viennent la
plupart des rédacteurs de *la Patrie en danger*, le
citoyen Blanqui en tête, puis le citoyen Garibaldi.
(*Tonnerre d'applaudissements*.) Le citoyen Serailler,
délégué de l'*Internationale* et l'un des candidats, se
charge d'expliquer la signification de cette liste et de
définir l'attitude que les socialistes doivent prendre
dans la future assemblée. Les socialistes, dit-il, ne
peuvent pas se prononcer dès à présent sur la
question de la continuation de la guerre (*quelques
protestations, mouvement marqué d'adhésion*); si
les armées de province ne sont pas en état de poursuivre la lutte, il est clair qu'il faudra conclure la
paix; mais il y a un point sur lequel tous les révolutionnaires sont d'accord, c'est que le gouvernement a trahi la cause de la défense nationale et
qu'un des premiers actes de l'Assemblée devra être
de l'appeler à sa barre et de le décréter d'accusation. (*Tonnerre d'applaudissements*.) A quelle époque remonte la trahison? Selon l'orateur, elle date
du 31 octobre; c'est à partir de ce jour néfaste que le
gouvernement s'est jeté dans les bras de la réaction,

et qu'il s'est résigné à subir toutes les humiliations. Jules Favre ne vient-il pas encore de se laisser exclure de la conférence de Londres par la volonté de la Prusse? Ne s'est-il pas aplati sous le talon de Bismark? (*Un réactionnaire :* C'est infâme ce que vous dites là!) Violent tumulte. On empoigne le réactionnaire et on le traîne au bureau, où il donne des explications confuses. Le président essaye de le rassurer et de calmer l'assemblée en affirmant que les interrupteurs sont généralement des individus salariés. Il déclare ensuite que l'incident est clos. L'interrupteur disparaît au bruit des huées. Le précédent orateur, candidat de l'*Internationale*, reprend son discours, et il remonte aux causes de la guerre. A ses yeux, cette guerre a été entreprise uniquement pour empêcher les progrès de l'*Internationale*, qui inquiétaient sérieusement Bismark. (*Sensation.*) Elle a été un dérivatif du socialisme; mais le socialisme est plus fort que Bismark, et si les candidats de l'*Internationale* arrivent à l'Assemblée, ils y prépareront l'avénement de la République sociale. (*Applaudissements.*) Un autre orateur, qui est, dit-il, un simple ouvrier, et même le plus simple des ouvriers de France (*rires*), n'est pas d'accord avec le précédent sur la date de la trahison; elle remonte, dit-il, à sept mois; un troisième conteste l'exactitude de cette date, mais le fait même de la trahison n'est pas douteux. (C'est vrai! Paris a été vendu.) — Un citoyen demande à la réunion de protester contre la mise en jugement des citoyens Piazza et Brunel, qui doivent être traduits demain devant une commission militaire, et qui seront peut-être fusillés (*nouveaux murmures*) pour avoir essayé d'empêcher Paris d'être livré aux Prussiens. Cette protestation est adoptée par acclamation. L'assemblée proteste encore contre l'emprisonnement de Delescluze, Ranvier et Lefrançais, que le gouvernement retient à Vincennes, et que le peuple va appeler bientôt à mettre le gouvernement en accusation. (*Applaudissements énergiques.*) En ce qui concerne la méthode à suivre pour associer toutes les voix républicaines et socialistes, on s'est arrêté au procédé suivant : trois délégués seront choisis dans chaque arrondissement, ils s'adjoindront un certain nombre de membres de l'*Internationale*, et ils se réuniront en conclave. (Un citoyen affirme que c'est déjà fait, mais cette assertion soulève des protestations; y aurait-il par hasard de faux conclaves?) Le conclave sera chargé de dépouiller les listes présentées par les différentes réunions républicaines et socialistes, et d'y prendre quarante-trois noms. Il ne se séparera point avant d'avoir achevé sa tâche, dût-il rester vingt-quatre heures en séance (*applaudissements*); c'est ainsi que les républicains socialistes, marchant comme un seul homme au scrutin, défieront tous les efforts de la réaction et assureront le triomphe de la république démocratique et sociale.

RÉUNION DE LA VIELLEUSE,

A BELLEVILLE.

Séance du 2 février.

A Belleville, la célèbre salle *Favié* est fermée, mais une pancarte affichée à la porte renvoie les habitués à la *Vielleuse*, au coin de la rue de Paris et du boulevard. C'est donc à la *Vielleuse* que la démocratie socialiste de Belleville tient ses assises électorales. L'auditoire est plus nombreux et plus houleux que jamais. On passe la revue des candidatures, et, en ce moment, Victor Hugo est sur la sellette. Un orateur convient que Victor Hugo a bien mérité de la démocratie en se dressant pendant vingt ans sur son rocher comme une protestation vivante contre l'empire (*quelques applaudissements*); mais Victor Hugo n'est pas des nôtres. (C'est vrai! C'est un aristo!) Il appartient à la caste bourgeoise. (Il n'en faut pas!) C'est un homme du passé, il nous faut des hommes de l'avenir. (*Mouvement général d'adhésion.*) La candidature de Victor Hugo est mise aux voix et rejetée à l'unanimité. (*Applaudissements.*)

On passe ensuite à Briosne et à Millière. (*Bravos redoublés.*) Il est inutile de les mettre en discussion ; ils ont fait leurs preuves, ceux-là. (Oui ! oui !) En conséquence, l'assemblée adopte à l'unanimité les candidatures de Briosne et de Millière. Il y a encore cent cinquante candidatures inscrites (*exclamations*) ; mais, parmi ces candidatures, il y en a une qui mérite une discussion particulièrement approfondie, il s'agit de celle du citoyen Rochefort. (*Applaudissements, protestations.* — Il n'en faut pas ! Il nous a trahis ! Non ! non ! Oui ! oui !) — Un citoyen, à la parole abrupte et saccadée, s'élance à la tribune : Rochefort, dit-il, nous a mis dans la « crotte », et il nous y a laissés, je ne voterai pas pour ce *gas*-là. (*Exclamations. Tumulte.* Des conversations accompagnées de gestes extrêmement énergiques s'engagent dans l'auditoire. Le silence se rétablit à grand' peine.) — Un autre citoyen reconnaît que Rochefort a eu des torts ; mais qui n'en a pas eu dans sa vie ? Rochefort a eu le tort de faire partie du gouvernement de la trahison nationale (c'est cela !) ; mais il a racheté sa faute en donnant sa démission (trop tard ! trop tard !), et aujourd'hui même il a fait une admirable profession de foi. Vous avez tous lu le premier numéro de son journal *le Mot d'ordre*. Eh bien, il s'y proclame franchement régicide. (*Sensation. Applaudissements.*) Ce mot a mis fin à toutes mes hésitations et ma voix est acquise au citoyen Rochefort. (*Marques d'adhésion. Protestations.*) Régicide! citoyens, régicide! mais s'il y avait parmi nous un homme qui voulût tuer tous les rois, je ne me contenterais pas d'en faire un député, j'en ferais un Dieu (*quelques signes d'étonnement*), l'orateur se reprenant : quoique je n'y croie pas. (A la bonne heure! *Mouvements divers.*) —Un troisième citoyen s'accorde en effet à reconnaître que l'article du *Mot d'ordre* est digne des plus beaux jours de l'auteur de la *Lanterne*; mais peut-on juger un homme sur un article de journal, surtout lorsque cet article est écrit à la veille des élections? (*Sensations; rires.*) Il est évident que Rochefort a voulu capter nos suffrages; mais, avant de les lui donner, nous ferons bien d'examiner sa conduite. Qu'a-t-il fait pendant qu'il était membre du gouvernement? Il a commencé par désavouer son propre journal la *Marseillaise*, qui avait publié des révélations écrasantes de Cluseret sur l'ineptie et la trahison de ce gouvernement. (C'est vrai!) Oui, Rochefort a donné le coup de pied de l'âne à la *Marseillaise.* Un peu plus tard, le 8 octobre, quand les cinq bataillons de Belleville sont descendus à l'Hôtel de ville pour savoir de quel bois se chauffait le gouvernement, que faisait Rochefort? Qui l'a vu? On l'a aperçu un moment à moitié caché derrière un rideau. (*Voix:* C'est bien cela!) Il ménageait la chèvre et le chou. (*Rires.*)

Au 31 octobre, quel rôle a-t-il joué? Il a révélé à Flourens la trahison de Bazaine, mais comme une confidence, sous le sceau du secret; et quand Pyat a publié courageusement la confidence de Rochefort, qu'a fait Rochefort? il a lâchement insulté Pyat. (*Murmures d'indignation.* Oui! oui! c'est une infamie!) S'il a donné ensuite sa démission, on sait pourquoi. Il a compris que le gouvernement courait à sa perte, et il s'en est séparé, mais sans oser révéler les trahisons dont il avait été témoin. Il s'est tu quand son devoir était de parler et d'empêcher la trahison de s'accomplir. (C'est vrai!) C'est un caractère faible, un homme sur qui le peuple ne peut pas compter. Eh bien! qu'il ne compte plus sur le peuple! (*Applaudissements, faibles protestations.*) Un dernier citoyen, qui n'a pas l'habitude de la parole et qui ne connaît pas, dit-il, la théologie (*mouvement de surprise*), repousse également la candidature de Rochefort, quoiqu'il l'ait beaucoup admiré dans sa jeunesse, mais ce n'est pas un homme politique. (Non! non! Oui! oui!) Est-il républicain socialiste? (*Voix* : Il a de l'argent!) Il nous faut des hommes à nous, qui connaissent nos besoins, des candidats ouvriers. (Oui! oui! assez de Rochefort! Aux voix!) On met aux voix la candidature de Rochefort; elle est repoussée à une majorité considérable. Après cette « exécution », le président met en discussion la candidature de Gambetta. (*Exclamations. Marques d'étonnement. Quelques applaudissements.*) Un orateur s'élève contre cette candidature, par le motif qu'il n'a jamais cru aux pigeons de Gambetta. (*Cris :* Il y en avait pourtant des pigeons! — *Autres voix :* C'est nous, les pigeons!) Le gouvernement a inventé les pigeons et les victoires de Gambetta. (Oh! oh!) En tout cas, Gambetta est un avocat, et ce n'est pas des avocats qu'il faut envoyer à l'Assemblée, car elle n'aura d'autre mission que de voter la guerre, la guerre à outrance. (Trois citoyens applaudissent avec entrain, mais il n'y a pas d'écho.) Paris ne se rendra pas. (Allons donc! Et les Prussiens qui sont dans les forts!) Non! Paris ne se rendra pas! Paris ne peut pas se rendre ; c'est pourquoi il ne faut envoyer à l'Assemblée que des soldats et des marins. (Assez! assez! *Violent tumulte.*) Un jeune citoyen pourvu d'une voix retentissante s'élance à la tribune. Citoyens, dit-il, nous ne savons pas ce que Gambetta a fait ou n'a pas fait en province. Nous ne connaissons ses actes que par les pigeons du gouvernement ou par les articles des journaux réactionnaires. Nous ne pouvons donc pas les juger. Ce n'est pas à Paris qu'il faut poser la candidature de Gambetta, c'est en province. (Il a raison!) Si les pigeons du gouvernement ont dit vrai, la province nommera Gambetta; mais pour nous, qui sommes séparés de la province par un mur de Prussiens, nous devons nous abstenir. Quand la porte du voisin est fermée, on ne sait pas s'il dort ou s'il est éveillé, à moins qu'il ne ronfle (*rires*), et nous n'entendons pas ronfler Gambetta. La candidature de Gambetta est, en conséquence, écartée à l'unanimité, et l'assemblée passe à l'examen des candidatures ouvrières, et en particulier à celle du citoyen Assy, le promoteur de la coalition du Creusot, qui est votée par acclamation.

RÉUNION DE LA MARSEILLAISE,

A LA VILLETTE.

Séance du 3 février.

La réunion électorale de la *Marseillaise*, à la Villette, s'ouvre au cri accoutumé de *Vive la République démocratique et sociale!* Le président annonce que les élections vont être reculées de trois jours, et il s'en félicite, car ce délai nous permettra, dit-il, d'effacer les derniers dissentiments qui avaient surgi entre les comités révolutionnaires et de nous présenter au scrutin avec un ensemble majestueux et écrasant. En ce moment, il ne s'agit plus de discuter les candidats, la liste des socialistes révolutionnaires est faite et bien faite, car les candidatures ouvrières, d'abord contestées, y ont obtenu une majorité décisive. (*Mouvement général de satisfaction.*) Il ne nous reste plus qu'à discuter les conditions du mandat que nous allons imposer à nos députés. L'orateur fait remarquer qu'il est de l'essence de tout mandat populaire d'être impératif, puisque les députés sont les fondés de pouvoir du peuple, d'autres disent ses « commis ». A son avis, la première de ces conditions, c'est de voter la guerre à outrance. (*Applaudissements modérés.*) Il y a des gens qui se figurent que la France est perdue parce que les Prussiens nous étreignent dans un cercle de fer. Ces gens-là comptent sans la magie de la République. Il y a dans ce mot république, — il s'agit bien entendu de la république du peuple, de la vraie, — je ne sais quoi de féerique qui déjoue les plus savantes combinaisons de la stratégie, en portant l'épouvante dans le cœur des tyrans. Il suffira peut-être que nos députés déploient à Bordeaux le drapeau de la République démocratique et sociale pour que Bismark recule, effrayé, et que cette gigantesque armée allemande, à laquelle l'impéritie et la trahison ont livré Paris (*bravos*), repasse le Rhin en désordre. C'est ainsi, c'est grâce à l'affirmation audacieuse de la République que la France a été sauvée par les géants de la Convention nationale. On nous dit que nos candidats sont des inconnus,

et que nous nous exposons à ce qu'ils demeurent
au-dessous de leur tâche. Mais Robespierre, mais
Camille Desmoulins, mais Danton, mais tous les
grands montagnards qui ont sauvé la France en 93
n'étaient-ils pas des inconnus en 89? Nos candidats sont des inconnus, soit! ils ne seront pas, du
moins, embarrassés par leur passé, — puisqu'ils
n'en ont pas. (*Mouvement général d'adhésion.*)
Rien ne les gênera pour exécuter notre mandat
impératif. Les autres conditions de ce mandat
seront la mise en accusation du gouvernement de
la capitulation nationale et l'appel à tous les peuples. (*Applaudissements.*) — Un citoyen s'élance
tout essoufflé à la tribune. Il ne comprend pas que
le peuple s'amuse à discuter des candidatures ; il y
a autre chose à faire pour chasser les Prussiens :
il faut imiter l'héroïsme des Russes qui ont brûlé
Moscou, il faut mettre le feu à Paris. (*Silence général. La proposition n'étant pas appuyée, on reprend
la question à l'ordre du jour.*) Un citoyen augure
bien du succès de la liste révolutionnaire, par le
motif que les peuples ressemblent aux écrevisses,
qui deviennent rouges lorsqu'elles sont cuites.
Grâce au gouvernement de la trahison nationale,
nous sommes cuits ! (*Hilarité.*)

Ce n'est pas l'avis d'un autre orateur, le citoyen
Estançon, qui se porte candidat à l'Assemblée
nationale. Sans doute la situation est grave et diffi-

cile ; mais, en faisant de bons choix, nous pourrons encore nous en tirer. Le citoyen Estançon énumère ses titres à la confiance du peuple, il a souffert pour la République, il a combattu l'infâme Bonaparte, et il est disposé à aller à Bordeaux combattre son pays (*sic*) au péril de sa vie. (*Hilarité.*) Le citoyen Estançon déclare, au surplus, qu'il n'est ni journaliste ni avocat, et il s'en félicite, car il a pu observer de près à Pélagie la conduite de certains journalistes, qui se disaient démocrates et qui agissaient comme des aristocrates parce qu'ils avaient de l'argent. (*Chuchotements.* Il veut parler de Rochefort.) Quand on voit ces hommes-là de près, on perd ses illusions... Le président interrompt l'orateur, qui achève de compromettre sa candidature en lisant sa profession de foi. — On propose ensuite les candidatures d'Albert Barbieux et de Paul Meurice, rédacteurs du *Rappel*. (*Silence glacial.*) Un citoyen fait remarquer que ces noms doivent être écartés par les mêmes motifs qui ont fait exclure de la liste le nom de Victor Hugo. Sans doute Victor Hugo est un grand poëte, dont on parlera encore dans deux cents ans, mais c'est lui qui inspire le *Rappel*. Ses fils et les autres rédacteurs écrivent sous sa dictée, et nous ne devons pas oublier qu'ils ont soutenu jusqu'au bout le gouvernement de la trahison nationale. (*Murmures.* Il n'en faut pas !) Les candidatures du *Rappel* sont

en conséquence écartées à l'unanimité. Celle de
Gambetta subit le même sort. Un orateur propose
de substituer le nom de Cluseret à celui de Gambetta. Cluseret, dit-il, a eu l'honneur d'installer la
Commune à Lyon (*c'est vrai! vive la Commune!*),
et c'est Gambetta qui l'a dissoute. (*Mouvement
d'indignation.*) La candidature de Cluseret est fortement appuyée; mais le président fait remarquer
qu'il est trop tard pour modifier la liste, malgré le
mérite incontestable du candidat, et il propose à
l'assemblée de lui donner lecture de cette liste et
du « Manifeste » qui la précède. (*Adopté par acclamation.*) Le président explique d'abord que la liste
des « socialistes révolutionnaires » a été dressée
par le « comité central républicain », composé des
délégués des comités de vigilance des vingt arrondissements d'une part, des délégués de *l'Internationale* et des fédérations ouvrières de l'autre. On
avait à choisir entre plusieurs centaines de candidatures; après un premier travail d'élimination, il
en est resté 73, composées de noms presque également dignes des suffrages du peuple. Il a bien fallu
en écarter 30, et chacun des membres du comité a
dû se résigner à faire le sacrifice de ses sympathies
particulières pour assurer le succès de la cause. Le
comité, au surplus, ne s'est pas montré exclusif;
il a essayé même de s'entendre avec les républicains bourgeois, qui ont fusillé le peuple en

juin 1848; il avait commencé à traiter avec eux, mais la négociation a échoué par suite de leur mauvaise foi. Ils ont refusé au dernier moment d'accepter les conditions qui avaient été convenues et votées. (*Mouvement d'indignation.*) Alors le comité a compris qu'il fallait se passer d'eux, et que le peuple devait faire ses affaires lui-même. (*Explosion de bravos.*) Le président donne lecture du « Manifeste », dont le premier article est que le peuple n'admet point que l'on conteste le principe de la République. La République est par elle-même. Comme disait cet abominable Bonaparte Ier, elle est comme le soleil, aveugle qui ne la voit pas! Il n'y aurait que deux républicains en France que la République serait de droit. Il n'est donc pas permis de la nier. (*Applaudissements énergiques.*) D'autres articles proclament l'avénement des travailleurs à la vie politique et la déchéance de la féodalité industrielle. (*Nouvelle explosion de bravos.*) Vient enfin l'énumération des candidats des socialistes révolutionnaires. La plupart sont des ouvriers affiliés à *l'Internationale.* Il y a beaucoup de cordonniers, et le président s'en applaudit, car ils nous feront des chaussures à notre pied. Parmi les noms connus, il n'y a guère à citer que Blanqui, dont le nom soulève d'abord quelques légers murmures bientôt réprimés; Félix Pyat (*acclamation*); Gambon... avec sa vache, ajoute le président, aux applaudissements des citoyennes, assez nombreuses dans l'assemblée; Garibaldi. (*Tonnerre d'applaudissements.*) Est-il nécessaire d'ajouter que le nom de Rochefort brille par son absence sur la liste des socialistes révolutionnaires? Et pourtant nous sommes dans la salle de la *Marseillaise!* O vanité de la popularité!

RÉUNION DE LA REINE-BLANCHE.

Séance du 4 février.

La réunion électorale de la *Reine-Blanche* à Montmartre s'est transformée ce soir en tribunal pour juger la cause de Barberet contre Millière, l'un et l'autre anciens gérants du journal *la Marseillaise.* Voici les faits : le nom du citoyen Millière ayant été porté sur quelques listes de candidats de la démocratie socialiste, le citoyen Barberet, d'accord avec le citoyen Rochefort, a cru devoir, dans la séance d'hier, éclairer la conscience des électeurs, en élevant diverses accusations d'une nature extrêmement délicate, à la charge de son ci-devant collègue et ami. S'il fallait croire le citoyen Barberet, la comptabilité de la *Marseillaise* aurait laissé singulièrement à désirer à une certaine époque, et une confusion déplorable se serait établie

entre les recettes du journal et les fonds des souscriptions pour le monument de Victor Noir et les
ouvriers du Creusot. Les uns et les autres auraient
été logés dans la même caisse, et un jour le logement
se serait trouvé vide. A qui la faute? Nous ne
suivrons pas le citoyen Barberet sur ce terrain glis-
sant, nous ne rechercherons pas davantage si M. Millière a fait tomber perfidement ledit citoyen Barberet
dans un odieux traquenard, en se servant du nom
de Rochefort pour l'attirer à Sainte-Pélagie et se
débarrasser ainsi d'une surveillance gênante ; nous
nous dispenserons d'examiner enfin si le citoyen
Millière aurait servi de conducteur ou de Barnum
à une somnambule vers 1843 ou 1845, comme l'a
affirmé le citoyen Barberet. Tout ce que nous pouvons dire, c'est que les accusations du citoyen Barberet avaient causé à la *Reine-Blanche* une sensation profonde, et que le citoyen Millière a cru
nécessaire de se présenter ce soir à la barre de
l'assemblée pour y répondre. Il est pâle et en proie
à une émotion violente. Il sera obligé, dit-il,
d'écourter sa défense, car il est sous le coup d'un
mandat d'amener, et il se peut que d'un moment à
l'autre le commissaire de police de l'empire, qui a
été mis à ses trousses avec dix argousins, envahisse
la salle pour le saisir. (*Quelques cris :* Ils n'oseraient
pas ! qu'ils y viennent!) Cependant, l'accusation est
tellement grave qu'il ne peut se dispenser de ra-

conter sa vie en commençant par le commencement.
Il est prolétaire et fils de prolétaire ; son père était
tonnelier. (*Cris :* Qu'est-ce que ça nous fait?) Le
président invite l'orateur à abréger. Millière proteste avec véhémence, en refusant au président le
droit de l'interrompre, et il continue l'histoire de
sa vie. Il n'a jamais voulu quitter les rangs du
péuple pour pactiser avec les exploiteurs, quoique
la bourgeoisie lui ait fait les offres les plus brillantes
pour l'attirer à elle. Il a vécu avec sept centimes
par jour (*interruption :* C'est peu! *quelques mil-
liéristes rappellent l'interrupteur à la pudeur*) et il
a refusé une dot de 200,000 fr. (*Sensation. Mouvements divers.*) L'orateur continue ce récit auto-
biographique pendant une heure environ; l'assemblée finit par donner des signes d'impatience de
plus en plus marqués, et un grand nombre d'auditeurs tournent incessamment leurs regards vers la
porte dans l'espérance de voir paraître le commissaire de police de l'empire suivi de ses dix argousins.

Le citoyen Millière s'occupe enfin des accusations qui ont été dirigées contre lui. Il dédaigne de
répondre au sujet de la somnambule, mais il
donne des explications intéressantes sur la comptabilité de la *Marseillaise.* Malgré tous ses efforts,
il n'a jamais pu obtenir qu'on y tînt des livres,
il n'y avait pas même un livre-brouillard, et les
comptes des souscriptions n'étaient pas addition-

nés. C'est pourquoi un beau jour la caisse paraît s'être trouvée à sec sans que personne pût donner l'explication de ce phénomène. L'orateur affirme que cet état de choses s'est produit pendant qu'il était à Sainte-Pélagie; il n'accuse pas Rochefort, il n'accuse même pas Barberet, il n'accuse personne, mais il prétend n'avoir jamais eu entre les mains la clef de la caisse. Ces explications, longuement développées, sont accueillies favorablement par les uns, avec impatience par les autres. Un membre du bureau précise de nouveau les accusations de Barberet; Millière recommence sa justification sans abréger. Enfin il paraît se souvenir du commissaire de police de l'empire et de ses dix argousins. Citoyens, s'écrie-t-il, je me retire, car je ne suis pas en sûreté. Ce n'est pas que je craigne d'être traîné dans les prisons des successeurs de l'empire. Non! mais je redoute les perquisitions. (*Mouvement de curiosité.*) J'ai entre les mains des pièces d'une importance extraordinaire. (*Lisez-les! lisez-les!*) Je ne les ai point sur moi, mais, — et c'est ce qui explique l'acharnement avec lequel certaines gens s'efforcent de me déshonorer, — j'ai la preuve que... (*mouvement d'ardente curiosité*) que Jules Favre n'est autre chose qu'un « forçat non libéré ». (*Cette révélation stupéfiante provoque d'abord quelques signes d'incrédulité, auxquels succèdent bientôt des ap-*

plaudissements frénétiques. Cris : Ça doit être vrai! il nous a vendus.) Si le citoyen Millière a voulu parler au figuré, on pourrait soutenir en effet que les bancs des galères sont des siéges moelleux en comparaison des « chaises curules » de l'Hôtel de ville, comme on disait au club *Favié.* Mais s'il a voulu parler au propre, comment donc se fait-il qu'il n'ait point publié des pièces si écrasantes sur lesquelles, d'ailleurs, le commissaire de police de l'empire et ses dix argousins pourraient bien mettre la main d'un moment à l'autre? Qui donc nous dévoilera ce mystère? Cependant, l'émotion passée, l'auditoire ne paraît pas complétement édifié sur le compte ou sur les comptes du citoyen Millière, et il est décidé qu'un comité d'enquête de cinq membres sera nommé pour jeter quelque jour sur la comptabilité de la *Marseillaise.* Deux membres seront choisis par Barberet, deux autres par Millière, et le cinquième, par le président. L'incident est clos au bruit des cris d'impatience de l'assemblée; mais le citoyen Millière continue pendant quelque temps encore à s'agiter sur l'estrade, comme s'il avait totalement oublié le commissaire de police de l'empire et ses dix argousins, qui sont chargés de lui arracher les papiers accusateurs dont il est nanti. — Il est dix heures. La discussion est ouverte sur les candidatures républicaines et socialistes. Un citoyen annonce que les intrigues orléanistes et cléricales d'une part, bonapartistes de l'autre, compromettent gravement la situation. Les orléanistes se sont entendus pour porter le duc d'Aumale. (*Sensation profonde.*) C'est une candidature qui fera explosion au dernier moment. C'est pourquoi il faut veiller plus que jamais au salut de la République et rester unis. (*Applaudissements.*) Un autre citoyen soutient la candidature du citoyen Blanqui comme plus nécessaire et plus opportune que jamais en présence des dangers de la République compromise surtout par les faux révolutionnaires. Si Blanqui était resté à l'Hôtel de ville au 31 octobre, la patrie était sauvée, et la bourgeoisie elle-même, avec sa couardise ordinaire, aurait accepté sa dictature. (*Acclamations.*) En revanche, un autre citoyen repousse énergiquement la candidature de Victor Hugo. C'est un grand poëte, soit! mais c'est un aristocrate de la démocratie. (*C'est vrai! pas de Victor Hugo!*) C'est un démocrate en gants jaunes. (*Il n'en faut pas!*) Il a posé sur son rocher, qu'il y reste! (*Applaudissements.*) Nommons des hommes jeunes et énergiques. — Lissagaray, quoique « jeune et énergique », est repoussé de même comme aristocrate. — Amouroux, lui, n'est pas un aristocrate et il est jeune ; mais, au témoignage d'un orateur qui lui a voué une estime et même une amitié particulière, il manque de l'intelligence et de l'expérience nécessaires. (*Quelques protesta-tions.* — *Cris :* Il les acquerra!) Il vaut mieux les avoir acquises, ajoute l'orateur. Hier, Barberet disait qu'il faudrait monter à la tribune le revolver au poing. C'est une phrase. (*Protestations, tu-multe.*) Sans doute il sera bon d'avoir un revol-ver dans sa poche, mais cela ne suffira pas pour mettre un frein à la réaction et constituer une ré-publique démocratique. L'orateur préfère Dereure, Jaclard et Razoua; enfin il y a un homme dont il a douté un moment, mais dont il ne doute plus après sa magnifique proclamation, c'est Gambetta. (*Ac-clamations.*) Gambetta lui apparaît comme le grand révolutionnaire de 1870. (*Une voix :* C'est vrai! c'est un bon Robespierre!) La candidature de Gambetta est mise aux voix et adoptée au bruit des applaudissements. On acclame aussi celle du citoyen Garibaldi, le champion de la démocratie dans les deux mondes. Puis la séance est levée aux cris accentués de *Vive la République !*

REUNION ÉLECTORALE DE LA SALLE DE LA REDOUTE.

Séance du 5 février 1871.

A la réunion de l'*Association électorale de la fusion républicaine* dans la salle de la *Redoute*, on

s'est occupé presque uniquement des conditions du
mandat que « le peuple » doit imposer à ses représentants. Il est bien entendu que ce mandat sera
« impératif ». Nous avons été assez souvent « floués
et bernés » par nos députés, s'écrie un orateur qui
se qualifie d'insurgé du 22 janvier, pour qu'il nous
soit bien permis de-prendre nos précautions. Il ne
s'agit plus de les laisser faire leurs petites affaires,
à nos dépens. Non ! ce temps-là est passé, « le
peuple » doit leur dicter ses volontés, et ils n'auront autre chose à faire qu'à les exécuter. Entre
parenthèses, cette doctrine du mandat impératif ne
fait-elle pas souvenir du *perindè ac cadaver* des
jésuites, et Proudhon, qui connaissait son monde,
n'avait-il pas ses raisons pour qualifier les jacobins
de « jésuites de la Révolution? » En quoi donc
consistera le mandat des députés du « peuple » à
l'Assemblée de Bordeaux? Quelles résolutions au-
ront-ils la mission expresse et impérative de faire
prévaloir? Ces résolutions, au dire de l'insurgé du
22 janvier et de deux autres orateurs, les citoyens
Garnier, président, et Andrieux, qui paraissent
avoir comme lui l'oreille du peuple, ces résolutions
sont au nombre de quatre. En premier lieu, les
députés seront chargés de continuer la guerre à
outrance (*maigres applaudissements*), à moins que
les Prussiens ne nous offrent une paix honorable.
Que faut-il entendre par ces mots : une paix hono-

rable? C'est une paix qui ne nous enlèvera « ni une pierre de nos forteresses, ni un pouce de notre territoire, ni un vaisseau de nos flottes. » En revanche, sur la question d'argent, le peuple autorisera ses mandataires à se montrer coulants. Si les Prussiens réclamaient une indemnité de 10 milliards, il faudrait la leur accorder sans hésiter; peut-être même serait-il à souhaiter qu'ils demandassent le double. (*Quelques signes d'étonnement.*) Voici pourquoi : c'est parce que « le peuple » aurait soin de mettre, comme de juste, cette indemnité sur le dos de la bourgeoisie au moyen d'un emprunt forcé. (*Mouvement général d'approbation.*) Cette bourgeoisie infâme, qui nous exploite depuis si longtemps, au dire du citoyen Andrieux, serait ainsi obligée de rendre gorge; on la prendrait par son endroit sensible, — la poche, — et « le peuple » aurait la double satisfaction de se débarrasser des Prussiens et de mettre la bourgeoisie à sec. Encore une parenthèse. Marat, exprimant un jour une pensée analogue, se servait d'une expression bien autrement pittoresque : « Nous saurons bien obliger, disait-il, les riches à devenir des sans-culottes, car nous ne leur laisserons pas de quoi se couvrir le derrière. » — En second lieu, les députés du peuple devront empêcher l'Assemblée de s'ériger en Constituante. (Cette condition ayant rencontré l'assentiment général, les orateurs n'ont pas

cru nécessaire de la développer.) En troisième
lieu, ils auront à mettre le gouvernement en accusation pour avoir livré Paris aux Prussiens, de
connivence avec la bourgeoisie (*applaudissements*)
qui a poussé à la capitulation parce qu'elle préfère
les Prussiens aux « rouges ». (*Nouvelles marques
d'assentiment.*) Maintenant, quelle pénalité devra
encourir ce gouvernement de la trahison? Cette
pénalité est indiquée par l'article du Code militaire
qui punit de mort tout commandant de forteresse
reconnu coupable d'avoir capitulé quand la résistance était encore possible. Il est clair que Paris
aurait pu tenir encore longtemps s'il n'avait pas
été vendu. (Oui! oui! c'est vrai! ils nous ont livrés!)
Les munitions ne manquaient pas, les vivres non
plus. Un garde républicain a fait à ce sujet une
révélation saisissante, à l'un des orateurs. Soit que
cet homme se repentît de ses crimes, soit pour
toute autre cause, il lui a raconté qu'on venait de
l'employer pendant plusieurs nuits à déterrer des
tonnes de morue et de jambons enfouies sous les
talus des fortifications. (*Mouvement général d'indignation.* C'est infâme!) Nous avons donc été
vendus, c'est évident! (Oui! oui!) Pour quelle
somme? Un orateur se croit autorisé à fixer cette
somme à dix millions pour chacun des membres
du gouvernement. (*Sensation.*) Le crime est donc
avéré. Le châtiment doit être exemplaire. Cepen-

dant ici se présente une difficulté qu'il importe au
« peuple » de résoudre pour l'instruction de ses
mandataires. Les membres de la délégation gouvernementale en province, Gambetta en tête, de-
vront-ils être décrétés d'accusation avec leurs collègues les traîtres de Paris? (*Quelques voix :* Pas
Gambetta!) En dépit de l'interruption, le citoyen
Andrieux se prononce pour l'affirmative. Tout n'est
pas clair dans la conduite de Gambetta. N'a-t-il pas
commencé par dissoudre les Communes révolutionnaires de Marseille et de Lyon? Il vient, à la
vérité, de faire une proclamation et de rendre un
décret qui, à première vue, méritent tous nos
éloges; mais savons-nous bien à quelle intention,
dans quel but? S'il a voulu exclure les bonapartistes de l'Assemblée, ne serait-ce point, par hasard, pour la livrer aux orléanistes? (*Quelques
protestations. Cris :* Vous allez trop loin! *Mouvements divers.*) L'orateur déclare qu'il fait une
simple conjecture, autorisée par les antécédents de
Gambetta; que les députés du peuple auront au
surplus pour mission de tirer au clair la conduite
de cet avocat, et qu'ils pourront, au besoin, lui
accorder, en raison de ses derniers actes, le bénéfice des circonstances atténuantes. (*Mouvement
d'approbation.*) En quatrième lieu, les députés
devront maintenir quand même la République, car
la République est au-dessus du suffrage universel.

(*Assentiment général.*) S'ils sont en majorité, cela leur sera facile; mais supposons qu'ils se trouvent en minorité, supposons que les électeurs envoient à l'Assemblée cinq cents ou six cents réactionnaires imbéciles, — et l'orateur remarque que c'est ainsi malheureusement que les choses se sont passées depuis 1848; — supposons que cette majorité stupide proclame la monarchie, ou bien encore qu'elle s'oppose à l'accomplissement de l'une des trois autres conditions de notre mandat impératif, quel sera le devoir de la minorité? Devra-t-elle se soumettre pour éviter la guerre civile? Non! mille fois non! (*Tonnerre d'applaudissements.*) La guerre civile! elle existe déjà parmi les membres du gouvernement (*exclamations ironiques*), et quand la guerre civile est dans le gouvernement, n'est-il pas dans la nature des choses qu'elle soit bientôt dans le pays? (*C'est vrai!*) Le devoir des députés du peuple sera donc en ce cas de se retirer à Lyon, d'y élever, en présence de la réaction, de la monarchie et des Prussiens, le drapeau révolutionnaire (*acclamations enthousiastes*), et de faire à tous les ennemis de la Révolution et de la République une guerre implacable. (*Nouveaux et vifs applaudissements.*) On s'est beaucoup récrié contre Marat, parce qu'il demandait trente mille têtes pour sauver la Révolution. Mais dans cette proposition, pour peu qu'on y réfléchisse mûrement, il y avait quelque chose de

profondément politique, et même de profondément
humain (*quelques faibles réclamations*); oui, de
profondément humain, car, l'événemeut l'a prouvé,
le sacrifice nécessaire de ces trente mille têtes aurait
épargné la vie de trois millions d'hommes qui ont
péri victimes des guerres et des complots monarchiques. (*Sensation. Approbation marquée.*) Il faut donc
que les députés du peuple n'aient point la faiblesse
de reculer devant la guerre civile et l'emploi des
moyens révolutionnaires pour sauver la République. (*Acclamations.*)

Telles sont les quatre conditions que le peuple
imposera à ses mandataires, et sur lesquelles la
réunion de la *Redoute* a paru s'accorder à la presque unanimité. Ajoutons qu'à la suite d'une révélation faite par « l'insurgé du 22 janvier », le nom
du citoyen Murat, adjoint à la mairie du 10ᵉ arrondissement, a été rayé de la liste des candidats de
la réunion. En effet, le citoyen, ou, pour mieux
dire, *monsieur* Murat, a signé, dans la nuit du
28 janvier, avec un autre adjoint, le nommé De-
gouves-Denuncques, l'ordre d'arrêter les « individus » qui sonnaient le tocsin à Saint-Laurent
pour empêcher l'infâme gouvernement de l'Hôtel
de ville de livrer Paris aux Prussiens. (*Murmures
d'indignation.*) Murat est, en conséquence, déclaré
indigne de représenter « le peuple ».

RÉUNION DE LA SALLE MOLIÈRE.

Séance du 6 février.

A la réunion électorale de la salle *Molière*, rue Saint-Martin, on a donné lecture de la liste des candidats révolutionnaires et socialistes arrêtée par les délégués des comités des vingt arrondissements. Cette liste ne doit pas être confondue avec celle de *l'Internationale*, qui paraît être décidément une « fausse liste », quoiqu'elle ait été acclamée à la *Vielleuse* et à la *Marseillaise*. La « vraie liste » de la salle *Molière* n'est pourtant pas définitive ; il y a quatre candidatures en suspens, celles des citoyens Cluseret et Tibaldi, dont la nationalité française a été contestée sous le prétexte que le premier s'est fait naturaliser Américain, et que le second est Italien, et celles des citoyens Millière et Murat, contre lesquels on a élevé des accusations d'une haute gravité. — On passe ensuite à l'audition des candidats. Le citoyen Quesnay de Beaurepaire fait sa profession de foi ; il proteste contre la capitulation de Paris, il s'incline devant la République, il déclare qu'il se fera couper le poignet plutôt que de signer une paix honteuse, il parle avec chaleur de l'avenir de la

France, dont il ne désespère pas, mais rien n'y
fait, — un auditeur lui demande s'il ne serait pas
par hasard lé même Quesnay de Beaurepaire qui
était procureur impérial à Mamers. — Le candidat
répond qu'il ne l'a jamais caché ; il lui semble, au
surplus, que la République ne saurait être moins
tolérante que l'autocratie catholique, qui admet les
conversions. (*Murmures.* Nous ne sommes pas des
jésuites !) L'orateur réplique qu'il estime la bra-
voure du commandant Beaurepaire, mais qu'après
le salutaire décret de Gambetta surtout, — décret
qui mérite d'autant plus l'approbation entière de la
démocratie qu'il a été cassé par le soi-disant gouvernement de Paris, — sa candidature ne saurait
être admise. Les démocrates, ajoute-t-il, ne peuvent
donner leur suffrage à un membre de la magistra-
ture avilie de l'infâme Bonaparte. (*Mouvement général d'approbation.* La candidature du citoyen
Quesnay de Beaurepaire est repoussée à la presque
unanimité.)

Le citoyen Mathorel, un dès trois ou quatre
orateurs de talent que possède le parti révolutionnaire, était candidat, il ne l'est plus, car son nom
ne figure pas sur la liste des comités réunis.
(*Murmures dans l'auditoire. Réflexions de divers
auditeurs.* C'est toujours comme ça ! Ce sont des
coteries d'envieux et d'imbéciles qui font les listes.
Ils se f... du peuple !) Le citoyen Mathorel ne

se plaint pas toutefois de son exclusion; elle
prouve qu'il y a, dans Paris, quarante-trois candidats plus dignes que lui de représenter le peuple.
(*Exclamations dubitatives.*) Il ne fera donc point
de profession de foi; il se bornera à examiner les
conditions du mandat. A son avis, l'Assemblée devra conclure la paix (*quelques protestations sans
écho*); il y a, dit-il, des gens qui prétendent qu'on
doit faire de la résistance à outrance, sans s'inquiéter du sort de Paris. L'orateur ne doute pas
de l'héroïsme de Paris. Il est convaincu que les
Parisiens sont prêts à s'ensevelir sous les ruines
de leur cité, si la destruction de Paris devait sauver la France. Mais il suffit d'un peu de bon sens
pour se convaincre que cet héroïsme serait insensé,
que Paris est hors d'état de résister, avec les Prussiens dans les forts, et qu'une nouvelle lutte dans
les conditions actuelles ne serait autre chose qu'un
suicide (il a raison ! *approbation marquée, quoique
timide*); or, supposons Paris détruit, la France ne
serait-elle pas décapitée? (*Nouveau et plus vif
mouvement d'approbation.*) Il faut donc faire la
paix. Il faut la faire dans l'intérêt de la France et
de la République elle-même. (*Bravos.*) Maintenant,
on nous dit qu'il y aura plusieurs sortes de conditions; qu'on demandera, par exemple, 10 milliards
à la République, tandis qu'on réduirait la note à
7 milliards si nous acceptions la monarchie des

18

d'Orléans et même à 5, si nous revenions à l'homme de Wilhelmshœhe. (Il n'en faut pas!) On a dit, ajoute l'orateur, que la France est assez riche pour payer sa gloire; à plus forte raison, elle est assez riche pour payer sa souveraineté. (*Vifs applaudissements.*) Les Allemands n'ont pas à s'occuper de nos affaires intérieures. Cela ne les regarde pas. Nous payerons leur note, mais nous ne leur permettrons pas de toucher à notre souveraineté. (*Nouvelles acclamations.* Quelques auditeurs se plaignent énergiquement de ce qu'on ait rayé de la liste le nom de l'orateur. Le président annonce qu'il transmettra au comité central les réclamations de la réunion.) — Un autre orateur approuve complétement la proclamation et les décrets de Gambetta. Supposons, dit-il, que les républicains eussent donné à leurs candidats le mandat impératif de poignarder Napoléon III, le gouvernement impérial n'aurait-il pas interdit ces candidatures? Eh bien, n'est-il pas avéré que les candidats bonapartistes veulent poignarder la République? (*Sensation.*) Gambetta n'a-t-il pas, en les interdisant, usé simplement du droit de légitime défense? — En ce moment, on distribue dans la salle un Manifeste et une liste d'un « comité radical républicain ». Le président met le public en garde contre cette « fausse liste »; mais à quel signe la vraie liste se reconnaît-elle donc d'entre les fausses? Comment

distinguer la bonne marque d'avec les contrefaçons, et même le vrai peuple d'avec le faux peuple?
Ah! c'est cruellement embarrassant, et, suivant
l'observation naïve d'un auditeur perplexe, tout
ça, c'est bien du gâchis!

APPENDICE[1]

LA JOURNÉE DU 4 SEPTEMBRE 1870
AU CORPS LÉGISLATIF.

Les douloureuses nouvelles de l'armée du maréchal Mac-Mahon, que les communications du ministre de la guerre, M. le général Palikao, avaient fait pressentir dans la séance d'hier samedi, s'étant confirmées dans la soirée, M. le président de la Chambre avait convo-

---

1. Nous réunissons dans cet Appendice un récit de l'épisode principal de la révolution du 4 septembre, — préface du siége de Paris, — et quelques articles publiés pendant le siége et l'armistice, sur *la manie des espions et des signaux, les queues des boucheries, les jacobins de 1870,* etc., renfermant des observations et des critiques qui ont du moins le mérite de la sincérité à défaut d'autre. On y trouvera des indications recueillies au jour le jour et sans parti pris, tant sur l'état moral et matériel de la population que sur l'imperfection et l'incurie vraiment inouïe de l'administration pendant cette période mémorable de l'histoire de Paris.

qué les députés à domicile pour une séance de nuit. Cette séance s'était ouverte à une heure du matin. Le ministre de la guerre avait donné la triste nouvelle du désastre de Sedan, en engageant, par une funeste imprévoyance, la Chambre à ajourner ses délibérations. M. Jules Favre avait déposé alors, au nom de ses collègues de la gauche et au sien, une proposition formulée en trois articles : le premier, déclarant Louis-Napoléon Bonaparte et sa dynastie déchus des pouvoirs que leur a conférés la constitution; le second, instituant une commission de gouvernement nommée par le Corps législatif; le troisième, maintenant M. le général Trochu dans ses fonctions de gouverneur de Paris. Sur l'invitation du président, la Chambre s'était ajournée au lendemain à midi. Il était une heure vingt minutes du matin.

Aujourd'hui dimanche, de bonne heure, une agitation extraordinaire régnait dans Paris; les gardes nationaux se réunissaient en armes et descendaient des barrières par groupes nombreux. Vers midi, un bataillon de la garde nationale se rendant aux abords de la Chambre est accueilli sur le boulevard de la Madeleine par les cris de *La déchéance! la déchéance! Vive la nation!* et quelques cris plus rares de *Vive la République!* Le pont de la Concorde est gardé par des escouades de gendarmerie à cheval et des sergents de ville. On ne laisse passer que les personnes munies de cartes. La foule qui se presse sur la place ne montre cependant aucune disposition hostile, les simples curieux y sont, comme d'habitude, en majorité. L'avant-cour du Corps

législatif est, à ce moment, presque vide; mais un public
nombreux, dans lequel on remarque des dames en toi-
lettes élégantes, remplit les tribunes. A une heure, le
président, M. Schneider, traverse la salle des Pas-Perdus
entre deux haies de gardes nationaux et monte au bureau, escorté de ses secrétaires. La séance est ouverte
à une heure vingt minutes. Les ministres sont à leur
banc, et un groupe de députés de la majorité entoure
M. de Palikao. Après la lecture du procès-verbal,
M. Glais-Bizoin réclame contre l'omission de son nom
au bas de la proposition de M. Jules Favre. — C'est
notre seule planche de salut, dit-il. M. de Piré proteste,
La Chambre passe outre. M. le ministre de la guerre
demande la parole, mais M. de Kératry l'interrompt
pour présenter une motion d'ordre. Il accuse M. le ministre de la guerre d'avoir manqué à ses devoirs, en
faisant garder la Chambre par des troupes de ligne et
des sergents de ville. Au surplus, ajoute-t-il, c'est à
M. le général Trochu seul qu'appartient le droit de disposer des troupes dans Paris. M. le ministre de la guerre
réclame. — M. le général Trochu, dit-il, n'a que le
commandement des troupes qui garnissent les forts et
l'enceinte; celles qui sont en dehors de la défense restent sous les ordres du ministre de la guerre, M. le général Trochu lui-même l'a reconnu. — Une expression
peu en harmonie avec la gravité des circonstances
échappe à M. de Palikao et excite de longs murmures.
— De quoi vous plaignez-vous? dit-il, de ce que je
vous fais la mariée trop belle? Si j'ai réuni des troupes
autour de la Chambre, n'est-ce pas pour mieux assurer

la liberté de vos délibérations? — Après une violente interruption, dont l'orateur attend patiemment la fin en se croisant les bras, il donne lecture d'une proposition délibérée en conseil, et motivée par les douloureuses circonstances que nous traversons. Cette proposition institue un conseil de gouvernement et de défense nationale composé de cinq membres élus par le Corps législatif; les ministres sont nommés sous le contreseing de ce conseil; le général Palikao est nommé lieutenant-général. Des exclamations et des rumeurs éclatent à gauche. M. Jules Favre demande au milieu du bruit l'urgence avec droit de priorité pour sa proposition; mais M. Thiers se lève et le silence se rétablit. M. Thiers déclare qu'il a mis de côté ses préférences personnelles pour contribuer à l'union indispensable devant l'ennemi, et il donne lecture d'une troisième proposition instituant, comme les deux précédentes, une commission de gouvernement et de défense nationale, nommée par la Chambre, mais ajoutant qu'une Assemblée constituante sera convoquée aussitôt que les circonstances le permettront. M. de Palikao accepte, au moins en principe, cette convocation. — Le pays sera consulté, dit-il, aussitôt que nous serons sortis de nos embarras actuels. M. Gambetta demande que l'urgence soit déclarée « en bloc » sur les trois propositions et qu'elles soient renvoyées à la même commission. L'urgence est votée presque à l'unanimité, la séance est suspendue; M. le président annonce qu'elle sera reprise immédiatement après l'examen des trois propositions et la nomination d'une commission, et les députés se rendent aussitôt dans les bureaux.

Mais, dans l'intervalle, des bataillons de la garde nationale avaient débouché par le pont de la Concorde et s'étaient massés non loin de la grille du palais législatif. Une partie du public des tribunes, et plusieurs anciens députés, MM. Étienne Arago, Pascal Duprat, des journalistes de l'extrême gauche, etc., montent sur les escaliers du péristyle et acclament la garde nationale. D'autres entament avec les gardes nationaux, à travers les grilles, des colloques animés. On crie : *La déchéance! Vive la garde nationale! Vive la nation!* La grille de l'avant-cour, donnant sur le quai, qui sert d'entrée habituelle au public des tribunes, est restée à moitié ouverte. Des gardes nationaux armés s'y présentent. Le gardien refuse énergiquement de les laisser entrer, et l'un des questeurs, M. Quesné, accouru en hâte, ordonne de fermer la grille. On la ferme non sans peine. Les gardes nationaux protestent. Un député de la gauche, M. Steenackers, accourt et parlemente avec la foule. Il se nomme, en ajoutant qu'il appartient à la gauche. On l'applaudit, mais on insiste pour que la grille soit ouverte. M. Steenackers croit devoir déférer à ce vœu, sous la réserve qu'on entrera sans armes, et il ordonne au gardien d'ouvrir la grille. Le gardien cède à regret, et quelques gardes nationaux formant, disent-ils, une députation, entrent dans l'avant-cour, après avoir ôté la baïonnette de leurs fusils; on essaye de refermer la grille, mais il était trop tard : de nouveaux venus se présentent à flots de plus en plus pressés, et ils se précipitent sur les escaliers du péristyle, qui est, au bout de peu de minutes, complétement envahi. Les cris de *Vive la garde nationale!* *Vive la République!* alternent et redoublent; les gardes nationaux, rangés au dehors, y répondent; la foule, à moitié contenue jusqu'alors sur la place de la Concorde, fait irruption à son tour. Quelques compagnies de soldats de la ligne, en tenue de guerre, occupent l'avant-cour. Des soldats engagent la foule à se retirer. — Nous serions bien fâchés, dit l'un d'eux, d'être obligés de vous donner des coups. — Mais on les presse, on crie : *Vive la ligne!* Quelques-uns lèvent la crosse en l'air, et aucun obstacle n'arrête plus les envahisseurs, qui commencent à pénétrer dans la salle des Pas-Perdus et dans les couloirs de la Chambre.

A deux heures et demie, la salle des séances est encore presque vide. Quelques députés de la gauche seulement sont à leur banc. Les tribunes se remplissent à vue d'œil. Dans une des tribunes, une violente discussion s'engage, des interpellations sont adressées aux députés qui entrent lentement dans la salle. Le président, M. Schneider, monte au bureau et essaye vainement d'obtenir le silence. MM. Gambetta et Crémieux paraissent ensemble à la tribune. M. Gambetta supplie les interrupteurs de se taire. — Vous assurerez, leur dit-il, le résultat que vous attendez, en permettant à la Chambre de délibérer en liberté. — On fait silence pendant quelques instants; mais les nouveaux arrivants font renaître le bruit à peine apaisé. Ceux qui ne trouvent point de place dans les tribunes envahissent le couloir qui règne derrière les bancs où siégent les

députés; plusieurs membres de la gauche, M. Dorian,
M. Girault (du Cher), essayent de les faire sortir; ils y
réussissent d'abord; le président debout fait bonne
contenance; il appuie les exhortations de M. Gambetta
en des termes pressants et énergiques. Un silence relatif s'établit encore. M. de Palikao, son chapeau à la
main, entre dans la salle, suivi d'un petit nombre de
membres de la majorité; mais de nouveau les clameurs
redoublent; on entend des coups violents au dehors,
un nuage de poussière qui va s'épaisissant à vue d'œil
commence à remplir l'atmosphère de la salle; le président se couvre. M. de Palikao et les membres de la
majorité se retirent pour reparaître quelques instants
après, et se retirer encore, cette fois pour ne plus revenir. Enfin l'hémicycle est décidément envahi par la
foule qui reflue des couloirs; des gardes nationaux,
des gardes mobiles, le sac au dos, se présentent aux
entrées réservées aux députés. M. Girault (du Cher)
s'efforce en vain de les faire sortir et de ramener à
leur place les membres de la majorité. M. Jules Favre
monte à la tribune, et il obtient un moment d'être
écouté. — Pas de scène violente, s'écrie-t-il, réservons
nos armes contre les ennemis et faisons-nous tuer jusqu'au dernier; mais en ce moment nous avons besoin
d'union : c'est pourquoi nous ne proclamons pas la République. (*Interruptions violentes.*) — Si ! si ! — Cris
redoublés de *Vive la République !* Ceux qui poussent
ces clameurs se précipitent à la tribune, où ils entourent M. Jules Favre. L'un d'eux veut parler; on l'ar-
rache à grand'peine de la tribune. Pendant cet épisode,

le président est descendu du fauteuil, qui reste vide ;
mais derrière le fauteuil se rangent une douzaine de
gardes nationaux ; par moments, lorsque le tumulte
devient par trop assourdissant, un garde national agite
la sonnette du président. L'invasion de la salle continue ;
l'hémicycle, et bientôt après les bancs des députés, où
ne siégent plus que quelques membres de la gauche,
sont remplis d'une foule bariolée, en blouses, en vareuses, en tuniques de gardes nationaux ; il y a des
chapeaux et des képis de toutes formes et de toutes
couleurs ; quelques fusils désarmés de leurs baïonnettes et ornés de feuilles vertes sont agités au-dessus
des têtes. A trois heures, on commence à crier : *Vive
Rochefort !* et on ajoute : Allons le chercher à Sainte-
Pélagie ! Le tumulte devient bientôt indescriptible :
quelques-uns des envahisseurs s'emparent des plumes
et du papier des députés et se mettent à écrire ; d'autres, placés au bureau, jettent sur les têtes pressées
dans l'hémicycle les procès-verbaux et les autres papiers enfermés dans le bureau des secrétaires. La sonnette du président tinte presque sans relâche. La foule
demande les députés, mais il n'y a plus de députés.
Alors on crie : *A l'Hôtel de ville ! à l'Hôtel de ville !* et
la salle se vide peu à peu.

Telle a été au Corps législatif la journée du 4 septembre 1870[1].

1. *Journal des Débats,* 5 septembre 1870.

LA MANIE DES ESPIONS ET DES SIGNAUX.

La manie des « espions » et des « signaux » continue à sévir avec une déplorable intensité. Nous avons publié hier la lettre d'un de nos abonnés dont le domicile a été violé, et qui a été brutalement insulté par des gens sans mandat, se disant gardes nationaux, par ce motif qu'il demeure dans un appartement avec balcon, et qu'il a cru pouvoir allumer sa lampe. Dans la soirée d'hier, rue des Dames, aux Ternes, un appartement habité par une dame seule a été envahi de la même manière. Des passants affirmaient avoir vu agiter un drapeau rouge devant le réflecteur. Le drapeau rouge était un vieux châle, et le réflecteur une lampe de ménage. Dans la même soirée, un signal « vert et rouge » est dénoncé dans une maison de l'avenue des Ternes. Une troupe affolée par le soupçon et la peur monte au cinquième étage et se précipite dans la chambre suspecte, où elle trouve une bonne vieille occupée à faire de la charpie. Mais le feu vert et rouge? On somme la bonne femme de donner l'explication de ce phénomène suspect; elle balbutie, elle se trouble. Heureusement un perroquet, — vert et rouge, — dont la cage était placée près de la fenêtre, se met à battre des ailes. Aussitôt on crie de la rue que « le signal » est en mouvement. Le phénomène suspect est expliqué; les auteurs de cette honteuse escapade redescendent l'escalier, assez penauds, mais non sans avoir enjoint à l'infortunée propriétaire du « signal » d'éteindre sa lampe; il est vrai qu'ils ont eu la modération de ne pas exiger la mort du coupable. On nous fait remarquer à ce propos que, depuis la fermeture des théâtres et des cafés-concerts, la foule qui les remplissait naguère parcourt les rues et les boulevards, en quête d'émotions, quand elle ne va pas au club, et que la recherche des « signaux » et des « espions » est devenue un passe-temps favori de cette foule nerveuse et affolée. Ne serait-il donc pas préférable de laisser ouverts les lieux ordinaires de délassement de la population parisienne, sauf à les fermer un peu plus tôt que d'habitude?

Nous ne voyons point pourquoi on ne permettrait pas aux théâtres de faire diversion aux clubs, aux groupes en plein vent, à la chasse aux signaux et aux espions. A la vérité, les théâtres ont l'inconvénient assez grave au temps où nous sommes de coûter cher, tandis que le tarif des clubs varie de 10 à 25 centimes, et que la chasse aux espions ou aux signaux se fait gratis; mais pourquoi les théâtres n'abaisseraient-ils pas leurs prix, sauf à ne donner que des demi-représentations? Les propriétaires des bateaux de la Seine ont donné ce bon exemple en abaissant leur tarif de 25 à 15 centimes, et ils n'y ont certainement pas perdu. Malgré tant de causes qui ont ralenti le mouvement ordinaire de la circulation urbaine, les bateaux de la Seine regorgent de monde, et si la réduction du prix a été avantageuse au public, elle ne l'a pas été moins aux propriétaires des *Mouches*.

La chasse aux espions entraîne encore des incon-

vénients plus sérieux que la chasse aux signaux pour
les malheureux qui en sont victimes; car il est facile
de prouver *de visu* à la foule ameutée qu'elle a pris
un châle pour un drapeau et un perroquet pour un
signal vert et rouge; mais quand un prétendu espion
est empoigné au bruit des vociférations, — bien heureux
encore si l'on s'en tient aux vociférations, — et conduit
tumultueusement chez le commissaire de police du
quartier qui le renvoie à la Permanence, la situation
peut tourner au tragique. Le plus souvent, jusque aujourd'hui du moins, les victimes de ces méprises désa-
gréables en ont été quittes pour la peur. On racontait
hier, par exemple, dans un groupe du boulevard Montmartre, que deux prétendus espions, après s'être dé-
visagés d'un air soupçonneux, s'étaient mutuellement
pris au collet et conduits sans se lâcher chez le commissaire de police, où ils avaient fini par reconnaître
réciproquement leur parfaite innocence, aux éclats de
rire de la foule. Mais les choses ne tournent pas toujours aussi bien. Certains journaux accoutumés à flatter
les appétits et les passions du maître du jour ont
accrédité le bruit que la préfecture de police relâche
les « espions prussiens », et par conséquent qu'il est
plus sûr d'en faire une justice sommaire. Ce conseil
tombe malheureusement dans des oreilles trop dispo-
sées à l'écouter. Voici, par exemple, un fait que nous
apporte une de ces feuilles :

« Jeudi, les grenadiers du 28e de marche ont arrêté
un agent prussien muni de plans et qui les avait reçus
à coups de revolver.

*« Dans l'ignorance où on les laisse de ce que deviennent
les espions, ils l'ont fusillé, — séance tenante, — pour
avoir tous leurs apaisements. »*

Nous nous plaisons à croire qu'il s'agissait réellement d'un agent prussien, et non point d'un ingénieur ou d'un conducteur de travaux, affligé d'un accent alsacien ou flamand ; mais, n'en deplaise au journal que nous citons, cette manière de prendre « ses apaisements », en fusillant sans jugement, — par ce motif qu'on ne sait pas ce que deviennent les espions, — pourrait bien n'être pas tout à fait digne d'un peuple civilisé. On s'étonnera sans doute plus tard que des journaux se soient rencontrés pour la justifier, sinon pour la recommander. On s'en étonnera d'autant plus lorsqu'on saura que ces mêmes journaux comptent au nombre des adversaires les plus implacables de la république rouge, et que rien n'égale l'horreur qu'ils ressentent pour le terrorisme et les moyens révolutionnaires. Ils ne laissent échapper aucune occasion de condamner la Terreur, et le mot « guillotiner » leur paraît, à bon droit, odieux. Mais ils ont constamment à la bouche le mot « fusiller », et ils trouvent même assez naturel qu'on fusille sans jugement.

Cependant, entre les procédés de 93, qui leur font horreur, et ceux qu'ils approuvent et qu'ils conseillent, la différence n'est-elle pas assez mince? Cette différence même n'est-elle pas à l'avantage des procédés de l'ancienne Terreur? En 93, on prenait volontiers ses « apaisements » vis-à-vis des « suspects », mais encore se donnait-on la peine de les faire passer devant un tribunal révolutionnaire. Le Comité de salut public ne permettait point à la foule de se transformer, — séance tenante, — en un tribunal, de condamner le « suspect », et de l'exécuter. Cela n'empêchera pas, bien entendu, les journaux dont nous parlons de flétrir la Terreur et les abominables journaux qui s'étaient faits les pourvoyeurs de la guillotine. Ah! s'ils s'étaient contentés de demander qu'on fusillât au lieu de guillotiner, c'eût été bien différent!

Pour en finir avec ce sujet lugubre, nous ferons remarquer que le comité de defense a dû certainement s'occuper du danger de l'espionnage et des signaux. Laissons-lui donc le soin d'aviser aux moyens les plus propres à nous en préserver. Les espions n'ont pas l'habitude de négliger les précautions, et il faut, pour dépister leurs ruses, tout le flair et toute l'expérience des agents spéciaux les plus habiles. C'est une tâche dans laquelle une foule nerveuse et surexcitée est incapable de les suppléer; elle arrêtera, elle fusillera même « pour prendre ses apaisements » des milliers d'honnêtes gens avant de mettre la main sur un véritable espion; quant aux « signaux », le jour où l'autorité compétente jugera utile de nous obliger à éteindre nos lampes, au cinquième étage et même au rez-de-chaussée, nous nous empresserons de lui obéir; mais, en attendant, il nous est impossible de nous incliner devant des comités de défense en plein vent qui envahissent brutalement notre domicile, en terrorisant des femmes occupées à faire de la charpie, parce qu'ils

ont pris un vieux châle pour un drapeau et un perroquet pour un « signal[1] ».

LES QUEUES DES BOUCHERIES.

Cette insupportable manie de réglementation et d'intervention administrative qui nous incommode en tout
temps menace aujourd'hui d'aggraver sérieusement nos
maux. L'administration a laissé le commerce de l'épi-
cerie parfaitement libre, et, à part une petite émeute
provoquée par un hareng trop salé, nous n'avons pas
entendu dire que MM. les épiciers aient attiré sur leurs
têtes l'animadversion populaire, ni que les infortunées
ménagères aient été obligées de faire queue pour
s'approvisionner de sucre, de café ou de bougie. Les
charbonniers, de leur côté, n'ont pas excité des plaintes
trop bruyantes, quoique le prix de ce combustible nous
avertisse chaque jour plus clairement qu'il appartient
à la famille du diamant. Mais l'administration ne s'est
pas encore occupée, activement du moins, des charbonniers. Toute sa sollicitude s'est tournée du côté des
bouchers, et telle a été l'efficacité de son intervention
tutélaire, qu'il est devenu presque aussi difficile de
franchir la grille d'un étal de boucher que de traverser
les lignes prussiennes. Il faut se résigner à prendre la
queue avant le jour, en dépit du brouillard et du froid

1. *Journal des Débats,* 26 septembre 1870.

piquant du matin, et à faire le pied de grue pendant deux ou trois heures. Bienheureuses encore sont celles qui réussissent à franchir l'étroit passage que surveille un garde national incorruptible. Trop souvent la grille se ferme avant que la moitié ou le tiers de ce long ruban animé et agité en ait atteint le seuil. Alors ce sont des malédictions, ce sont des plaintes et des gémissements à fendre les âmes les plus dures! Quelquefois le gardien de ce seuil envié n'y peut résister. De toutes parts on lui crie qu'il se commet de flagrantes injustices, qu'il y a une arrière-boutique avec une petite porte cachée par où arrivent et s'en vont grassement pourvues les pratiques favorites; on fait appel à sa justice, on s'adresse à son cœur et on le supplie de faire usage de son autorité qui est immense pour mettre fin à tant d'abus. S'il cède, il est perdu. Pour dix injustices qu'on lui dénonce et qu'il entreprend de réparer, il en commet cent autres. S'il fait droit aux réclamations les plus aiguës, aussitôt toutes les autres plaintes ne manquent pas de s'élever au même ton; il en est assourdi, et comme il ne peut satisfaire tout le monde, aux supplications succèdent les malédictions, parfois même quelque chose de pis, car les réactions sont impitoyables. Ses bonnes intentions sont calomniées, son autorité est méconnue : il a voulu rétablir l'harmonie, et le charivari est devenu plus affreux. C'est Orphée en butte aux fureurs des Ménades.

Certes on ne peut blâmer l'administration d'avoir limité la quantité quotidienne de viande de boucherie qu'elle livre à la consommation de Paris, car, si le siége

doit se prolonger, il importe qu'à l'abondance ne succède point sans transition la disette ; on ne peut la
blâmer davantage d'avoir fixé au détail le prix de cette
viande dont elle est maintenant le détenteur unique ;
à bien des égards, sa situation vis-à-vis des bouchers
ressemble à celle des journaux vis-à-vis des marchands
qui les achètent en gros pour les revendre en détail.
Le prix auquel le journal doit être revendu est fixé et
imposé au marchand. On l'imprime même en grosses
lettres en tête du journal. En achetant la feuille, le
marchand prend l'engagement implicite de ne la point
revendre au-dessus de ce *maximum*. Cela ne l'empêche pas toujours sans doute de manquer à cet engagement dans les moments où l'appétit du public à l'endroit des nouvelles est particulièrement excité, et où
le tirage des journaux est trop lent pour y satisfaire ;
mais, en général, l'engagement est observé, l'abus est
l'exception, non la règle. On peut noter surtout que
les marchands qui ont une clientèle régulière s'abstiennent plus que les autres de profiter de l'excitation
du moment pour élever leurs prix, car ils tiennent,
comme ils disent, « à garder leurs pratiques ». Ce sont
presque toujours des marchands ambulants, s'adressant
à une clientèle ambulante, qui dérogent à cette application de la loi du *maximum*. Si l'administration avait
fait son profit de cette observation, la « question de la
boucherie » ne serait point devenue, selon toute apparence, un des graves embarras de la situation. Qu'a-
vait-elle à faire? Quelle conduite devait-elle tenir à
l'égard des bouchers? Au lieu de les traiter de Turc à

Maure pour complaire aux préjugés du public, que les
déclamations socialistes ont soulevé contre les « intermédiaires », comme s'il était possible de se passer des
intermédiaires! comme si l'on pouvait aller soi-même
à l'abattoir découper un morceau de bœuf ou de mou-
ton, et aller récolter dans les champs les légumes de
son pot-au-feu! au lieu, disons-nous, de débuter par
indisposer les bouchers en leur imposant une taxe qui
les laissait en perte, et de provoquer ainsi un grand
nombre d'entre eux à fermer leurs étaux; au lieu de
leur imposer l'obligation de vendre indistinctement à
tout le monde, sans établir de préférence pour leur
clientèle, et surtout au lieu de s'abstenir, de parti pris,
de les consulter sur des questions qui les touchent, ne
devait-on pas commencer par s'entendre avec eux, en
s'adressant à la fois à leur intérêt et à leur bon vouloir? De quoi s'agissait-il? de rationner dans une certaine mesure les consommateurs de viande de boucherie, afin de ménager l'approvisionnement et de le faire
durer le plus longtemps possible. Eh bien, ne suffisait-
il pas de réunir les bouchers, comme le demandaient
leurs syndics, et de leur dire : « Nous ne pouvons plus
vous livrer, par exemple, que 250 bœufs par jour au
lieu de 500 ; arrangez-vous en conséquence avec votre
clientèle. Comme elle sera avertie que vous ne recevez
que la moitié de votre approvisionnement ordinaire,
elle ne réclamera point si vous la réduisez à cette por-
tion congrue. Pourvu que chacun ait la moitié de sa
provision habituelle, il n'y aura pas de plaintes. D'un
autre côté, comme la clientèle générale des consom-

mateurs de viande de boucherie se divise naturellement
en une multitude de clientèles particulières, comme
chaque ménage, sauf de rares exceptions, a son épi-
cier attitré, ainsi que son boulanger et son boucher,
en vous bornant chacun à approvisionner vos pratiques, il se trouvera que tout le monde sera servi. C'est
pourquoi, bien loin de vous obliger à servir indistinctement tous les acheteurs qui se présentent, nous vous
engageons (il n'est pas nécessaire de vous y autoriser,
car c'est votre droit) à ne vendre qu'à votre clientèle.
Quant à cette « clientèle ambulante » qui se compose
des acheteurs accidentels, il est facile d'en faire le
compte dans chaque quartier, et de vous la partager
à l'amiable, de telle façon que, si tout le monde mange
moins de viande, personne du moins ne soit exposé à
en manquer. Ouvrez donc vos étaux comme d'habitude, et tâchez seulement de faire comprendre à vos
pratiques que, si vous ne leur livrez que la moitié de
leur consommation habituelle, c'est parce que vous
n'en recevez pas davantage. Au besoin, nous publie-
rons tous les jours le tableau des quantités que nous
vous livrons, avec l'indication de la proportion de ces
quantités avec celles des temps ordinaires. Si vous ob-
servez de votre côté scrupuleusement cette proportion
dans vos livraisons au détail, et si vous prenez soin
d'ouvrir vos étaux comme d'habitude, il n'y aura point
de réclamations et point de *queues!* » Nous sommes
persuadé que les bouchers, qui n'ont, quoi qu'on en
dise, aucun goût pour les réclamations et pour les
queues, qui tiennent, au contraire, autant que tous les

autres intermédiaires, à satisfaire leur clientèle et à la conserver, auraient été enchantés de seconder l'administration dans cette opération difficile du rationnement, qu'ils sont plus capables qu'aucune commission municipale ou autre d'opérer d'une manière utile; mais il aurait fallu que l'administration renonçât à procéder vis-à-vis d'eux par voie dictatoriale et qu'elle mît ses règlements dans sa poche. C'eût été contraire à toutes les traditions, et telle est la beauté des règlements, qu'il vaut mieux sans aucun doute, comme le remarquait Molière pour les ordonnances de la médecine, périr en les observant que de se sauver en y manquant[1].

Nous avons été appelé ce matin à surveiller la distribution de la viande dans une boucherie, et le spectacle dont nous avons été témoin ne nous a pas réconcilié avec le régime réglementaire. Depuis hier, les boucheries qui demeurent ouvertes sont transformées en « boucheries municipales », et la viande s'y débite pour le compte du gouvernement, propriétaire de tout notre *stock* de bétail ; les bouchers ne sont plus que des commissionnaires ou des *facteurs* chargés, moyennant une commission modérée, de la vente de la viande de boucherie au détail. C'est fort bien, et nous n'aurions que des objections secondaires à élever contre ce système si toutes les boucheries particulières

1. *Journal des Débats* du 8 octobre 1870.

se trouvaient transformées en boucheries municipales,
et si le boucher, devenu facteur, était autorisé à ne servir que son ancienne clientèle, en rationnant chacune
de ses pratiques comme il est rationné lui-même. Mais
il n'en est pas ainsi. Dans un arrondissement qui comptait 96 boucheries particulières, il n'y a que 24 boucheries municipales, soit 1 sur 4. Un boucher a donc
à desservir quatre clientèles au lieu d'une ; de plus,
comme il ne connaît que ses propres pratiques, il lui
est impossible de savoir si dans la foule qui assiége
son étal il n'y a point des acheteurs appartenant à
d'autres arrondissements, et il y en a. On se propose,
à la vérité, de remédier à cet inconvénient en distri-
buant des cartes de consommation portant l'indication
du domicile de chaque ménage et du nombre de bouches dont il se compose. Les consommateurs pourvus
de ces cartes pourront seuls se présenter dans les boucheries municipales de leur quartier, — il y aura un
« ressort » pour les bouchers comme il y en a pour les
notaires, — et on leur distribuera la quantité de viande
à.laquelle ils auront droit. Cette quantité est actuellement fixée à 100 grammes par tête ou plutôt par bouche. Ce complément de réglementation pourra bien
empêcher sans doute les intrus des autres arrondissements de se présenter à la boucherie municipale, et si
le recensement a été bien fait, il empêchera aussi qu'un
célibataire ne reçoive la même ration qu'un ménage de
dix personnes. Mais ce recensement n'est pas facile à
faire et les cartes de consommation commencent seulement à être distribuées ; on fait queue aux mairies

pour les avoir. Enfin, en admettant même que chacun
ait sa carte et que le recensement ait été exactement
dressé, il faudra toujours qu'un boucher se charge de
desservir quatre clientèles, et nous avons peur que
l'encombrement aux grilles des étaux, pour être régle-
menté davantage, ne soit que faiblement diminué. En
attendant, que se passe-t-il? On a imaginé de distribuer des numéros pour empêcher la foule en désordre
de se ruer sur les étaux au moment où la vente commence. C'est fort ingénieux. Seulement, au lieu de se
battre pour avoir sa ration, on se bat pour avoir son
numéro. Ce matin la distribution des numéros a eu
lieu un peu avant huit heures. Dès cinq heures du matin, de malheureuses ménagères s'attroupaient déjà
devant l'étal pour être les premières à la distribution
des numéros, et lorsque les gardes nationaux chargés
de cette opération laborieuse sont arrivés, ç'a été, comme
d'habitude, une petite émeute; on se foulait, on s'écra-
sait, c'étaient des cris, c'étaient des plaintes et des gémissements d'âmes en peine. Enfin, les numéros ont
été enlevés, et, une heure plus tard, la vente a commencé. Deux gardes nationaux se tenaient à l'entrée
de l'étal, chargés de faire entrer deux acheteurs à la
fois, après avoir crié chaque numéro; un troisième
garde national se tenait à la porte de sortie (car il
y avait heureusement une porte de sortie) avec la
consigne de laisser sortir, mais de ne pas laisser entrer. Dans l'intérieur se tenaient trois surveillants par
ordre hiérarchique, avec le personnel de la boucherie.
Ordre était donné de faire distribuer à chaque nu-

méro 100 grammes par bouche à nourrir, jusqu'à un
maximum d'un kilogramme, et de ne point permettre
qu'on servît les acheteurs étrangers à l'arrondissement. Seulement, comme il n'y avait point de cartes,
et comme un habitant du 9e arrondissement ne se
distingue par aucun signe certain d'un habitant du
10e ou du 11e, il fallait bien croire chacun sur parole, et naturellement chacun prétendait avoir droit
au maximum d'un kilogramme. Quelques-uns demandaient davantage, en prétextant d'un nombre extraordinaire de bouches à nourrir, de malades auxquels le
médecin avait prescrit des côtelettes, etc., etc. Mais
pour ceux-là on était impitoyable. S'il y avait eu des
cartes, les intrus auraient été éconduits et les préten-
tions abusives écartées; mais la tâche du boucher
n'en aurait pas été simplifiée; au contraire, car il n'est
pas facile de mesurer les rations, à 100 grammes près.
Grâce au bon vouloir et à l'activité du boucher et de
son personnel, la vente, commencée à neuf heures, a
pu être terminée à midi et demi environ; en sorte
qu'on peut calculer approximativement que chaque
acheteur a été servi après avoir fait en moyenne quatre
ou cinq heures de queue. Voilà, il faut en convenir,
une ration achetée assez cher, et pourtant, nous le
répétons, la distribution s'est faite avec tout le bon
vouloir et toute la célérité possibles. Il n'y a pas eu de
réclamations, et presque tout le monde a fini par avoir
son morceau. Cela ne nous empêche pas de croire plus
que jamais que la liberté aurait réussi, sans l'auxiliaire
des gardes nationaux, des « délégués » et des « queues »,

à résoudre le problème du rationnement. Il aurait suffi, encore une fois, de laisser ouvertes toutes les boucheries, en se bornant à rationner chaque boucher et à l'inviter à ne pourvoir que sa clientèle. Mais cette solution si simple aurait été contraire, nous devons bien en convenir, à tous les principes communistes ou socialistes, et les orateurs des clubs n'auraient pas manqué d'accuser le gouvernement d'avoir trahi encore une fois la patrie, en refusant d'organiser révolutionnairement le commerce de la boucherie et les « queues »[1].

LES JACOBINS DE 1870.

Dans son livre de *la Justice dans la Révolution et dans l'Église,* M. Proudhon définissait ainsi le jacobinisme : l'application de l'absolutisme du droit divin à la souveraineté du peuple. « Le jacobinisme, ajoutait-il, se soucie peu du droit; il procède volontiers par mesures violentes, exécutions sommaires : c'est ce qu'il appelle gouverner *révolutionnairement*. La révolution pour lui, ce sont les coups de foudre, les razzias, la réquisition, l'emprunt forcé, le *maximum*, les épurations, la Terreur. N'est-ce pas ainsi, après tout, qu'agissait l'ancien régime? Qui pourrait y trouver à redire, lorsqu'il s'agit de terrasser ce régime et de sau-

---

1. *Journal des Débats* du 12 octobre 1870.

ver le peuple? C'est par la dictature que les jacobins se
vantent d'avoir sauvé, en 93, la France et la révolution :
or, *plus on étudie cette histoire de 93, plus on reste convaincu que le péril est venu surtout des jacobins,* et que,
si la France s'est tirée à la fois de leurs mains et de
celles de l'étranger, la liberté et le droit, grâce à eux,
sont restés sur le champ de bataille... Défiant, hostile
aux idées, *partisan de la raison d'État, décorée maintenant du nom de salut public,* le jacobinisme tourne facilement à l'hypocrisie et au machiavélisme : les jacobins sont les jésuites de la révolution. — Une fois nanti,
le jacobin est le plus conservateur des hommes. »

Ce portrait des jacobins n'est-il pas resté vivant, et
ne pouvons-nous pas nous convaincre tous les jours
que la ressemblance est parfaite? De quel droit les jacobins de 1870 envahissaient-ils l'Hôtel de ville le
31 octobre? Quels titres pouvaient-ils invoquer pour
s'emparer violemment du pouvoir, au risque de dé-
chaîner la guerre civile en présence de l'ennemi?
Avaient-ils la prétention de représenter la majorité?
non! ils ne se dissimulaient pas, même avant le résultat décisif du vote du 3 novembre, qu'ils ne formaient
à Paris, nous ne parlons pas du reste de la France,
qu'une infime minorité. Ils le savaient si bien que, à
l'Hôtel de ville même, tandis que le maire de Paris
lisait à une fenêtre un décret de convocation pour les
élections de la commune, leurs meneurs, installés à
d'autres fenêtres, lançaient « au peuple » des listes des
membres de la « Commune révolutionnaire ». Ils n'in-
voquaient donc pas le droit des majorités, ils s'en gar-

daient bien, ils s'acclamaient eux-mêmes au nom du
« salut public ». Ce qui signifiait naturellement qu'à
leurs yeux ils étaient seuls capables de sauver la patrie
et la République, et que cette bonne opinion qu'ils
avaient de leur capacité politique et militaire les auto-
risait suffisamment à dire, sans plus de façon, au gouvernement de la défense nationale : *Ote-toi de là que je
m'y mette!* N'est-ce pas, comme le remarquait Proudhon, l'application de l'absolutisme à la souveraineté du
peuple? N'est-ce pas, sous la forme la plus naïve et la
plus brutale, le droit divin ressuscité au profit de cette
race particulière de républicains qui a élu domicile sur
les hauteurs de Belleville et dans le quartier de la Villette? Cette race est supérieure; en d'autres termes,
elle est l'aristocratie de la République, et c'est pourquoi
elle a beau n'être qu'une infime minorité, elle a le
droit imprescriptible de gouverner la France, elle est
la « race gouvernante » par excellence. Comme disait
l'aristocrate Claverhouse dans les *Puritains d'Écosse,*
tandis que le commun des hommes est pétri d'une ar-
gile vulgaire, les races d'élite ont été faites avec de la
terre à porcelaine, et c'est à elles qu'il appartient d'imposer la loi aux autres.

Seulement il ne suffit plus, au temps où nous sommes,
d'affirmer qu'on est pétri avec de la terre à porcelaine,
il faut en fournir la preuve. Comme les aristocrates de
l'ancien régime, les jacobins de 1870 s'appuient sur
des témoignages généalogiques. Ils sont les fils et les
héritiers de ces jacobins illustres qui ont sauvé en 93
la France et la révolution. D'abord il n'est pas du tout

certain que les jacobins aient sauvé la France en 93,
et nous venons de citer à cet égard le témoignage peu
suspect de Proudhon. Quant à la révolution, il est trop
certain qu'ils l'ont conduite au 18 brumaire, et qu'ils
ont dégoûté pour longtemps, Dieu nous garde de dire
pour toujours, la France de la République. Mais enfin,
quand même les jacobins de 93 auraient sauvé la
France, qui nous garantit que leurs descendants soient
capables de la sauver aujourd'hui? Dans une jolie fable
du poëte russe Kryloff, les oies rappellent avec orgueil
que leurs ancêtres ont sauvé le Capitole. — Vos ancêtres, oui... mais vous, qu'avez-vous fait?... Eh bien,
qu'ont fait les héritiers des jacobins de 93? Quelles
preuves d'intelligence et d'énergie nous ont-ils données? Par quels actes de dévouement et d'héroïsme se
sont-ils signalés? Quelles vues politiques profondes,
quelles connaissances militaires ont-ils déployées dans
leurs journaux et dans leurs clubs? Ils ont passé leur
vie à conspirer, nous le voulons bien, mais on peut être
un conspirateur des plus distingués, et un général des
plus médiocres. Le héros de Strasbourg et de Boulogne
ne nous l'a-t-il pas trop prouvé à Sedan? Pourquoi aurions-nous plus de confiance dans les talents militaires
du héros de l'échauffourée du 12 mai 1839? Nous
n'avons pas entendu dire non plus que les jacobins
de 1870 se soient particulièrement distingués dans les
sorties contre les Prussiens. Jusqu'à présent, leur unique exploit a consisté à surprendre l'Hôtel de ville.
Encore ces habiles tacticiens, ces stratégistes qui ont
la prétention d'en remontrer à M. de Moltke, n'ont-ils

pas su garder l'Hôtel de ville après l'avoir pris. Ils
n'ont même pas songé à s'y défendre, eux qui faisaient
si volontiers un crime à nos généraux de n'avoir pas
tenu à Châtillon, à Montretout ou au Bourget. Non! à
la première alerte, *ce bon monsieur Blanqui* lui-même,
comme on l'appelle dans une relation de cette échauffourée mémorable, a donné le signal de la retraite.
Quant à M. Gustave Flourens, il justifie ainsi cette
retraite un peu précipitée : « Puisque avec cinq cents
tirailleurs, dit-il, nous ne pouvons tenir contre deux
bataillons de mobiles entrés dans l'Hôtel de ville
par le souterrain, contre tous ceux qui passeraient par
la même voie, contre ceux qui nous assiégent à l'intérieur, il est inutile de nous faire tuer; cela serait
même funeste au succès de notre cause, en amenant
de nouvelles journées de juin dont profiterait de suite
la réaction. » Ces considérations sont très-judicieuses,
sans aucun doute, et nous ne blâmons pas M. Gustave
Flourens d'avoir jugé inutile de se faire tuer. Mais
n'est-il pas évident qu'en exposant cinq cents francs-
tireurs contre deux bataillons de mobiles, M. Gustave
Flourens a commis exactement la même faute qui a
amené les désastres de Reichshoffen, de Forbach et de
Sedan, savoir, d'aventurer une petite troupe contre de
gros bataillons? N'est-il pas évident, d'une autre part,
qu'en négligeant le souterrain qui met la caserne en
communication avec l'Hôtel de ville, M. Flourens a
commis une faute de stratégie qu'on ne pardonnerait
pas à l'officier le plus novice? Et voilà pourtant ces généraux de la Commune révolutionnaire qui ont la pré-

tention de nous débarrasser des Prussiens! Eux aussi ils ont fait leurs preuves; et après « l'affaire du 31 octobre », n'avons-nous pas bien le droit de leur dire qu'ils ne sont pas forts? N'y a-t-il pas enfin quelque apparence qu'on appliquera plus tard à ces jacobins de 1870 ce que Proudhon disait de leurs devanciers : « Plus on étudie cette histoire, plus on reste convaincu que le péril est venu surtout des jacobins [1]. »

LES ACCAPAREMENTS ET LES RÉQUISITIONS.

Le gouvernement a cru devoir donner satisfaction aux orateurs de clubs et aux journaux qui dénoncent les accapareurs à la vindicte publique, en mettant en réquisition les pommes de terre ; ordre est donné à tous les marchands en gros ou en détail de déclarer dans le délai de cinq jours, sous peine de confiscation, les quantités qu'ils en possèdent. Les auteurs du décret ajoutent, et il faut leur en savoir gré, que cette mesure ne s'applique pas aux provisions de ménage des particuliers. Si nous avions à choisir entre la réquisition et le pillage, nous donnerions certainement la préférence à la réquisition, et ce qui s'est passé il y a quelques jours au marché de Montrouge semblerait attester que nous n'étions pas loin de cette alternative. Une proclamation du maire nous a appris en effet

1. *Journal des Débats* du 6 novembre 1870.

« qu'un marchand s'étant permis de mettre en vente des pommes de terre à un prix scandaleusement exagéré, — prétention, ajoute l'auteur de la proclamation, que nous avons tout de suite réprimée, — on en a tiré prétexte pour piller des boutiques voisines de la sienne... Nous n'avons pas voulu, ajoute encore le maire, faire appel à la force contre la force. Nous ne nous adressons qu'à la raison et au sentiment de nos concitoyens. » Il ne paraît pas, comme on voit, que cet appel à la raison et au sentiment des partageux du marché de Montrouge ait obtenu un succès décisif ; mais du moins les conséquences de cette application sommaire des doctrines communistes ne se sont pas fait attendre. « Le lendemain, lisons-nous dans la même proclamation, les ménagères se promenaient tristement devant les boutiques vides », car, chose qui ne manquera pas d'étonner les communistes des clubs et probablement aussi d'exciter leur indignation, les marchands pillés n'ont pas cru devoir retourner au marché de Montrouge. « Le jour du pillage, les pommes de terre étaient chères, scandaleusement chères », dit le maire, mais enfin il y avait des pommes de terre ; le lendemain, le scandale des hauts prix n'affligeait plus les ménagères et les magistrats municipaux du 14ᵉ arrondissement, mais il n'y avait plus de pommes de terre. Imitant en cela les despotes dont parle Montesquieu, les communistes pratiques de Montrouge avaient coupé l'arbre pour avoir le fruit. Nous préférons donc de beaucoup la réquisition au pillage, et nous ne blâmons pas le ministre du commerce d'y avoir eu recours, si c'était désormais le seul moyen de mettre un terme aux exploits des pillards. Cependant il ne faut pas se dissimuler que la réquisition a quelques-uns des effets du pillage, d'abord en ce que les denrées réquisitionnées, surtout lorsqu'elles exigent des soins particuliers, sont exposées à se gâter plus vite dans les magasins du gouvernement que dans ceux du commerce ; ensuite en ce que la production d'une denrée qui cesse de se vendre à un prix débattu ne manque pas de s'arrêter. On dira qu'il n'y a pas lieu de se préoccuper beaucoup en ce moment d'encourager ou de décourager dans la banlieue de Paris la culture des pommes de terre. Non, sans doute, mais il ne faut pas oublier que les petites quantités de ces tubercules qui arrivent encore sur nos marchés y sont apportées par les maraudeurs. Nous n'avons aucun goût pour le maraudage, et nous n'ignorons pas que les sacs des maraudeurs ne sont pas toujours remplis seulement de légumes, et qu'on y a trouvé plus d'une fois, entre autres fruits de la terre, des draps de lit, de la porce- laine et des pendules. Mais avec un peu plus de surveil- lance on aurait pu mettre ordre à ces déprédations, et nous avons pu nous convaincre, en assistant au triste et bizarre spectacle de la rentrée des maraudeurs par la porte de Romainville, que cette récolte quotidienne de légumes avait son importance au point de vue de l'approvisionnement. Seulement il faut bien dire que ceux qui se livraient à cette pénible et dangereuse oc- cupation y étaient excités surtout par l'appât des hauts prix. Si on leur avait imposé un *maximum*, ou si on avait mis leur récolte en réquisition à un prix qualifié de raisonnable, ils auraient renoncé aussitôt à ce dur métier. Car, bien qu'ils soient, pour le plus grand nombre, citoyens de Belleville et, à ce titre, grands admirateurs des théories qui fleurissent au club *Favié*, en pratique et comme extracteurs et marchands de pommes de terre, de carottes ou de choux-fleurs, ils sont partisans déterminés de la liberté du commerce, et ils tiennent particulièrement à vendre leurs denrées au cours du marché libre qui se tient précisément sur les hauteurs de Belleville. Ils invoquent pour leur justification les fatigues exceptionnelles d'un tel métier et les dangers auxquels les exposent les balles des sentinelles prussiennes, sans oublier celles des gardes nationaux et des mobiles. Ils invoquent aussi « la dîme » qu'ils sont trop souvent obligés de fournir aux citoyens armés dont ils font à leur retour la fâcheuse rencontre. Nous avons donc peur que, en mettant les pommes de terre en réquisition, et par conséquent en supprimant d'autorité le marché libre et les hauts prix, M. le ministre du commerce ne tarisse d'emblée une source d'approvisionnement qui avait bien encore une certaine importance dans une ville où les provisions de viande fraîche tirent à leur fin. Nous eussions préféré que M. le ministre du commerce, en admettant que les communistes théoriques des clubs et les communistes pratiques de Montrouge le lui eussent permis, eût laissé subsister le marché libre des pommes de terre sauf à acheter, au prix de ce marché, les quantités de ce tubercule nécessaires à l'approvisionnement quotidien des cantines et des fourneaux économiques.

C'est un sacrifice que le Trésor aurait été obligé de s'imposer sans doute, mais, du moins, les pommes de terre auraient continué à arriver sur le marché, les classes aisées auraient pu s'en procurer en les payant à leur prix, et les clients des cantines et des fourneaux, de leur côté, en auraient obtenu à prix réduit ou gratis. Avec le système de la réquisition, les pauvres et les riches seront rationnés également, et ils payeront les pommes de terre à un prix égal, mais avant peu de jours il n'y aura plus de pommes de terre. On aura coupé l'arbre pour avoir le fruit.

Nous nous plaisons à constater, du reste, que certaines feuilles révolutionnaires commencent à douter un peu de l'efficacité des principes communistes, et qu'elles ne semblent pas émerveillées de l'application qui en a été faite. « La concentration du service de boucherie dans les mains de l'État, lisons-nous aujourd'hui dans *le Réveil*, les mesures analogues que les nécessités de l'investissement commanderont d'appliquer aux autres objets de consommation, n'ont fait que mieux ressortir les avantages de la liberté commerciale. Ne craignons donc pas que ces procédés fassent école. Le communisme, effroi des bourgeois naïfs, ne survivra pas à l'expérience dont nous sommes témoins et victimes. » Cela n'empêche pas, à la vérité, *le Réveil* de demander la mise en réquisition et le *maximum*; mais l'aveu n'en est pas moins précieux à recueillir, et, qui sait? nous ne désespérons pas de voir *le Réveil* se joindre à nous pour engager le gouvernement à limiter l'application de ce communisme désastreux au strict

nécessaire, en se bornant à pourvoir, au moyen des
cantines et des fourneaux économiques, à la subsistance des classes qui n'ont pas les moyens de payer
les prix du marché libre, et en laissant à la liberté
commerciale le soin de nourrir les autres[1].

La question alimentaire commence à entrer dans
sa période aiguë. Les magasins d'épiceries se vident,
les conserves de toutes sortes sont entamées, la viande
fraîche est remplacée par du bœuf ou du cheval salé,
le renchérissement est général, et ce ne sont pas, quoi
qu'on en dise dans les clubs, les visites domiciliaires, la
mise en réquisition ou le pillage pur et simple, comme
au marché de Montrouge, qui ramèneront l'abondance
et le bon marché. Nous voyons avec peine les classes
aisées et éclairées (?) partager à cet égard les préjugés
populaires, sauf peut-être pour ce qui concerne les effets exemplaires du pillage, et encore! Du moment où
la foule se contente de « faire des exemples » chez les
épiciers et les marchands de légumes, on se tait volontiers si l'on n'approuve pas tout haut. On ne songe
pas que, avant peu de jours, lorsque les magasins du
commerce seront décidément vides, les imaginations
que hante le fantôme de l'accaparement ne se tiendront

1. *Journal des Débats* du 23 novembre 1870.

pas pour satisfaites, et qu'après avoir réclamé des perquisitions dans les « caves murées » des marchands, elles presseront les autorités plus ou moins compétentes de sonder les mystères des garde-manger particuliers. Déjà c'est une opinion généralement répandue que les « accapareurs » ont caché des provisions suffisantes pour nourrir Paris pendant plusieurs mois, qu'on découvre tous les jours des « mines » de jambons et de fromages; enfin que ce n'est plus seulement dans les caves ou les magasins du commerce qu'il faut aller « fouiller » si l'on veut faire de bonnes trouvailles, car les accapareurs ont la prudence du serpent avec la ruse de ce reptile. Bref, la manie des accapareurs a succédé à la manie des espions ou des signaux, et Dieu veuille qu'elle ne soit pas pire!

Mais que faire pour guérir la population de cette nouvelle fièvre? Que faire surtout pour empêcher la diminution inévitable et progressive des approvisionnements de réduire à l'impossibilité de vivre les classes pour lesquelles la vie est en tout temps pénible et difficile? Comme tous les fantômes qui élisent domicile dans les imaginations surexcitées, le fantôme des accaparements ne disparaîtra que devant la lumière. Le gouvernement et les maires ont déjà, nous assure-t-on, ordonné des perquisitions dans plusieurs arrondissements. Nous ne saurions les engager trop vivement à informer la population des résultats de leurs recherches. Ont-ils découvert, et certes la trouvaille serait opportune, des mines de jambons et de fromages, comme on dit dans les clubs? Les caves des épiciers et des marchands de comestibles regorgent-elles de subsistances? A-t-on trouvé des caves murées? Voilà ce qu'il importe de savoir. Cette enquête, avons-nous besoin de le dire, l'autorité a parfaitement le droit de la faire dans une ville assiégée, et nous aimons mieux en tout cas qu'elle soit faite par l'autorité que par la foule affolée et ameutée.

Cependant il ne suffit pas de faire connaître la vérité sur l'état des approvisionnements du commerce et des particuliers, il faut aviser à nourrir ceux qui ont besoin d'être nourris. Autant nous avons, dès le début du siége, recommandé au gouvernement de ne pas compliquer sa tâche en s'embarrassant de la subsistance des classes qui sont en état d'y pourvoir elles-mêmes, autant nous l'avons engagé à ne pas recourir aux procédés grossiers, vexatoires et par-dessus tout illusoires, sinon funestes, de la réglementation et du *maximum*, autant d'un autre côté nous l'avons pressé de s'occuper sans retard de l'alimentation de la partie la moins aisée de la population. Comme toujours, l'initiative des particuliers et plus tard des mairies lui a montré la voie à suivre, en créant des cantines et des fourneaux économiques. L'utilité, que disons-nous? la nécessité de ces institutions devient chaque jour plus sensible, et, en exceptant peut-être quelques énergumènes des clubs qui réclament le « rationnement général, gratuit et obligatoire », tout le monde commence à comprendre que la solution du problème de l'alimentation dans la période actuelle du siége réside dans la multiplication des fourneaux et des cantines.

Il est évident que, dans les quartiers où la population ouvrière domine et où la plupart des familles n'ont plus aujourd'hui pour toute ressource que l'indemnité de 1 fr. 50 c. allouée à la garde nationale, à Belleville par exemple, cette allocation est devenue complétement insuffisante. De deux choses l'une : ou il faut l'augmenter, et nous avons déjà remarqué que cet accroissement d'allocation en argent n'aboutirait guère qu'à activer le renchérissement, tout en provoquant de nombreux abus, ou il faut suppléer à son insuffisance par la distribution régulière et de plus en plus générale des *bons* d'alimentation à prix réduits ou gratuits. Nous savons bien qu'on accuse ce système d'être contraire à l'égalité; mais on oublie qu'il n'est autre chose qu'une simple extension du système déjà en vigueur pour l'allocation de l'indemnité de la garde nationale. Cette allocation, on ne la fournit point aux gardes nationaux qui ont d'autres moyens d'existence; on la réserve pour ceux à qui elle est vraiment nécessaire, et personne n'a demandé sérieusement qu'on l'allouât aux autres dans l'intérêt de l'égalité, sinon dans l'intérêt du Trésor. Eh bien, c'est à cette « ration en argent », allouée aux gardes nationaux privés de leurs moyens d'existence accoutumés, qu'il faut ajouter chaque jour, d'une main plus libérale, une « ration en aliments » à prendre dans les cantines ou dans les fourneaux économiques. Il importe donc de multiplier sans retard fourneaux et cantines, afin d'épargner à la population la moins aisée les insupportables inconvénients des « queues » s'ajoutant à tant d'autres misères.

Il importe aussi de régulariser promptement, comme on l'a fait pour l'indemnité de 1 fr. 50 c., la situation des ayants droit aux rations, de manière à n'admettre au bénéfice de l'alimentation gratuite ou à prix réduit que ceux qui en ont réellement besoin, mais de manière aussi à ne laisser personne en butte aux horreurs de la faim. Donner à l'organisation des cantines et des fourneaux l'unité qui lui manque, y introduire l'ordre et la régularité, sinon l'uniformité, la développer enfin à mesure que les besoins vont croissant, voilà donc la tâche qui s'impose plus que jamais au gouvernement, et sur laquelle nous appelons de nouveau son attention d'urgence, car il s'agit de combattre le plus redoutable auxiliaire de l'assiégeant, la faim, *malesuada fames*.

LE RAVITAILLEMENT

ET

LES PILLARDS.

On a pillé, il y a huit jours, les Halles centrales, et, qui le croirait? cette leçon donnée aux « accapareurs », au lieu d'encourager l'apport des denrées au marché, a eu pour résultat de retarder d'une manière sensible le ravitaillement. Pendant toute la semaine les Halles

1. *Journal des Débats* du 27 novembre 1870.

sont restées à peu près désertes ; en vain « le peuple » a
arrêté encore plusieurs charrettes de pommes de terre,
d'oignons et de céleri à leur entrée dans Paris, pour
s'en partager fraternellement le contenu, ce second
avertissement n'a pas eu plus de succès que le premier,
les pommes de terre qui abondaient à Courbevoie, où
on les payait 2 francs le boisseau, continuaient à se
vendre de l'autre côté du pont 15 francs et au-dessus,
les propriétaires de ces tubercules persistant à se montrer réfractaires à l'application des doctrines communistes, en honneur dans certains faubourgs. Cependant
la situation a fini par s'améliorer aux Halles, grâce aux
réclamations de la presse ; la police a cessé d'y être une
institution purement platonique, les gardiens de la
paix se sont mis à garder autre chose qu'une attitude
mélancolique, et le premier convoi de marée a pu se
vendre hier à la criée. Les prix étaient passablement
élevés, un turbot a été poussé jusqu'à 160 francs,
d'après *le Figaro,* et cinq paires de soles à 67 francs ;
mais il ne faut pas oublier qu'en ce moment les tur-
bots, les soles, sans oublier le beurre et les fromages,
sont pour nous des « primeurs », et que c'est seulement en les payant cher que nous finirons par les avoir
en abondance. Un moment pourra venir même où les
apports, stimulés par les hauts prix des premiers jours,
dépasseront les besoins de la consommation ordinaire,
et où l'extrême bon marché succédera à l'extrême
cherté jusqu'à ce que, d'oscillation en oscillation, les
prix aient retrouvé leur niveau accoutumé.

Si la police a reparu aux Halles, son absence se fait

malheureusement encore sentir aux portes de Paris.
Dans l'avenue de Neuilly, par exemple, où un marché
s'était improvisé après l'armistice et où la foule affluait
de préférence, le « chapardage » des denrées n'a pas
manqué d'éloigner les marchands. Hier, dans l'après-
midi, nous n'avons rencontré qu'un seul paysan qui
eût osé pénétrer jusque dans l'avenue des Ternes avec
quelques bottes de poireaux. Il les vendait à raison de
dix sous les six poireaux; un autre avait un lapin dans
un panier, et il en demandait 30 francs, aux cris d'indignation de la foule. 30 francs pour un lapin! c'est un
beau chiffre après huit jours d'armistice et de ravitaillement, mais si l'on n'avait point « partagé » les premiers lapins à leur entrée dans Paris, n'auraient-ils
pas eu des successeurs plus nombreux et les prix n'auraient-ils pas baissé? Plus loin un marchand de fromages de Mont-Dore et de pain blanc s'était réfugié
dans une ambulance, devant laquelle on faisait queue.
Au pont de Neuilly l'émotion était extrême. Des voitures et des charrettes allant en sens inverse se trouvaient arrêtées sur le pont sans pouvoir avancer ni
reculer, tant la foule était compacte. Un poste de soldats allemands barrait le passage à peu près au milieu
du pont, pendant qu'un officier examinait les saufs-
conduits. Quand une voiture était en règle, l'officier
faisait signe au conducteur d'avancer, mais l'affluence
était telle, que la circulation demeurait impossible.
Nous cherchons des yeux les agents de l'autorité et
nous finissons par découvrir un commissaire de police
qui se démène au milieu de la foule. Nous lui deman-

dons pourquoi il ne fait pas évacuer le pont. — Comment voulez-vous que je m'y prenne? nous répond cet infortuné fonctionnaire, je n'ai avec moi qu'un seul agent, je suis débordé. — Cependant l'officier prussien, après avoir prié, sans aucun succès, les curieux de reculer, prend le parti de faire avancer son cheval en travers de la chaussée. La foule se réfugie sur les accotements en poussant des cris de colère, mais le passage est dégagé pour quelques instants du moins, et les voitures se mettent en mouvement. Cette scène de désordre, cet officier prussien faisant notre police que nous ne savons plus faire nous-mêmes, sans parler des sourires et des haussements d'épaules des soldats qui fumaient leur pipe assis sur les rebords du pont, offraient un spectacle honteux et navrant. On n'a donc pas prévu qu'il y aurait affluence pour entrer dans Paris et pour en sortir, et qu'il serait nécessaire de prendre des mesures de police pour établir un peu d'ordre dans ce double courant de circulation? Nous n'insisterons pas; seulement nous craignons un peu, nous devons l'avouer, qu'à l'absence de mesures d'ordre de ce côté du pont ne succède, comme d'habitude, l'excès de l'ordre, et qu'au lieu de se borner à désobstruer le pont on n'interdise toute l'avenue! car en matière de police et de bien d'autres choses nous n'allons guère, hélas! que d'un excès à un autre.

Au retour, nous cherchons un omnibus ou un véhicule quelconque. Les omnibus s'arrêtent à la porte Maillot et d'ailleurs ils sont insuffisants. Il faut « faire queue » comme à la boucherie ou à la boulangerie

pour obtenir une place. De fiacres, pas l'apparence.
Il y a pourtant encore un bon nombre de voitures ou
de chars à bancs d'ambulance, avec lesquels on n'aurait pas manqué à Londres ou à New-York d'établir
des services provisoires vers les points où la foule se
porte de préférence, mais à Paris il y a des autorisa-
tions préalables à demander et des priviléges qui limi-
tent ou qui interdisent la concurrence. Il faut donc se
résigner à aller à pied en attendant que l'on ait réparé
les brèches que l'hippophagie forcée du siége a faites
dans notre contingent de chevaux. Le commerce y a
bien songé sans doute, mais, — il y a encore ici un
mais administratif, — on a prohibé les chevaux à la
sortie de Paris, en sorte que le commerce se demande
s'il est bien prudent de les faire entrer dans cette sou-
ricière. — En remontant l'avenue, nous tombons au
milieu d'un attroupement. Il s'agit d'un filou qui vient
d'être pris la main dans la poche d'un bourgeois.
Celui-ci cherche des yeux la police. Naturellement, il
n'y a point de police. Il se résignait à relàcher son voleur avec la formule sacramentelle : « Va te faire pendre
ailleurs! » lorsqu'un citoyen plus énergique lui remontre
d'une manière fort sensée que, au lieu d'aller se faire
pendre, le coupable ira, selon toute apparence, « voler
ailleurs ». On s'empare donc du voleur pour le conduire au poste. Au bout d'un kilomètre, on arrive près
de la porte Maillot où il y a un poste... d'employés de
l'octroi. Ceux-ci n'arrêtant que les denrées, il faut aller
plus loin. On atteint enfin le poste de la garde nationale, qui consent après quelques pourparlers à débar-

rasser le volé du soin de garder son voleur. Et voilà où nous en sommes en fait d'administration et de police municipale. Le monde nous envie, dit-on, ces institutions. Le monde, il faut bien l'avouer, n'est pas difficile [1] !

1. *Journal des Débats* du 6 février 1871.

FIN.

TABLE DES MATIÈRES.

DEUXIÈME PARTIE.

Clubs en plein vent et réunions électorales.

APPENDICE.

PARIS. — J. CLAYE, IMPRIMEUR, 7, RUE SAINT-BENOIT. — |77|

www.ingramcontent.com/pod-product-compliance
Lightning Source LLC
Chambersburg PA
CBHW071623270326
41928CB00010B/1760